"一带一路"建设与
全球贸易及文化交流

徐照林　朴钟恩　王竞楠　编著

东南大学出版社
SOUTHEAST UNIVERSITY PRESS

·南京·

内 容 简 介

　　本书针对中国政府提出的"一带一路"的建设规划,分析了中国政府提出"一带一路"建设的三个重要原因:一是历史上世界文化交流和贸易与丝绸之路之间的关系,特别是古代这是中国与世界贸易、文化交流中的主要交通线路,即古丝绸之路;二是全球基础建设能力不断增强,技术基础日益雄厚,特别是中国的基础建设能力强大,具备全球基础建设的能力;三是世界贸易与文化交流发展的需要。在这些前提下,中国政府提出了"一带一路"的建设规划,并在积极推进"一带一路"宏伟战略。中国政府的"一带一路"战略目的是:促进全球经济一体化、贸易一体化、市场一体化,促进文化交流、宗教文化融合,促进世界各国各民族的团结,共建和谐世界。

　　本书在深入理解"一带一路"的基础上,主要研究了"一带一路"的建设与国际文化交流和国际贸易之间的关系,重点分析了当代国际与未来的文化交流、国际贸易对"一带一路"的强力需求。本书可供国际贸易、电子商务、工商管理等专业作教材和选修课程使用,也适合相关研究机构研究相关课题参考之用。

图书在版编目(CIP)数据

　　"一带一路"建设与全球贸易及文化交流 / 徐照林,
朴钟恩,王竞楠编著. —南京:东南大学出版社,2016.12
(2020.8 重印)

　　ISBN 978 - 7 - 5641 - 6632 - 8

　　Ⅰ.①一… 　Ⅱ.①徐…②朴…③王… 　Ⅲ.①区域
经济合作-国际合作-研究-中国 　Ⅳ.①F125.5

　　中国版本图书馆 CIP 数据核字(2016)第 161071 号

"一带一路"建设与全球贸易及文化交流

出版发行	东南大学出版社
出 版 人	江建中
社　　址	南京市四牌楼 2 号
邮　　编	210096
经　　销	全国各地新华书店
印　　刷	虎彩印艺股份有限公司
开　　本	700 mm×1000 mm　1/16
印　　张	14
字　　数	274 千字
版　　次	2016 年 12 月第 1 版
印　　次	2020 年 8 月第 2 次印刷
书　　号	ISBN 978 - 7 - 5641 - 6632 - 8
印　　数	2 500—2 800 册
定　　价	45.00 元

前　言

中国政府提出了"一带一路"的建设规划，并在积极推进"一带一路"宏伟战略。"一带一路"战略目的是：促进全球经济一体化、贸易一体化、市场一体化，促进文化交流、宗教文化融合，促进世界和谐发展。是中国为了促进文化交流，建设先进文化，保持世界文化的多样性，增进全球各民族的交往，消除世界各种宗教隔阂，消除各种恐怖主义，实现世界永久和平的宏大战略方针，是中国政府肩负起世界负责人的大国重要体现。"一带一路"是实现中华民族的复兴之梦，是实现中国梦的基石，也是世界人民通往幸福、繁荣、安定与和平之路。

本书在编写的过程中，始终以中国政府授权新华社于 2015 年 3 月 28 日发表的《推动共建丝绸之路经济带和 21 世纪海上丝绸之路的愿景与行动》中确定的共建"一带一路"的五大原则为指导思想，即：一是恪守联合国宪章的宗旨和原则，二是坚持合作开放，三是坚持和谐包容，四是坚持市场动作，五是坚持互和共赢的五项原则，为本书的编写指导思想。

为了更广泛地增加本书的使用范围，突出应用型人才的培养需求和相关研究人员的参考作用，为培养造就一大批创新能力强、适应经济社会发展需要的高质量应用型经济管理人才、国际贸易人才、工商管理人才打下良好的专业基础，特别考虑到以下几个特色：

（1）特色鲜明，实用性强，提高读者自学兴趣。相关章节中安排有世界主要经济体的经济、贸易、文化产业发展的一般规律，分析了世界贸易发展现状；世界主要经济体经济、贸易、文化产业发展的主要特点以及世界经济贸易发展趋势，并对主要经济体或经济区域进行了具体分析，能激励读者自学兴趣，方便相关工程技术人员自学。将每个知识点和主要内容紧密结合到相关学科，可以适应不同研究人员和学生自学。

（2）重点突出，简明清晰，观点表述准确。重点突出了"一带一路"建设规划在全球贸易和文化交流中的重要意义，分析了"一带一路"是区域性还是全球性战略发展规划，帮助读者理解"一带一路"的建设目的。本书的观点有利于从事国际贸易的人员与朋友沟通交流,促进中国对外贸易的发展和全球贸易的发展。培养从事国际贸易的人员能力,也可以用于学术研究人员研究参考,还有利于国际间同行交流。

（3）难易适中,适用面广,符合因材施教。本著在编写的过程中,考虑到各方面人员的需求,难易适中,可适用于学术研究人员学习和参考,也有利于普通高校教学和选修课程之用,特别适用于培养卓越人才和应用型人才。

（4）系统性强,逻辑推理条理清晰。有利于在国际上正面传播"一带一路"的指导思想,取得世界各国的理解和支持。

本书是在韩国全北国立大学的宋采宪(송재헌교수)教授统筹策划下,在韩国全北国立大学朴钟恩(박종은)老师具体指导下,在认真研究了"一带一路"课题后,由徐照林(서조림)博士主笔编著,王竞楠博士也参与了编著工作。在此向宋采宪教授、朴钟恩老师和王竞楠博士表示感谢。

编者

2016 年 1 月

目　录

1 绪 论

1.1 "一带一路"的形成背景

1.1.1 "一带一路"的形成历史

古有"丝绸之路",今有"一带一路"。"丝绸之路"是古代中国连接亚洲、非洲和欧洲,并以丝绸贸易为主的商业贸易路线。从运输方式上分为陆上丝绸之路和海上丝绸之路。

"陆上丝绸之路"是连接中国、西亚、中东、东欧直到欧洲的陆上商业贸易通道,也是连接南亚、东南亚和东北亚商贸之路,是于公元前 2 世纪至公元 1 世纪之间初步形成,一直到 16 世纪仍在使用的贸易之路,是东方与西方之间经济、政治、文化进行交流的主要道路。汉武帝派张骞出使西域形成其基本干道。它的最初作用是运输中国古代出产的丝绸,并将欧洲、中东、西亚的商品输入中国;很快也成为这些国家间进行文化交流,特别是宗教交流的渠道。

"海上丝绸之路"是古代中国与外国交通贸易和文化交往的海上通道,该路主要以南海为中心,所以又被称为"南海丝绸之路"。海上丝绸之路形成于秦汉时期,三国至隋朝时期得到发展,在唐宋时期非常繁荣,转变于明清时期,是目前已知的最早的海上航线。

古代丝绸之路的概念起源于 20 世纪,由德国近代地貌学创始人、地理学家、地质学家李希霍芬在 1887 年出版的专著《中国亲程旅行记》中首先提出来。李希霍芬在书中将中国与中亚的阿姆河与锡尔河之间(河中地区)地带以丝绸为主的商业交通路线以及中国与印度之间的古代骆驼商队所走的道路统称作"丝绸之路"。可见,"丝绸之路"其本意就是以丝绸贸易为主的商业之路。1910 年,德国东洋史学家赫尔曼在其所著《中国与叙利亚之间的古代丝绸之路》一书中将"丝绸之路"的概念进一步扩展。他认为"丝绸之路"的含义应该扩展到叙利亚,因为叙利亚虽然不是中国最大的丝绸市场,但也是中国主要的丝绸市场之一。赫尔曼的这一观点得到了很多西欧汉学家的支持和进一步阐述。

19 世纪末 20 世纪初,很多西方的探险家、考古学家从中国的西北地区一路向西、向南考察,途经中亚、西亚、东欧、中欧,一直到西欧,向南拐向非洲,发现和找到了中国古代与亚、欧、非等友好交往的许多遗址和遗物,以实物证实了丝绸之路的存在和发展。1900年,李希霍芬的学生斯文赫定在新疆发现了丝绸之路上的楼兰古城,激励了一大批学者和探险家对丝绸之路研究的新兴趣,如美国的亨廷顿、华尔纳,俄国的柯兹洛夫、奥布鲁切夫,英国的斯坦因,法国的伯希和等探险家、考古学家,在他们的著作中广泛地使用了"丝绸之路"这一名词。由此"丝绸之路"的含义由贸易扩大到经济、文化交流诸多领域,成就了一批研究丝绸之路学的著名学者。

日本自明治维新以来就想称霸世界,在日本政府的指导思想中,欲征服世界,必先征服满洲。在20世纪30—40年代,为配合侵华战争的需要,日本政府鼓励本国学者研究中国问题,由此推动了日本丝绸之路学的研究。日本人研究"丝绸之路"的目的不是为了贸易,也不是为了文化交流,而是为了侵略战争作准备,就像现代有些日本"学者",打着学术交流的口号,私下获取中国军事情报。

关于中国对外贸易的交通线路,还有如"毛皮之路"、"草原之路"、"瓷器之路"、"西南丝绸之路"、"西北丝绸之路"、"海上丝绸之路"等称呼。

中国学者采用"丝绸之路"这一名词相对较晚,直到20世纪50年代齐思和在其《中国与拜占庭帝国的关系》一书中开始出现。

1.1.2 "一带一路"形成的时代意义

2011年7月,时任美国国务卿的希拉里·克林顿在印度发表演讲时第一次明确提出"新丝绸之路"计划。美国政府的"新丝绸之路"计划源于美国教授弗雷德·斯塔的"新丝绸之路"构想和建议。弗雷德·斯塔教授构想建设一个连接南亚、中亚和西亚的交通运输与经济发展网络,以阿富汗为枢纽,将油气资源丰富的中亚、西亚国家与经济发展迅速的印度,乃至"小龙"和"小虎"集中的东南亚、东亚连接起来,促进各国间以及几大区域间的优势互补,推动包括阿富汗在内的该地区国家的经济社会发展。这一构想期望印度发挥重要作用,但也离不开中国、日本、韩国、土耳其等各方力量的参与。可见,弗雷德·斯塔教授的"新丝绸之路"主要限于亚洲地区经济建设。但是,美国政府将弗雷德·斯塔教授的"新丝绸之路"构想上升为地缘政治经济战略,带有牵制中国或排斥中国的色彩,谋求在这一地区经济社会发展中的主导权,与美国政府亚太地区再平衡战略相配合。美国政府的"新丝绸之路"计划,很显然是为了维持其全球霸权的需要,而中国政府的"一带一路"是为了全球经济发展、贸易发展和文化交流,是包容的、开放的。

中国领导人习近平于2013年9月17日在访问中亚四国首次提出"一带一路"构想后,斯塔教授多次表示,"一带一路"构想与他的"新丝绸之路"构想(非美国政府的构想)有异曲同工之处,完全可以并行不悖地推进,而且可以合作互补。

"一带一路"是中国对外关系新的战略构想,是中国在全球形势深刻变化,国际局势日趋复杂的背景下,统筹国内、国际两个大局的前提下,做出的重大战略部署。中国政府"一带一路"构想和建设本身具有强大经济建设的辐射作用和显著的包容性特征。历史上的陆、海丝绸之路从来就不是单线的,而是多路线的,促进了沿线各国的贸易发展、经济发展和民众间的文化交流。目前,中国政府"一带一路"的构想将凭借高速铁路、高速公路、海洋运输、油气管道和互联网,对全球经济产生强大的辐射和延伸作用,将促进各国、各民族、各种文明间的交流,推动区域合作和全球合作,并且具有包容性特征,可达到合作共赢的目的。"一带一路"包含了美国教授弗雷德·斯塔的"新丝绸之路"构想,也包括了俄罗斯力推的欧亚经济联盟。

2015 年 3 月,中国国家发展改革委、外交部、商务部联合发布《推动共建丝绸之路经济带和 21 世纪海上丝绸之路的愿景与行动》,由中国出资 400 亿美元成立丝路基金,支持"一带一路"建设,并主导建议成立亚洲基础设施投资银行(AIIB)。目前,已经有 60 多个沿线国家和国际组织对参与"一带一路"建设表达了积极态度。

中国十八届三中全会明确指出,要推进"一带一路"建设,形成全方位开放格局,这将成为中国未来长期坚持的国际战略。

中国国家主席习近平指出:"两千多年的交往历史证明,只要坚持团结互信、平等互利、包容互鉴、合作共赢,不同种族、不同信仰、不同文化背景的国家完全可以共享和平,共同发展。这是古丝绸之路留给我们的宝贵启示。"这一包容性的、高瞻远瞩的宏观思维,是中国处理"一带一路"与"新丝绸之路"两者关系的指导原则,也是中国在全球推广"一带一路"的宗旨。

1.2 "一带一路"建设的目的和意义

1.2.1 "一带一路"建设的目的

当今的世界正在发生着非常复杂的变化,国际金融危机深层次的影响继续发酵,世界经济复苏缓慢,发展分化问题严重,国际投资贸易格局和多边投资贸易规则酝酿着大的变化,各国都面临严峻考验。建设"一带一路"顺应经济全球化、文化多样化、全球信息一体化的潮流,秉持开放的国际合作精神,维护了全球自由贸易体系和开放型世界经济的需要。建设"一带一路"有助于经济要素有序流动,资源得到高效配置。可推动"一带一路"沿线各国实现经济政策协调发展,开展更大范围、更高水平、更深层次的国际间合作,共同打造开放、包容、互惠的全球经济合作架构。建设"一带一路"符合国际社会的根本利益,体现了人类社会的共同理想和美好追求,是国际合作以及全球治理新模式的伟大探索,将为世界和平发展增添新活力。

　　研究"一带一路"发展对全球贸易、文化交流影响的目的,就是为了建设好"一带一路",加强"一带一路"沿线各国互联互通的友好合作伙伴关系,构建全方位、多层次、复合型的网络,实现沿线各国多元、自主、平衡、互惠的可持续性发展。"一带一路"将推动沿线各国发展战略的对接与耦合,发掘全球市场的潜力,促进投资和消费,创造就业岗位,增进沿线各国人民的人文交流,共同打造人类发展的美好未来。

　　如今世界经济高度关联,中国经济也与世界经济联系越来越紧密。"一带一路"的建设既是中国扩大和深化对外开放的需要,也是加强和世界各国互利合作的需要。

　　习近平主席指出,通过推动"一带一路"沿线各国之间的基础建设,达成政策沟通、设施联通、贸易畅通、资金融通与民心相通五大目标。

　　"一带一路"的研究目的也是为了更好地规划"一带一路",使"一带一路"沿线国家在良好的基础设施上通商,扩大文化交流,加强经济交流,促进各国间的贸易发展,形成和平与发展新常态,促使"一带一路"沿线国家经济发展,社会稳定,人民富裕。

　　中国借用古代"丝绸之路"的历史文化符号,高举和平发展的旗帜,积极主动地发展与"一带一路"沿线国家的经济合作,加强伙伴关系,共同打造政治上相互信任、经济上相互融合、文化上相互包容的利益共同体和责任共同体。

　　"一带一路"是中国政府作为负责任的大国,对推动世界经济发展、维护世界持久和平提出的重大主张,是中国政府想从根本上消除恐怖主义的战略构想。因为恐怖主义产生的根源是贫穷和文化落后,只有规划好"一带一路",建设好"一带一路",促进各国经济发展,促进文化交流与发展,才能从根本上彻底消灭恐怖主义。

1.2.2　"一带一路"建设的意义

　　世贸组织(WTO)在 2015 年 4 月 14 日公布了 2014 年贸易进出口总额的统计结果,2014 年全球贸易总额以进口额计算为 18.7 万亿美元。中国连续两年位列世界第一,仅中国大陆贸易总额就达到 4.303 万亿美元(约合人民币 26.7 万亿元,不计中国的特别行政区和台湾省);美国位列第二,4.032 万亿美元;德国位列第三,2.728 万亿美元;日本以 1.506 万亿美元排名第四,其中出口额为 6 840 亿美元,较 2015 年减少了 4%,进口额为 8 220 亿美元,减少了 1%。

　　2015 年以来,世界经济持续复苏,但各国增长依然不平衡。发达经济体中,劳动力市场、企业和消费稳步改善,石油价格下跌有利于美国经济增速,并依然处于全球经济领先地位;欧元区和日本随着经济风险压力的缓解,与美国经济增速差距变小。发达经济体经济增长有望加快,预计全球经济增长 2.4%。另据世界银行预计,2015 年,发展中国家增长率为 4.8%,东亚与太平洋地区放慢至 6.7%,东欧与中亚地区回升到

3%,拉美与加勒比地区平均增长 2.6%。

据联合国贸易和发展会议初步统计,2014 年,全球跨国直接投资(FDI)流量为 1.26 万亿美元。其中,流入发达国家的直接投资为 5 110 亿美元;流入发展中国家的直接投资超过 7 000 亿美元,创历史新高;流入转型经济体的直接投资为 450 亿美元。

面对世界贸易总额持续上升,石油、大宗商品吨位数持续上升,跨国投资增加,全球急需增加运输能力,中国政府为了满足世界经济、贸易发展的需求,提出了"一带一路"建设规划。

中国在高速铁路建设和高速公路建设中取得了伟大的成就,是中国规划全球"一带一路"建设的基础。到 2015 年 11 月 30 日,中国高铁通车总里程已达 1.7 万千米,占全球高铁总里程的 55%,其中时速 300 千米以上的高速铁路达 9 600 千米,占全球的 60%,全国铁路总里程达到 12 万千米。中国高速铁路网分为骨干网、区域网、城际高铁等三种类型。骨干网就是指规划的"四纵四横"干线网。2008 年新调整规划的"四纵四横",计划在 2020 年底,即"四纵四横"建成通车时,使全国铁路通车里程达 12 万千米,高铁达 1.6 万千米。但"十二五"期间的铁路已将该建设计划提前到 2015 年完成了。2015 年 11 月 3 日,中国铁道部新编制完成铁路"十三五"发展规划,计划到"十三五"末使铁路网的总里程达到 14.5 万千米,计划建设铁路新线 2.3 万千米。中国高铁建设速度快,质量好,而且已经全面掌握了所有技术,如具有自主知识产权的时速 350 千米的动车组技术,具有批量化生产线,实现了高速铁路系列的重大技术创新,形成了具有中国特色的可世界通用的高速铁路技术标准体系。中国高铁在高速动车组、高速铁路基础设施建造技术和既有线提速技术等方面都达到了世界先进水平。

中国的高铁建设受到全国各地的欢迎,国内各地都在争抢将高铁修到家乡,因此,高铁走向世界,同样会受到世界各国的欢迎。为了支持"一带一路"建设,由中国政府牵头,成立了由 57 个国家参与的亚洲基础设施投资银行,得到了亚洲和世界各主要经济体的广泛支持,并且还有许多国家申请加入亚洲基础设施投资银行。

亚洲基础设施投资银行成立的目的是为了促进亚洲基础建设,维持亚洲地区经济快速增长。亚洲地区拥有全球 60% 的人口,经济占全球经济总量的 1/3,是世界最具经济活力和增长潜力的地区。由于基础建设资金不足,一些国家铁路、公路、桥梁、港口、机场和通讯等基础建设严重滞后,限制了该区域的经济持续发展。根据亚洲开发银行(下简称亚行)与亚行学院 2009 年联合发布的《亚洲基础设施建设》预测报告,2010—2020 年亚洲基础设施投资总需求预计为 8.28 万亿美元,即亚洲各国要想维持现有的经济增长水平,内部基础设施投资至少需要 8 万亿美元,年均投资 8 280 亿美元。8 280 亿美元中,新增基础设施的投资占 68%,维护或维修现有基础设施所需资金占 32%。而现有的各种机构并不能提供亚洲基础建设资金,亚洲开发银行和世界银行每年的资金仅有 2 230 亿美元,能够向亚洲国家投入的资金只有 200 亿美元,不能满足亚洲国家基础建设资金的需求。由于基础设施投资的资金需求量大、实施的周期很长、收入流不确定等因素,其他资金大量投资于基础设施项目也是不可能的。中国作为对世界负责的大国,在 2014 年已是世界第三大对外投资国,根据中国商务部 2015 年 1 月 20 日报告,2014 年中国对外投资规模达到 1 400 亿美元。

中国经过 30 多年的发展和经验积累,在铁路、公路、桥梁、隧道等方面的工程建造能力在世界上处于领先地位,中国基础设施建设已经开始走向国际,而亚洲各经济体难以利用各自的高额资本存量优势,把资本转化为基础设施建设的投资,两者恰能互相补充,实现双赢。

良好的基础设施可以降低各国间商品的运输时间以及贸易成本,增加世界各国人民之间的来往,促进贸易发展和文化交流。"一带一路"的战略会有效推动跨境人文交流活动,促进贸易量激增,进而为世界金融体系的融合创造有利条件。只有在实体经济充分发展融合的情况下,其他方面的融合发展才会展开,比如股市中的互联互通以及基金互认等。

"一带一路"的宏伟构想,从历史深处走来,横贯古今,连接中外,响应和平、发展、合作、共赢的时代潮流,承载着"丝绸之路"沿途各国文化交流、贸易繁荣、经济发展的共同夙愿,赋予了古老丝绸之路崭新的时代内涵以及新的历史使命。"一带一路"的发展建设,对于推进我国新一轮的对外开放以及"一带一路"沿线国家的共同发展意义十分重大。当前,经济全球化深入发展,全球经济一体化加快推进,全球经济增长和贸易、投资格局正在发生着重大的变化,全世界都处于经济转型升级的关键阶段,需要进一步激发发展活力与合作潜力。"一带一路"战略构想的提出,契合"一带一路"沿线国家的共同需求,为沿线国家优势互补、开放发展打开了新的机遇之门。

回望历史,2 000 多年前,各国人民就已经通过丝绸之路进行着商贸往来。从 2 100 多年前张骞出使西域到 600 多年前郑和下西洋,海陆两条丝绸之路把中国的丝绸、茶叶、瓷器等输往沿途各国,带去了文明和友谊,赢得了各国人民的赞誉。

如今,随着改革开放的全面发展,中国经济的崛起使得中国在更多方面有能力帮助别国共同发展,特别是作为制造业大国,中国不仅可以制造物美价廉的用品,而且能够向世界提供更多的先进技术和设备。作为全球主要外汇储备国之一,中国能够与世界各国共同应对金融危机的风险,并有实力投资海外,与急需资金的国家共同发展,把握机遇。

改革开放 30 多年来,我国对外开放取得了举世瞩目的伟大成就,但是受地理区位、资源环境、发展基础等因素的影响,对外开放总体呈现出东快西慢、海强陆弱的格局。"一带一路"将构筑新一轮对外开放的"一体两翼",在提升向东开放水平的同时,也加快向西开放的脚步,推动内陆边境地区的对外开放。

发展中国家和新兴经济体有约 44 亿人口,经济总量约 21 万亿美元,分别约占全球的 63% 和 29%。这些国家普遍处于经济发展的上升期,发展潜力巨大,但是,如果基础设施跟不上经济发展的需要,很可能落入中等收入陷阱,因此更加急需"一带一路"。

中国经济的发展,是一个不断开拓创新和寻求突破发展的过程,从沿海地区向中西部内陆地区的不断推进,"一带一路"的建设将为全面深化改革和可持续发展道路创造前提条件,在区域合作的新格局中寻找未来发展的通路。中国经济的发展将拉动世界经济发展,拉动亚洲经济发展,特别是中国沿海地区的出口。

在中国国内近年来施行西部大开发战略的形势下,中国和中亚乃至向西更多国家的经贸合作也成为发展的必然趋势。而中国的发展经验和成果,可以为中亚等各国所借鉴。高速公路、高速铁路、油气管道、网络通信设施等不断修建,正在形成古丝绸之路上的现代商队。

中国将同世界各国一起,加快推进"一带一路"建设,将在亚洲基础设施投资银行、世界银行、亚洲开发银行和世界各国政府和人民的支持下,加快合作进程,推动世界经济的发展和安全。

打开世界地图可以清楚地发现,陆上"丝绸之路"是世界上跨度最长最宽的经济大走廊,向西经西北贯通中国、中亚、西亚乃至欧洲经济圈;向南连接东南亚太经济圈;向北至北欧、俄罗斯,通过白令海峡到达美国的阿拉斯加、加拿大;再向南直达南美各国。它是世界上最具发展潜力的经济带,无论是从文化交流、经济发展、民生改善角度,还是从应对金融危机、加快经济转型升级角度去分析,"一带一路"都将沿线各国的前途命运紧密地连接在一起。

"一带一路"不仅是中国经济发展的战略构想,更是沿线各国的共同事业,有利于将政治互信、地缘毗邻、经济互补等优势转化为经济合作、文化交流,促进各国间的和平健康发展。

通过"一带一路"的建设,无论是"东出海"还是"西挺进",都会使中国与周边国家形成"五通"。"一带一路"战略合作中,经济贸易合作是基石。遵循和平合作、开放包容、互学互鉴、互利共赢的丝路精神,中国与沿线各国在交通基础设施、贸易与投资、能源合作、经济一体化、人民币国际化等领域必将迎来一个共创共享的新时代。

据中国经济网消息,2013 年中国与"一带一路"国家的贸易额超过 1 万亿美元,占中国外贸总额的 1/4。过去 10 年,中国与沿途国家的贸易额年均增长 19%。未来 5 年,中国将进口 10 万亿美元的商品,对外投资将超过 5 000 亿美元,出境游客数量约 5 亿人次,周边国家以及"丝绸之路"沿线国家将率先受益。

　　"一带一路"是开放包容的经济合作倡议,不限制国别的范围,不是一个实体,没有封闭机制,有意愿的国家和经济体均可参与进来,成为"一带一路"的支持者、建设者和受益者。在共同建设的未来,"一带一路"无疑将释放更大的活力。

　　中国外交部副部长张业遂表示:"未来'一带一路'进程中的很多项目涉及的国家和实体可能更多,开放性也更强。"

　　中国外交部国际经济司副司长刘劲松此前表示,"一带一路"的倡议符合时代潮流,亚洲已经成为经济增长的引擎,是世界多极化和全球化的中坚力量。如何巩固和平发展,进一步凝聚亚洲国家的共识和力量,增强"利益共同体"和"命运共同体",实现和谐亚洲是亚洲国家的共同课题。

　　"一带一路"的战略构想正在世界各国人民心中落地生根。重建丝绸之路,一幅横贯东西、跨过南北共谋全球未来发展的伟大蓝图已经铺开。有梦想,有追求,有奋斗,一切都有可能。中国人民有梦想,世界各国人民有梦想,这将会给世界带来无限生机和美好前景。

2 古代丝绸之路对文化、贸易的贡献

2.1 古代丝绸之路的形成与发展

2.1.1 陆上丝绸之路的形成与发展

西汉初年,中国的中原地区出现了文景之治。在汉文帝、汉景帝之前,多年战乱导致社会经济凋敝,汉文帝、汉景帝政府采取"轻徭薄赋"、"与民休息"的政策,减轻人民负担,在汉文帝二年和十二年,分别两次"除田租税之半",文帝十三年,还全免田租。同时,对周边敌对国家也不轻易出兵,通过协商,化解矛盾,维持和平。汉文帝生活俭朴,不添加新衣,不添加新车,帷帐不施绣,更下诏禁止郡国贡献奇珍异物。国家节约开支,贵族官僚不敢奢侈无度,从而减轻了人民的负担。

文、景二帝重视农业,曾多次下令劝课农桑,根据户口比例设置三老、孝悌、力田若干人员,并给予他们赏赐,以鼓励农民生产,奖励努力耕作的农民,告诫百官关心人民。每年春耕时,他们亲自下地耕作,给百姓做榜样。文、景二帝在治理国家时,重视"以德化民",使得社会安定,百姓富裕,国家的粮仓丰满起来了,国库也充实了。

随着生产迅速发展,中国出现了历史上从未有的稳定富裕的景象,人民的物质和精神生活水平有了很大程度的提高,汉朝的物质基础大大增强,呈现了中国封建社会的第一个盛世。文景之治奠定了中国中原地区发展坚实的物质和文化基础。

随着社会的发展以及外物质贸易和文化交流发展的需要,在大约距今 2100 多年,汉武帝派遣特使张骞出访中国西部以西各国,探索东亚国家对中国以西地区的国家进行贸易和文化交流的路线,寻找贸易之路。由此可见,中国在历史上是热爱和平的国家,当中国强盛时,对内追求繁荣和稳定,对外追求贸易发展和文化交流,以促进周边国家共同富裕。

公元前 139 年,张骞由古城长安向西出发,先后到达大宛(今乌兹别克斯坦共和国东部)、大月氏(逐步向西迁移)、大夏(今阿富汗)、身毒(今印度次大陆),经历 13 年的调研,于公元前 126 年回到长安,完成了汉武帝刘彻交给的伟大使命。其在印度市场上发现了大月氏生产的毛毡,中国四川生产的竹杖和蜀布,古罗马生产的海西布,推断一定有一条从中国四川出发,通过印度到达古罗马的贸易和文化交流之路。

　　张骞一心想验证自己的推断,汉武帝刘彻也要更全面的了解中国西部各国文化和风土人情,推进贸易事业的发展,因此在公元前 119 年,任命张骞为中郎将(中郎将是次于将军高于是校尉的统兵武职名称,相当于现在的准将),第二次出使西域,历经 4 年时间。张骞和他的副使先后到达乌孙、大宛、康居、大月氏、大夏、安息(今伊朗)、身毒等国家和地区。通过张骞对西部国家和地区访问,西汉政府对西域的地理概况、风土人情有了更深了解,同时也加深了这些国家对中国中原地区文化的了解,为更好的发展丝绸之路贸易和沿丝绸之路文化交流奠定了基础。

　　汉武帝刘彻为了方便特使张骞出使中国西部地区的国家和地区,加强中国与西域的贸易和文化交流,招募了大量商人,由政府提供货物,到西域诸国经商,这同时也向西部地区的国家展示中国中原地区的工农业产品和文化,相当于中国在中国西部国家巡回举办中国中原地区工农业产品和文化展览。这些汉武帝招募的随张骞出使西域的商人,后来多数成为富商,从而吸引了很多人从事丝绸之路上的贸易活动,对边贸经济的发展起到了重要作用,进而极大地推动了中原地区与西域之间的物质文化交流。由此可见,汉武大帝是一个爱好和平的伟大帝王,创造了"贸易和文化交流"的巡回展览,促进了中国和世界的经济发展、文化交流,并且由张骞的团队实施,带动了汉朝对外贸易。当前中国政府的"一带一路"建设规划在全球贸易、文化交流等方面,比汉武大帝的策略更全面、更伟大。图 2.1 是汉武帝刘彻派遣特使张骞出访中国西部地区的国家和地区路线参考图,由于历史久远,仅供参考。

图 2.1　汉武帝刘彻派遣特使张骞出访中国西部地区的国家和地区路线参考图

　　从公元前 2 世纪起,汉朝加大了与西域的联系,并慢慢开始与贵霜、安息、罗马等帝国发生直接或间接的人员和贸易联系。而在汉代,比起北方的草原之路和南方的海上之路,中部的绿洲之路在东西方交往中发挥着重要作用。自东往西,这一路线的主要走向是从长安出发,经河西走廊至玉门、敦煌,由疏勒越葱岭后经大月氏和安息至地中海东岸,即狭义上的"丝绸之路"。同样的欧亚内陆交通干线又在中国隋唐时期将萨珊波斯、拜占庭等帝国及其相邻的突厥等游牧民族连接起来。伊斯兰教兴起以后,阿拉伯人不断开疆拓土,改变了西亚、北非、中亚、南欧的地缘政治版图。通过战争,阿拉伯人在极短的时间内征服了萨珊波斯,并占领了拜占庭帝国地中海东岸和北非的大片领土,从而切断了拜占庭通往东方的贸易路线。由于阿拉伯人先后建立的倭马亚王朝(即"白衣大食")和阿拔斯王朝(即"黑衣大食")都是横跨欧亚非大陆的强大帝国,使得大食帝国成为丝绸之路西端的实际主导者。

根据贞元年间的宰相贾耽记载,唐代与大食帝国有着交流往来,主要借由"安西入西域道"和"广州通海夷道"两条路线,而这也大致是古代海陆丝绸之路的主要干线。具体而言,"安西入西域道"从长安经河西走廊,沿天山南麓西行过葱岭,再由中亚怛罗斯西进,经波斯到达大食的首都缚达(即今巴格达)。据9世纪晚期的阿拉伯地理名著《道里邦国志》记载,沟通中国与阿拉伯世界的陆上通道即著名的"呼罗珊大道",从巴格达向东北延伸,经哈马丹、木鹿、布哈拉、撒马尔罕、锡尔河流域等丝绸之路上的著名驿站抵达中国边境。"广州通海夷道"自广州出发沿海岸而行,经由南海、马六甲海峡、孟加拉湾、阿拉伯海到波斯湾,再由两河河口上溯至大食都城。

在唐代,长安与巴格达都是国际性大都市,两地对外辐射大,串联起了唐朝与大食两大帝国之间广袤土地上很多的驿站和城市。盛唐时期,天山南北各绿洲城镇市场兴旺,西州、伊州、庭州商胡杂居,贸易往来频繁;安西四镇成了重要的商业城镇;敦煌、吐鲁番、喀什、费尔干纳、撒马尔罕、布哈拉等城市由于成为了陆上丝绸之路的重要中转地而繁荣一时。中亚地区的康、安、米、何、史、石、曹诸国人来到唐朝,即所谓"昭武九姓",以善于经商著称,在沟通中原与西方的经济、文化交流方面有很大贡献。大量的大食、波斯和中亚各族商旅的东来,促进了中东、中亚物质和精神文化在中原的传播。

中国的张骞两次通西域,开辟了中外交流的新纪元,但丝绸之路实是沿线各国共同促进经贸发展的产物,是各种文化交流发展之路,是商人和文化交流者用双脚踩踏出来的道路。

经过几个世纪的努力,丝绸之路从西安东边经过中国中原地区伸展到地中海,到达波兰、德国、法国、荷兰,然后经海路到达英国等地,向西北经过俄罗斯,到达芬兰、瑞典、挪威,向东北到达韩国庆州。丝绸之路成为亚洲和欧洲、非洲各国经济文化交流的友谊之路。

2.1.2　陆上丝绸之路的起点的分析

这里将陆上丝绸之路分为 A 段、B 段、C 段、D 段。

A 段:中国的东南部区到中国古都长安或洛阳,A 段又分为 A_1、A_2、A_3 线路。A_1

以连云港到长安或洛阳;A₂ 以苏州到长安或洛阳;A₃ 以广州到长安或洛阳。

B 段:从长安到玉门关、阳关。其又分三条线路,均从长安或者洛阳出发,到武威、张掖汇合,再沿河西走廊至敦煌。其北线从泾川、固原、靖远至武威,路线最短,但沿途缺水,补给不易。南线从凤翔、天水、陇西、临夏、乐都、西宁至张掖,路途漫长。中线从泾川转往平凉、会宁、兰州至武威,距离和补给均适中。

C 段:主要是西域境内的各部分线路。公元 10 世纪时期北宋政府为绕开西夏,开辟了从天水经青海至西域的"青海道",成就了一条新的商路。中段线路随绿洲、沙漠的变化而时有变迁,其南中北三线在中途尤其是安西四镇(640 年设立)多有分岔和支路。

C 段又分三条道路,根据地理位置,分为南、中、北三条线路,简称南道、中道、北道。南线(圆道),东起阳关,沿塔克拉玛干沙漠南缘,经若羌(鄯善)、和田(于阗)、莎车等至葱岭。中线起自玉门关,沿塔克拉玛干沙漠北缘,经罗布泊(楼兰)、吐鲁番(车师、高昌)、焉耆(尉犁)、库车(龟兹)、阿克苏(姑墨)、喀什(疏勒)到费尔干纳盆地(大宛)。北线起自安西(瓜州),经哈密(伊吾)、吉木萨尔(庭州)、伊宁(伊犁)直到碎叶。

D 段:自葱岭以西直到欧洲的部分,它的北中南三线分别与中段的三线相接对应。其中经里海到君士坦丁堡的路线是在唐朝中期开辟的。

北线沿咸海、里海、黑海的北岸,经过碎叶、怛罗斯、阿斯特拉罕(伊蒂尔)等地到伊斯坦布尔(君士坦丁堡)。

中线自喀什起,走费尔干纳盆地、撒马尔罕、布哈拉等到马什哈德(伊朗),与南线汇合。

南线:起自帕米尔山,可由克什米尔进入巴基斯坦和印度,也可从白沙瓦、喀布尔、马什哈德、巴格达、大马士革等前往欧洲。

大秦是古代中国对罗马帝国及近东地区的称呼。古时中国似乎从未直接到达罗马,最接近的大概是东汉时期的班超与甘英。班超于公元 97 年率领 70 000 士兵到达里海,并派遣部下甘英出使大秦,而甘英最远到达地中海西岸,准备渡海去罗马帝国的首都时被安息人阻止。《后汉书·西域传》载"大秦国一名广鞬,以在海西,亦云海西国。地方数千里,有四百余城。小国役属者数十。以石为城郭。列置邮亭,皆垩墍之。有松柏诸木百草。""其王无有常人,皆简立贤者。国中灾异及风雨不时,辄废而更立,受放者甘黜不怨。其人民皆长大平正,有类中国,故谓之大秦。"

由此可见,古代丝绸之路的东方起点在中国长安和洛阳为中心的地区,不仅仅是起点,也是古代丝绸之路的东方的集散地。

2.1.3　海上丝绸之路的形成与发展

从丝绸之路上贸易商品种类的角度出发,海上丝绸之路又有"茶叶之路"、"陶瓷之路"、"白银之路"、"香料之路"、"宝石之路"等不同的称呼;从航线的角度,又有东洋航线、西洋航线、南洋航线等不同的说法。

海上丝绸之路是古代中国与外国交通贸易和文化交往的海上通道,形成于秦汉时期,发展于三国隋朝时期,繁荣于唐宋时期,转变于明清时期。一般意义上的海上丝绸之路主要指从中国东南沿海的广州、泉州、宁波等港口出发前往南海和印度洋的贸易航线;20 世纪后半期,国际学术界也常常把中国到东北亚的朝鲜半岛、日本列岛和琉球群岛的贸易航线称为海上丝绸之路。

中国的人民网 2014 年 5 月 20 日《自宁波开往日本长崎的宁波船》一文中记载,韩国曾发现唐代长沙窑青釉褐彩贴花壶,上有"卡家小口,天下有名"的字样,因此,如果从东方向西方去,韩国也是海上丝绸之路东方的起点。但这个起点,是中国商品从海上出口的港口之一。中国学者梁二平也在《丝绸之路》2015 年第 7 期上发表了《新罗,海上丝绸之路的天尽头》一文。

海上丝绸之路由中国的广东、福建沿海港口出发,经中国南海、波斯湾、红海,将中国等国生产的产品运往欧洲和亚非其他国家,又将欧洲和亚非其他国家的商品运输到中国、韩国等。海上丝绸之路的开辟,使得亚洲对外贸易兴盛一时,同时加强了古代东西方的文化交流。意大利著名旅行家马可·波罗由"陆上丝绸之路"来到中国,在中国各地游历,然后又由"海上丝绸之路"返回本国。

在不同的历史阶段,随着商品的种类和贸易规模的不同,海上丝绸之路的线路也有所不同。战国秦汉时期,南越国有十分繁盛的海上对外贸易,这在南越王墓等得到了证实。南越国(又称为南越或南粤,在越南又称为赵朝),是约公元前 203 年至公元前 111 年存在于岭南地区的一个国家,国都位于番禺(今广东省广州市),全盛时疆域包括今天中国广东、广西的大部分地区,福建的一小部分地区,海南、香港、澳门和越南北部、中部的大部分地区。输出品主要是陶器、漆器、丝织品和青铜器,出口产品正如古文献所列举的"珠玑、犀(牛)、玳瑁、果、布之凑"。主要的贸易港口有番禺(今广州)和徐闻(今广东省徐闻县)。

汉代,海外贸易又得到进一步发展,据《汉书·地理志》记载:"自日南障塞、徐闻、合浦船行……有译长,属黄门,与应募者俱入海市明珠、璧琉璃、奇石异物,赍黄金杂缯而往……"说明"海上丝绸之路"在汉武帝统一南越国之后,规模有了进一步的发展。东汉(尤其是后期),航船已使用风帆,罗马商人第一次由海路到达广州进行贸易;中国商人也到达了罗马。这标志着横贯亚、非、欧三大洲的真正意义的"海上丝绸之路"的形成。在汉代,种桑养蚕和纺织业大大发展,丝织品成为当时中国的主要输出品。

孙吴政权在黄武五年加强了南方的海上贸易,到了东晋时期,"海上丝绸之路"对外贸易涉及 15 个国家和地区,不仅包括东南亚诸国,而且西到印度和欧洲的罗马。商品贸易的各类已经十分丰富,丝绸依旧是主要的输出品,输入到中国等国的商品主要有珍珠、香料、翡翠、孔雀、金银宝器、象牙、犀角、玳瑁、珊瑚、棉布、斑布、金刚石、琉璃、珠玑、槟榔、兜銮等。

唐宋时期以迄明清时期,"海上丝绸之路"贸易进一步发展,总体而言,当时通过海上丝绸之路往外输出的商品主要有四大宗:丝绸、瓷器、茶叶和铜铁器(含铜钱);进口的主要是金银器、宝石、象牙、犀牛角、玻璃器、白银、香料、珍禽异兽等。中国官方对外海上贸易在明初郑和下西洋时发展到巅峰。郑和之后的明清两代,由于实施海禁政策,航海业有了一定的衰落,进入西方大航海时代以后,西方人进入东亚贸易圈,中国海外贸易航线逐步被葡萄牙、西班牙、荷兰、英国、法国等西方国家所代替,从亚洲的中国出发,为东西方交往做出巨大贡献的"海上丝绸之路"也逐渐退出贸易历史的舞台。

大唐中后期与宋元时期,海上丝绸之路的发达昌盛与中国、东南亚、南亚、西亚地区诸多国际港口的繁荣密不可分。从唐代开始,广州、扬州等地已经是高度国际化的贸易中心,聚集了大量贩售珠宝、香药的大食和波斯等各国的商人。9 世纪中后期的阿拉伯著作《中国印度见闻录》中提到"广府是船舶的商埠,是阿拉伯货物和中国货物的集散地",广州是"阿拉伯商人荟萃的地方"。自隋开通大运河以后,扬州地处南北大运河与长江入海口交汇处,使得唐代扬州成为中国南北漕运中转大港和南北物资集散中心,成为海上丝绸之路与中国内地联系的枢纽。

相比较于宋元时代中国官方经营海外贸易的积极性,大食诸国对开展与中国等地的东方贸易亦表现出了极大的热情。宋代,海上贸易是国家财政的重要来源,政府对贸易港的经营也变得更积极。继唐朝在广州设市舶司(管理海上对外贸易的官府机构)后,宋廷又陆续在杭州、明州(今宁波)、泉州、密州(今胶州)、温州、秀州(今上海松江)、江阴等地设置,共计九处。宋代,最重要的市舶司在广州与泉州,这也与宋代海外贸易主要面向东南亚、西亚等地息息相关。大体而言,在北宋时,广州在各贸易港中居于首位。

南宋定都临安后,靠近政治中心的泉州快速发展,到南宋末年已取代广州成为中国最大的贸易港,也是东方第一大港。据记载,迄于元末,泉州始终是中国对外贸易的第一大商埠,马可·波罗东来时即曾亲眼目睹泉州港的盛况,"大量商人云集于此,货物堆积如山,实在令人难以置信"。

在海舶极盛的宋代"广州通海夷道"上,三佛齐(唐称室利佛逝,今印尼苏门答腊)和故临(今印度奎隆)是中国与阿拉伯地区之间最重要的两个贸易中转站,"中国舶商,欲往大食,必自故临易小舟而往"。

在海上丝绸之路的另一端,一些著名的贸易港口也长期繁荣。阿拉伯商人苏莱曼观察到,"货物从巴士拉、阿曼以及其他地方运到尸罗夫(Siraf),大部分中国船在此装货"。可以说,这些以海洋贸易为主要财富来源的阿拉伯城市的繁荣,也正体现了海上丝绸之路对于西亚地区的重要意义。

2.1.4 海陆丝绸之路的兴替

研究海上丝绸之路的权威陈炎指出:"陆上丝绸之路的衰落和海上丝绸之路的兴起,两者有着密切的关系,是相辅相成、互相交替的。"在陆上,北宋由于西北边境长期不得安宁,因此虽仍有陆上丝绸之路,但主要由海上丝绸之路与西方各国进行商品贸易和其他交流。

以"安史之乱"为分水岭,呈现出陆上丝绸之路衰落、海上丝绸之路逐步兴旺的历史性替代。自汉代开始经营陆上丝绸之路到"安史之乱"之前,陆上丝绸之路逐渐进入空前的繁荣时期。庆州、长安、巴格达成为盛唐时代丝绸之路上最重要的城市,从大食、波斯经中亚、西域进入中原的陆上通道成为最具活力的国际性贸易通道。然而,在此之后,由于中国西北陆上丝绸之路受到战乱等因素的影响,而且中国经济重心逐渐向东南沿海移动,海上丝绸之路逐渐受到重视,并在宋、元时代以及明朝前期保持兴盛。蒙古帝国建立后,从中国一直向西延伸到中亚、西亚乃至欧洲的陆上通道一度复兴,但随着蒙古帝国的瓦解又陷于没落。明朝永乐皇帝之后,中国在西北方向采取守势,退入嘉峪关内以求自保,陆上丝绸之路彻底衰落。

2.1.5 海陆丝绸之路的历史性兴替原因探究

海陆丝绸之路的历史性兴替,既与特定政治局势的变化息息相关,也与自然环境变化密切相关,是由中国经济重心逐渐向东南移动、陆上贸易的局限以及中国的海上优势等一系列因素所共同促成。本书认为海陆丝绸之路的更替最主要是由自然环境变化引起的。下面分析为什么海上丝绸之路代替了陆上丝绸之路。

第一,政治原因。唐朝中期以后西北政治局势长期动荡不安,中国的经济重心逐渐向东南转移,东南沿海成为了国家最重要的税收来源地。从某种角度来说,中国经济地理格局的深刻变化是造成陆上丝绸之路衰落,海上丝绸之路兴盛的深层次国内根源之一。

第二,经济中心向东南漂移。在宋代以前,国家的政治中心长期在关中地区和洛阳,经济重心也在北方,政治中心与经济重心基本保持一致。而且,当时的长安和洛阳周边环境优良,适合桑树生长,目前在长安周边经常能挖掘出数米直径的大树,由此可见,当时长安和洛阳是丝绸的故乡,这就使得丝绸之路贸易的生产基地与消费市场也大致集中在北方,陆上丝绸之路的优势地位得以长期保持。然而,自宋代以后,经济重心转移到了南方,南方经济逐渐比北方经济更具有优势,中国主要丝绸与陶瓷出口生产基地发生变化。丝绸的生产基地也开始向苏杭二州及其他东南各省移动,同时,江西、广东的陶瓷业生产具有了全国最高水平和产量,政治中心与经济重心出现了分离,这就使得海上丝绸之路具有了天然的地缘经济优势。

第三,自然地理变化,致使陆上丝绸之路上的城池消失,从而导致丝绸之路的消失。三十年河东,三十年河西,宋代以前西域自然地理条件比宋代以后好。现在以中国新疆古城分布来研究陆上丝绸之路为什么在历史上有巨大的影响力,为什么会对当时的东西方贸易产生巨大的作用。

在自然地理环境中,全球气候变暖是其原因之一。在局部环境方面,主要是青藏高原升高和喜马拉雅山升高,阻挡了印度洋暖湿气流,导致中国新疆地区雨水减少,逐渐沙漠化。

有句古话说:有河就有绿洲,有绿洲就有城池。那么反过来说,有城池的地方就一定有绿洲,有绿洲的地方就一定有河流。在新疆的大山大漠大戈壁之间,就有这小小的飞地般的绿洲,在绿洲之上,有无数的城池,这些古城奠定了东方和西方文明丝绸之路的交流大道上的驿站,没有城池的补给和支持,丝绸之路的文明不可能行走得如此之远,如此辉煌。

因此,从古代丝绸之路的变化中可以看出,保护自然环境,对人们的生活、经济发展贸易、文化交流都很重要。

新疆不同朝代主要古城址规模不一,形制多样。有的城为内外两重,有的城址规模宏大,为外城、内城、宫城三重城。城垣有夯筑、泥块(石块)垒砌、版筑、砌筑、夯筑与柳枝错层间筑等多种结构,大多因地制宜,就地取材,以生土建筑为多,少数用石材。其中圆形城有营盘古城、安迪尔古城、尼雅南方古城、阿孜干古城、琼库勒古城等,典型的方城有楼兰古城、罗布泊南古城等。

观察新疆这片大地我们知道,一个古城的周边就是一带绿洲,绿洲中间一定有一条河,是这条河孕育了两岸的人民。从新疆密密麻麻分布的古城可知,古代丝绸之路上有众多的河流、绿洲、城池。城池是丝绸之路上的点,河流是丝绸之路上的线,绿洲是丝绸之路上的面。前面我们说B段、C段、D段都有南、中、北三条线,这三线之间,是可以绿洲相连接的,可以进行商贸活动和文化联系。

分析图2.3可以知道,在丝绸之路上新疆或者说整个西域是有很多绿洲的。同时,观察在新疆密密麻麻分布的古城中,以汉至南北朝和隋唐的古城居多,说明当中原地区处于强大的朝代时,新疆地区的古城就建设得多,古代西域与中原社会发展有着一定的关系。

　　现在以新疆古城中的高昌古城为例,说明高昌古城当时的规模和人气,从而说明高昌古城当时的周边地理概况。古城遗址坐落在吐鲁番市东面约 40 千米的哈拉和卓乡所在地附近,北距火焰山南麓的木头沟沟口(胜金口)约 6.5 千米,东距鄯善县城约 55 千米,图 2.3 是高昌古城及周边古城分布图。

图 2.3　高昌古城及周边古城分布图

　　高昌城于公元前 1 世纪由西汉王朝在车师前国境内的屯田部队所建。《汉书》中最早提到了"高昌壁"。《北史·西域传》记载:"昔汉武遣兵西讨,师旅顿敝,其中尤困者因住焉。地势高敞,人庶昌盛,因名高昌。"汉、魏、晋历代均派有戊己校尉驻扎此城,管理屯田,故又被称为"戊己校尉城"。公元 327 年,前凉张骏在此"置高昌郡,立田地县"(《初学记》卷八引顾野三《舆地志》)。继之又先后为河西走廊的前秦、后凉、西凉、北凉所管辖。说明高昌附近有良田和绿洲,良田和绿洲过去无水库、人工渠,一般在河流两岸,因此,也说明古城附近有河流。

　　高昌之称王自此始也(《周书·高昌传》)。此后张、马、麹氏在高昌相继称王,其中以麹氏高昌统治时间最长,达 140 余年(公元 499—640)。这些"高昌王"均受中原王朝的册封,麹伯雅还曾到隋朝长安朝觐,并娶隋华容公主为妻。公元 640 年,唐吏部尚书侯君集带兵统一了高昌,在此置西州,下辖高昌、交河、柳中、蒲昌、天山五县。由侯君集所得高昌国户籍档案统计,当时有人口 37 000 人。8 世纪末以后吐蕃人曾一度占据了高昌。9 世纪中叶以后,漠北草原回鹘汗国衰亡后,西迁的部分余众攻下高昌,在此建立了回鹘高昌国,其疆域最盛时包括原唐朝的西州、伊州、庭州以及焉耆、龟兹二都督府之地,此外还统治分布在罗布泊一带众多民族或部落,地域范围远远超过了今吐鲁番盆地。1209 年,高昌回鹘臣附蒙古,成吉思汗赐回鹘高昌王为自己的第五子,并下嫁公主。

　　由于高昌城在战火中毁坏过甚,这次重建的火州城已不在高昌旧址,而在原高昌城西(今阿斯塔那居民村附近)。元朝统治瓦解后,火州部割据处称"地面",故《明史》称"火州……东有荒城,即高昌国都"(图2.4、图2.5)。

图 2.4　高昌古城遗址(一)　　　　　图 2.5　高昌古城遗址(二)

　　经实地考察,证之文献资料,高昌郡时期高昌城已经有了现存的内城。外城墙是麹氏高昌时期所建。城北郊阿斯塔那—哈拉和卓古墓群出土的文物证实了这一时期的文书中"北坊中城"、"东南坊"、"西南坊"等记载,说明当时此城已经有中、外之分,东、南、西、北之别。见于文书中的城门有青阳门、建阳门、玄德门、武城门、金章门、金福门等。敦煌莫高窟藏经洞发现的《西州图经》中记"圣人塔,在子城东北角",表明唐代西州城是有子城的。早期的宫城在今"可汗堡"内。麹氏高昌时期,随着外城的修建,宫城遂迁移到北部,南面而王,与隋唐时长安城的布局相似。回鹘高昌时期宫城内又曾大兴土木。

　　高昌古城的面略呈不规则的正方形,布局可以分为外城、内城和宫城三部分,总面积约200公顷。外城墙基厚12米,高达11.5米,周长约5千米;夯土筑成,夯层厚8～12厘米,间杂少量的土坯,有清楚的夹棍眼;外围有保存完好凸出的马面。南面有三个城门,其余三面各有两个城门。西面北边的城门保存最好,有曲折的瓮城。内城在外城中间,城墙全为夯土城,西、南两面保存较好,其建筑年代较外城为早。宫城在最北面,外城的北墙就是宫城的北墙,内城的北墙是宫城的南墙。高昌古城保存最好的部分首推外城墙,结构完整,宏伟壮观。外城西南角的一所寺院,占地近1万平方米,由大门、庭院、讲经堂、藏经楼、大殿、僧房等组成。从建筑特征和残存壁画上的联珠纹图案分析,其建筑年代约在公元6世纪。寺院附近还残存一些"坊"、"市"遗址,可能是小手工业者的作坊和商业市场。外城的东南角也有一所寺院,保存有一座多边形的塔和一个礼拜窟(支提窟),是城内唯一保存有较好壁画的地方。从壁画的风格和塔的造型分析,为回鹘高昌后期(公元12～13世纪)的建筑。

　　内城北部正中有一平面不规则略呈正方形的小堡垒,当地叫"可汗堡"。堡内北面的高台上有一高达 15 米的夯筑方形塔状建筑物;稍西有一座地上地下双层建筑物,现仅存地下部分,南、西、北三面有宽大的阶梯式门道供出入,规模虽不大,但与交河古城现存唐代最豪华的一所官署衙门建筑形式相同,可能是一宫殿遗址。20 世纪 40 年代,一支德国考察队曾在堡内东南角盗掘出一方"北凉承平三年(公元 445)沮渠安周造寺功德碑",沮渠安周是在高昌建立流亡政权的北凉王,据该碑推断,此堡可能是当时的宫城,并有王室寺院。

高昌古城自公元前 1 世纪建高昌壁,到 13 世纪废弃,使用了 1 300 多年。公元 640 年,唐吏部尚书侯君集带兵统一高昌时有人口 37 000 人,说明了当时高昌城市的巨大和繁荣。那么,一个数万人的城池,为什么会消失呢? 很多学者认为是战争使新疆的古城消失的,但此观点不符合人类生存和发展的特点。战争是为了获得城市和土地,毁灭城池不是战争的目的,且战火毁坏了城池,人们可以再建,只要城池是适合人类居住的地方。唯一能使一大片土地上的很多城池消失的原因是自然地理变化,这使得陆上丝绸之路上的城池消失,从而导致丝绸之路的消失。因此,保护好环境,就是保护好城市,也就是保护好人类生存的地方。

第四,海上运输比陆上运输具有优势。古代陆上丝绸之路具有难以克服的内在局限性。一方面,陆上丝绸之路对于沿途各国政治局势的变动极其敏感,通常某一国内部发生政治动荡,就会影响整条丝绸之路的通畅,如果是国与国之间发生战争,对丝绸之路影响更大。事实上,这种因中国西北以及中亚地区处于战争、动乱而使陆上丝绸之路中断的情况在历史上经常发生。另一方面,陆上丝绸之路还受到自然条件的极大限制。陆上丝绸之路在绿洲、戈壁沙漠、崇山峻岭等极其艰苦的地区中穿越,而且主要运输工具是骆驼组成的骆驼队,它负荷量有限,与海船根本无法相比。因此,陆上远程贸易存在着运量小、时间长、成本高以及安全性低等一系列弊端,这也正凸显出陆上丝绸之路对于跨境基础设施的强烈需求。然而,即便是罗马帝国、阿拔斯王朝、唐朝、蒙古帝国,在当时的时代状况下都不具备提供如此大规模区域性公共产品的能力,更不用说长期处于政治对峙和割据的各地诸侯。

相较之下,海路的优势就显得十分明显。一方面,古代海洋航线尽管也时不时受到海盗的袭扰,但真正能够大规模干扰海上运输通畅的政治军事力量却并不存在;另一方面,海路并不像陆路那样容易受到沿途国家政治局势溢出效应的不利影响,海上航行可以选择性地绕过政治局势动荡的国家。更为关键的是,相较于骆驼队,海舶运输具有时间短、运量大、成本低、更安全等优点。因此,可以说,海运更适合于大规模的贸易往来,而陆上丝绸之路的衰落在某种程度上也是由于它已无法承载当时急剧增加的中国与西亚之间的贸易规模。值得指出的是,自唐朝中后期开始尤其是宋代以后,陶瓷大规模出口的兴起,更强化了海上丝绸之路的重要性。由于陶瓷具有体重质脆的特点,很容易受到运输条件的制约,一般来说,陆运较行远不及海运方便安全,且载重巨大的船舶往往更能节约成本而具有比较优势。

伴随着明中后期与清代对海洋贸易的有限开放、伊斯兰世界的长期动荡,以及西方世界称霸海洋、殖民主义政治秩序的全球扩张等一系列历史进程的展开,连接中国与东南亚、印度、西亚和非洲等地区的海上丝绸之路逐渐陷于衰落,并长期消失在历史的视野中。

海陆丝绸之路的历史性兴替,既与特定政治局势的转换息息相关,也是由中国经济重心南移、陆上贸易的内在局限以及中国的海上优势、自然环境变化等一系列因素所共同促成的。陆上丝绸之路的盛衰往往取决于中国对西北边疆的经营程度以及中亚、西亚地区的政治稳定度。如蒙古帝国时代陆上丝绸之路的复兴就是以强大的政治力量和军事力量作为基础、后盾的。尽管在当代以帝国的军事方式实现区域整合已不具备现代政治的正当性,但是依然给复兴陆上丝绸之路提供了有益条件。

2.2　古代丝绸之路对文化的贡献

2.2.1　古代丝绸之路对文化的贡献

汉朝,中国进出口额都十分巨大,进出口品种也很多。中国从西方进口了很多植物和工业品,同时进口或引进了大量的文化艺术。据史书记载:"灵帝(167—189年在位)好胡服、胡帐、胡床、胡坐、胡饭、胡空侯、胡笛、胡舞,京都贵戚皆竞为之。"在工业品方面,主要进口玻璃器品。在文化方面,据《续汉书·五行志》,从魏晋到隋唐,随着属于伊朗文化的粟特人的大批迁入,西亚、中亚的饮食、服饰、音乐、舞蹈等等也大量传入中国。我们今天所常见的一些植物若带有"胡"字的,即指并非是中国的原产,而是从西方引进的。

粟特人,在中国古代史籍中简称作"胡",或称"昭武九姓"、"九姓胡",他们的故乡在中亚阿姆河和锡尔河之间的粟特地区,以撒马尔干(在今乌兹别克斯坦)为中心,有六个绿洲王国,即康、安、曹、石、史、米。粟特人大多以经商为业,有许多粟特人逐渐在经商之地留居下来。就目前所知,南北朝到唐朝时期,于阗、楼兰、龟兹(库车)、高昌(吐鲁番)、敦煌、酒泉、张掖、武威和长安、洛阳等许多城镇都有粟特人的足迹,他们的后裔渐渐汉化。

粟特人在文化上受波斯(今伊朗)文化的影响,他们的到来使唐朝的一些都市变得更加开放。根据唐朝开元天宝年间的有关记载就可以感受到当时的情况。白居易《胡旋女》诗:"天宝季年时欲变,臣妾人人学环转;中有太真外禄山,二人最道能胡旋。"岑参《酒泉太守席上醉后作》诗:"琵琶长笛齐相和,羌儿胡雏齐唱歌。浑炙犁牛烹野驼,交河美酒金叵罗。"(《岑参集校注》卷二)这说的是酒泉地方官的宴席上胡人演唱的情形。已故北京大学历史系教授向达先生曾撰有长篇著作《唐代长安与西域文明》,在这篇史学名作中,我们可以一览唐代长安的胡化景象。

李白也出生在丝绸之路上。关于李白是汉人还是胡人有争论,但如果李白是汉人,他写了很多关于胡人的诗,说明汉人与胡人的文化交流有很大的深度和广度;如果李白是胡人,说明胡人的汉文化修养比大多数汉人还高,既能代表胡人的汉文化水平,更能说明古代丝绸之路对文化交流的重大贡献。现以李白的诗为代表,来看看欧洲、西亚、中亚与东亚文化沿着丝绸之路的交往。

李白(公元 701—762 年),出生在中亚碎叶城(今吉尔吉斯斯坦北部托克马克),从出生地上看,李白是个胡人。李白一生有两爱:一是钟爱美酒,二是钟情胡姬。或者说他一生的最爱,就是胡姬的美酒。胡姬的美酒荡漾着欢爱、温柔和喜悦,所以深受李白的喜爱,他的诗酒中多处留下胡姬的妖娆。

大唐的山水和版图上,到处漂泊着胡人的脚步,涌动着胡人的血液,大唐也到处飘散着西域的文化。李白从性格上讲,也是胡人,永远漂泊在路上。他喜欢豪饮,他要去大唐的国都长安,那儿是诗和酒的故乡。

长安,有着数不清的"胡姬酒肆"。那些卷发碧眼、高鼻美眉、面容丰腴、雍容华贵、体态婀娜、曼妙多姿、长裙披帛的胡姬,端着高昌的葡萄酒、波斯琼浆流溢的"三勒浆"和土耳其的"龙膏酒",招揽长安城中的斗酒学士们。

李白描写胡姬美酒的诗有:"何处可为别,长安青绮门。胡姬招素手,延客醉金樽。""五陵年少金市东,银鞍白马度春风。落马踏尽游何处,笑入胡姬酒肆中。""银鞍白马骢,绿地障泥锦。细雨春风花落时,按鞭直就胡姬饮。""琴奏龙门之绿桐,玉壶美酒清若空。催弦拂柱与君饮,看朱成碧颜始红。胡姬貌如花,当垆笑春风。笑春风,舞罗衣,君今不醉欲安归。""书秃千兔毫,诗裁两牛腰。笔踪起龙虎,舞袖拂云霄。双歌二胡姬,更奏远清朝。举酒挑朔雪,从君不相饶。"

有人说,胡姬是大唐时富人的宠物,其实也是诗人的宠物。是大唐的宽容、西域的醇酿,还有胡姬的妖娆造就了李白这样的千古诗人。李白左手捧美酒,右手搂胡姬,他把胡姬的欢爱、温柔和喜悦,就着烈酒,一股脑地灌进了千古肝肠。胡姬生动了李白,李白生动地描述了大唐山水如诗般的美丽。李白以后再也无人成峰了,因为大唐已经不开放了,西域已成干漠,胡人也被同化了,还有一些胡人随着汉人一起飘落到了南洋。

李白周游了古代丝绸之路上的很多地方。"李白与丝绸之路"国际学术研讨会于2015 年 10 月 15 日至 19 日在吉尔吉斯斯坦比什凯克举办。这是有关诗人李白的第一个跨国学术研讨会,来自中国、哈萨克斯坦、吉尔吉斯斯坦等国的 60 余位专家学者与会。在研讨会上,"李白何许人也?""李白家室与中亚联系考证""李白'铁杵磨成针'的传说考""李白和其诗歌中的丝绸之路文化色彩"等一系列有关李白和古丝绸之路颇具研究价值的话题成为集中讨论的重点。吉尔吉斯斯坦周边国家司司长贝什姆别夫在研讨会上表示,"李白与丝绸之路"国际学术研讨会为吉中两国学者提供了相互交流的平台,他热切希望两国人民在友好交流合作的基础上共同发展与繁荣。北京大学中国古代史研究中心主任朱玉麒教授在接受新华社记者采访时说,李白出生地的问题由于受到一些史料的干扰,过去有很多种说法,但是中国学者通过最接近李白出生时代的史料普遍认为李白出生于中亚的碎叶城,即今天吉尔吉斯斯坦托克马克附近的碎叶。朱玉麒说,"李白与丝绸之路"国际学术研讨会是有关诗人李白的第一次跨国学术研讨会。他总结各方专家观点认为,在提倡丝绸之路文化推广下,李白是一个非常重要的公约数。"李白与丝绸之路"国际学术研讨会由吉尔吉斯国立民族大学和新疆师范大学联合主办,吉尔吉斯国立民族大学孔子学院、新疆师范大学文学院、北京大学中国古代史研究中心、中国李白研究会共同承办。

从李白的诗词和李白游历的各地中我们可以看出,李白是丝绸之路上中国与中亚、西亚,乃至欧洲文化交流的典型代表人物。但是,不论李白是胡人,还是汉人,也不论李白出生在何地,李白的作品都是汉文化的结晶,说明中国文化之强大,汉文化之优秀。

2.2.2　古代丝绸之路对文化发展的影响

一个民族的文化和生活是多层面的,宗教信仰在其中占据重要位置。古往今来,宗教信仰不仅支配着信众的思想感情,宗教组织和宗教礼俗也深刻影响着人们的日常生活。当今国际争端和地区性冲突多有宗教矛盾贯穿其中。然而,丝绸之路沿线,几千年来所演奏的宗教主旋律却始终是多元宗教和睦相处、互相交融、共同发展,堪称世界宗教史上的稀有之例。

1) 丝绸之路是各种文化传播的信息公路

丝绸之路东至中国东南部沿海地区,西至罗马。它不仅是一条东西方政治、经济的大动脉,同时也是一条宗教文化的传播与交融之路。印度的佛教、印度教,波斯的景教、摩尼教,西亚的伊斯兰教,以色列的犹太教,还有欧洲的基督教、天主教等,都是循此道传入中国的,而中国的道教也是通过这条道路西传的,故而丝绸之路又被称作"信仰之路"与"宗教之路"。

公元前 6 世纪,佛教在印度兴起,其僧侣成为第一批奔赴亚洲各个角落进行宗教传播的旅行家。东汉明帝时,中国出现了第一座佛教寺院——洛阳白马寺,此后,佛教便在中国境内发展壮大。古代的印度商人与佛教关系密切,这种现象也同样适用于其他宗教。对于早期的弘法僧人而言,僧侣们需要得到这些商人的援助,同时也要给予商人以精神上的支持。当然在许多情况下,有的商人也承担传教者的角色,"商人们积极出钱出物,供应僧伽。结果是,佛徒得到衣食之资,商人们得到精神上的慰藉,甚至物质上的好处,皆大欢喜,各得其所"。这一现象从侧面说明,商人作为宗教徒和弘法僧人关系紧密,对丝绸之路上的宗教传播作出了重要贡献。

除印度商人和僧侣外,在丝绸之路上充当文化使者和宗教传播的还有波斯商人。他们从中世纪起就分布在安息到大夏再到中亚河间一带,其商队也一直奔波于西亚至长安、洛阳长达数千千米的贸易路线上。为密切同各地商业伙伴的关系,波斯商人所到之处不仅学习当地语言,还接受他们的风俗和宗教习俗。

中国是一个对各种宗教融合的国家。泉州可以称为世界宗教博物馆,元代时,在泉州流行的宗教有佛教、道教、基督教、伊斯兰教、摩尼教、印度教等,至今尚有相当丰富的宗教石刻留存。1368年,元朝覆灭,曾经贯通中西的丝绸之路中断,尽管明永乐年间中西交通暂时恢复,但也只不过是回光返照而已。随着联系的中断,琐罗亚斯德教、犹太教及景教在东方逐渐消失了,摩尼教仅在福建霞浦、晋江、福州等地得以留存,但已转化为民间信仰,只有伊斯兰教在维吾尔族、哈萨克族、柯尔克孜族和回族、撒拉族等民族中保存了下来。势力最为强大的佛教迈入与中国传统文化相融合的道路,形成儒释道三教合一的新局面。

2) 丝绸之路是各种宗教文化融合的大熔炉

作为丝绸之路上的咽喉要地,吐鲁番在历史上不仅是东西方诸民族频繁迁徙、往来之地,同时也是世界宗教的坩埚。大凡丝绸之路沿线流行过的主要宗教,都可以在吐鲁番找到影子,诸如萨满教、祆教、佛教、道教、摩尼教、景教、伊斯兰教、基督教、印度教等,不同宗教在这里和谐共处,相互融会。这一现象在唐都长安也很明显,诚如向达先生所言:"第7世纪以降之长安,几乎为一国际的都会,各种人们,各种宗教,无不可于长安得之。"唐代洛阳的情况亦同样如此。

各种宗教在丝绸之路沿线留下了大量不同风格的宗教遗迹。在印度、中亚及中国新疆地区发现的贵霜王朝迦腻色伽一世钱币上,可以看到波斯祆教的琐罗亚斯德像、印度教的梵天像、佛教的释迦牟尼佛立像和弥勒佛坐像,更有希腊、罗马的男神和女神诸像。新疆吐鲁番出土的各种宗教文献相当丰富,有回鹘文、粟特文、梵文、波斯文、突厥卢尼文、佉卢文、叙利亚文、藏文、汉文、希腊文等20多种。随着这些用不同文字书写的宗教文献在各民族中的传播,各民族也开始逐渐学习和使用这些文字。

这种宗教文化相互交融的现象还见于勒柯克在吐鲁番城北的一处遗址中发现的宗教文献资料中。勒柯克写道:"这些文献内容包括曾经在这一地区流行过的所有四种宗教,即佛教、基督教、摩尼教,以及不被人所知的琐罗亚斯德教,即拜火教。这四种宗教的文献甚至在同一寺院遗址中就可以找到,这说明他们能在同一地方供奉他们的神主,而能互相容忍和平共处。"由此可知,在同一寺院中,不同宗教可以同生共存,和睦相处。11世纪中叶印度旅行家加尔迪齐曾撰《纪闻花絮》,其中也记载了回鹘宗教的繁杂及相互关系的融洽,这一记载生动地描绘了高昌回鹘境内佛教、景教和摩尼教和谐相处的奇异景象,堪称丝绸之路沿线地区诸教融合现象的真实写照。

在新疆鄯善县吐峪沟千佛洞东南,有一座被称作艾苏哈卜·凯赫夫的麻扎,俗称"圣人墓",是我国境内最古老、最显赫的伊斯兰教圣地。以艾苏哈卜·凯赫夫麻扎为核心的吐峪沟宗教文化遗存,使我们不仅能够看到曾经在当地流行的佛教、祆教、摩尼教、景教的痕迹,也能看到古代回鹘的萨满遗风,同时也折射出伊斯兰教在当地的传播以及本土化的曲折轨迹。

综上可以看出,吐鲁番地区所存宗教遗迹,在形式和内容上都深深打上了当地传统文化和外来民族宗教文化共存的烙印。吐鲁番(尤其是在高昌回鹘时期)多种宗教汇聚并行,共同吸收,共同发展,创造出绚丽的宗教文化。

在敦煌和吐鲁番一样,各种宗教教义互相融合,敦煌作为中西交通咽喉和枢纽,对于中原王朝与南亚、中亚和西亚的联系,其贡献巨大。两汉以降的敦煌,除本土固有的方术、神仙道家信仰外,随着中西交通和商旅往来,佛教、祆教、景教、摩尼教等也先后假道丝绸之路而涌入敦煌,再沿丝绸之路东行至长安、洛阳。佛教义理高深,体制完备,自汉代传入后即迅速植根华夏沃土而得到传播发展。

敦煌藏经洞出土的遗书,主要为佛教典籍,有5万件以上。从其中的写经题记看,始自东晋,盛于隋唐,终于北宋,历时570余年。这些宗教经典以汉文最多,又有吐蕃文、回鹘文、西夏文、蒙古文、突厥卢尼文、于阗文、梵文、吐火罗文等多种古代文字,以及外来的梵文、粟特文和钵罗婆文等。这些古代语言文字记录了丰富的古代民族历史和宗教文化资料,写下了古代丝绸之路上各种宗教和文化整合浓墨重彩的一笔。

道教在敦煌地区的活动始于汉代,敦煌遗书中的道教经典《老子化胡经》是佛道两教长期论争的产物。此经文中所引用的人名"摩尼"及神名"三际二宗门"显然是波斯摩尼教之专用术语,把西域流行摩尼教教主宣传为老子所化,将摩尼教的教义融入到道教经典之中。而摩尼教反过来又利用了《化胡经》,把其当作钦定的道经,把"老子化胡"的说法当作道教的正统教义,甚至在北宋时期把摩尼教经典编入了《道藏》。

随着丝绸之路各传教使团而来的这些外来宗教经典,所到之处会被翻译成当地的语言文字,不过其中已然渗入了不少本地所固有的宗教观念,这也再次显示出丝绸之路上各种宗教文化观念交相混杂、相互融通的特点。丝绸之路,以海纳百川、有容乃大的襟怀,兼容并包来自东西方的各大宗教。各个宗教在死海、科隆、撒马尔罕、吐鲁番、敦煌、西安、洛阳、霞浦、泉州等地留下了兴盛衰败的痕迹,使丝绸之路真正成为了一座宗教文化博物馆,是一条宗教融合之路,中华大地是各种宗教文化发展生存的天堂。

丝绸之路上传播而来的各种东西方宗教,其文化色彩本存在差异,但在中国的传播和发展过程中,无一不被赋予了中国固有的文化内涵。宗教术语的借用、共用成为这一特点最突出的表现。

丝绸之路上各种宗教的融会贯通,促成这种宗教术语共用的现象存在,各种宗教为了扩大其自身的影响和发展,就不得不有意识地借用其传播区域的本土宗教的形式,宗教的传播者也不得不用本土宗教的言辞和术语作掩护,使信众们比较易于理解和接受。

丝绸之路上各种宗教的际遇与融通,还体现在表现形式的相互借用上,如山西平遥干坑村南神庙(又名源相寺)。观其名,似为一座佛教庙宇,实则为一佛道化的景教寺院。碑文中记载景教在中国内地衰亡,并逐渐融入佛教和道教信仰的相关史实。源相寺这座始建于元代的神祠,堪称景教借用佛道表现形式的特例。

同样为外来宗教,同样以其他宗教形式存在的寺庙还有福建福州摩尼教寺院——福寿宫。福寿宫又称"明教文佛祖殿",始建于宋代,由于"明教文佛祖殿"的宗教属性不够明确,为申请合法宗教身份,故于1998年改名为"福寿宫",胪列道教庙宇。但村民耆老皆言祖辈供奉该寺神明的仪式独特,与道教、佛教皆有不同。福寿宫是为祭祀霞浦摩尼教教主林瞪而建,迄今仍保存着足以证明其摩尼教宫庙遗址身份的文物及独特的祭祀仪式。寺院主持摩尼光佛和林瞪,左右配真武大帝、许真君,另有三十六护法神将,观音阁、华光殿、大王殿三座偏殿还分别供奉观音菩萨、华光大帝马天君和黄、赵二大王。通过对福寿宫所供诸神考察不难发现,福寿宫护法神祇来源于摩尼教、佛教、道教和当地民间信仰,四种神祇交互杂处。福寿宫无疑是一座受道教影响甚深且以道教形式存在的摩尼教寺院。

景教、摩尼教等这种借用佛教或者道教的表现形式寺庙是为了适合于生长在中华大地上的宗教,其内在本质依然属于各自的宗教精神。

综上可见,借丝绸之路传播而来的各种宗教自传入中国伊始,就与中国传统文化融为一体了。各种宗教在丝绸之路的流播过程中,因应形势的不同而有所变革,未拘泥于原始经典之窠臼,而是朝着人生化、现实化和世俗化的方向转变。在此过程中,各宗教所奉祀的神祇也悄然发生了分化,其原始的信仰和佛、道教等中国主流宗教和各种民间信仰相互融合,依存发展。

宗教是文化基因的重要内在精神,所有民族文化或多或少都体现了该民族文化的宗教精神。同时,宗教的具体表现形式又成为文化的一部分。因此,文明交往离不开宗教或近似宗教的价值系统带来的文化政治归属性。事实上,集思想、语言、文字、艺术等为一体的古代各种宗教在丝绸之路上的传播与影响,集中地体现了东西方文明交往的成果。可见,宗教在古代文明中具有不可替代的重要作用。一方面,它是古代各主要文明的承载者和代表;另一方面,宗教徒在传教的同时也承担着文明交往的使命。正如佛教之于古代印度文明,祆教、摩尼教之于古代波斯文明,犹太教之于古代希伯来文明,基督教之于古代欧洲文明,或者儒教、道教之于古代中国文明,各种宗教均为其所处的文明所孕育,并且无不是集古代各文明诸因子之大成的承载者。所以,宗教是某一时期一种文明在意识形态、思维方式、价值观和道德观等方面的集中反映。在古代东西文明的交往中,宗教发挥了非常重要的作用。从这个意义上讲,丝绸之路不仅仅是一条中外贸易之路,也是一条宗教文化交流通道,更是一条名副其实的信仰之路和宗教交融之路。

　　3) 古代丝绸之路是传播世界各国人民友谊的道路

　　丝绸之路的道路在古代是传播友谊的道路,但也曾是被战争铁蹄践踏过的道路。今天,人们已经忘却昔日曾经有过的苦难,而把丝绸之路看作是连接东西方文明的文化纽带。

　　2014 年 6 月 22 日在卡塔尔多哈进行的第 38 届世界遗产大会宣布,中哈吉三国联合申报的古丝绸之路的东段——"丝绸之路:长安—天山廊道的路网"成功申报世界文化遗产,成为首例跨国合作、成功申遗的项目。

　　在卡塔尔多哈召开的联合国教科文组织第 38 届世界遗产委员会会议审议通过中国大运河项目和中国、哈萨克斯坦、吉尔吉斯斯坦跨国联合申报的丝绸之路项目列入《世界遗产名录》,成为中国第 32 项和第 33 项世界文化遗产。其中"丝绸之路"是中国首次进行跨国联合申遗。

　　近年来,联合国教科文组织发起的"丝绸之路研究计划",把丝绸之路称作"对话之路",用于促进东西方的对话与交流。对于中国人民来讲,今天的丝绸之路,是开放之路,是奋进之路,是通向 21 世纪的光明之路。

　　丝绸之路是古代欧亚大陆的贸易交通干线,现在的欧亚大陆桥中经由的路线也有一大部分是原来的丝绸之路,这是目前亚欧大陆最便捷的通道。丝绸之路促进了欧亚非各国与中国的友好往来。中国盛产丝绸,是丝绸的故乡,在经由丝绸之路进行的贸易中,以丝绸最具代表性。19 世纪下半期,德国地理学家李希霍芬就将这条陆上交通路线称为丝绸之路,中外史学家都赞成此说并沿用至今,也简称为丝绸之路。多数研究者认为,张骞两次通西域,开辟了中外交流的新篇章,将中原、西域和阿拉伯、波斯湾等地紧密地联系在一起。经过几个世纪的相互交流,丝绸之路向西延伸到了地中海。丝绸之路的东段已经到达了韩国、日本,西段至法国、荷兰;通过海路还可达意大利、埃及。不论陆路或是海上的丝绸之路都成为亚洲和欧洲、非洲等国经济文化交流的光明大道。

古代丝绸之路对东西方的物质文化和精神文化的交往作出了不可磨灭的巨大贡献。物质文化的交流往往是双向的,中国奉献给西方世界以丝绸,欧亚各国人民也同样回报了各种中国的需求品。

2.2.3　丝绸之路传播了先进文化和先进技术

张骞通西域后,西域的许多政权相继派遣使者跟汉朝通好,汉也派使者互访,但是匈奴不断骚扰,加之丝绸之路沿线强盗横行,出于安全和加强对边陲控制的考虑,汉宣帝神爵二年(公元前 60 年),西汉在西域设置了直辖机构——西域都护府,总管西域各项事务,进一步加强了西汉对西域地区的影响,也增进了西域与中原地区的联系。

在经济方面,丝绸之路是陆路通往西方的必经道路,遍布丝绸之路的大小绿洲城郭,是来往商人进行贸易活动和贸易联络的处所,在集市贸易中既能看到来自中原地区的物产,也可看到源自他方的舶来品,商品的流通促进了经济的发展,多边贸易的增多,又推动了整个地区的经济贸易发展,同时促进了该地区的经济繁荣和文化交流。

中国通过丝绸之路向西方输出的不仅是丰富的中原物产,为西方人的生活带来了很多便利,更是为人类的文明发展作出了贡献。

1) 造纸术、井渠技术、丝绸等对西方文明和人们生活的影响

第一,纸是我国古代四大发明之一。在造纸术传入西域之前,印度的佛经已经写在树叶上称为贝叶经;欧洲人当时将羊皮做纸,称为羊皮纸。中国造纸术的传播对世界文明作出了不可磨灭的贡献。随着丝绸之路,纸制品也开始在西域以及更远的地方进行传播。人们在楼兰城遗址考古中发现了公元 2 世纪的纸,虽然中亚地区也用纸,但是并没有发现造纸设备的证据。很多人认为造纸术的向西传播给欧洲以及中亚带来了巨大的变革。而最初这场变革却是与战争有关:唐朝与新兴的阿巴斯王朝在中亚的势力摩擦不断,在怛罗斯战役中,以唐王朝的失败而告终。但是唐朝高度发达的文明却得以在西方传播。阿拉伯人将唐军战俘沿着丝绸之路带回撒马尔罕,而这些战俘中就有善于造纸术的中国工匠,这些工匠又将中国的造纸术传到了西方,为东西方文明的交流写下了光辉的一页。撒马尔罕生产的纸到了西方,最终使造纸术传播到世界各地。

第二,井渠。西域地区沙漠密布,各国的经济繁荣与水是脱不开关系的。天山与昆仑山融化的雪水是西域地区的水源之一,但是收集这些雪水并不是一件容易的事情,融化后积聚在山脚下的雪水很快就会被蒸发或渗入地下。从汉朝军队屯田囤积在西域发展农业之时,流传于山区的坎儿井和井渠技术被驻军使用在西域,并逐渐流传至更远的国家。早先西域地区坎儿井技术究竟是由中国还是由波斯传入西域一直是

件有争议的问题。不过井渠技术和穿井法已经被证实是由中国传向西方。水是生命的源泉,因而掌握了井渠技术无异于为自己的生存环境提供了必要保障。至今在我国新疆地区坎儿井依然服务于当地。直到近代林则徐和新中国的王震都为新疆的坎儿井建设作出重大贡献。

第三,印刷术。开始于隋朝时期的雕版印刷术,经北宋毕昇得到了发展完善,最后生成活字印刷。中国的印刷术是人类近代文明的先导,为知识的广泛传播、交流创造了条件。现今已知的最古老的印刷品是在甘肃省敦煌被发现的唐朝的《金刚经》。中国古代印刷术也是沿着丝绸之路逐渐西传的技术之一。在敦煌、吐鲁番等地,已经发现了木刻板和部分纸制品用于雕版印刷的木刻板和部分纸制品,英国的大英博物馆现在仍然保存了唐代的《金刚经》雕版残本。这说明印刷术在唐代时期至少已经传播到了中亚。13世纪时,不少欧洲旅行者沿着丝绸之路来到中国,并将这种技术带回欧洲。我国的活字印刷技术由新疆经过波斯、埃及传进欧洲。公元1450年左右,欧洲活版印刷术的发明者,德国人古登堡受到中国活字印刷术的影响,用合金制成了拼音文字的活字,用作印刷书籍。印刷术、火药、指南针的发明被马克思称作是资本主义发展的必要前提。

第四,丝绸。在丝绸之路这条横贯东西的通路上,丝绸与瓷器成为当时东方强盛文明的一种象征。丝绸是奢侈的消费品,历朝中国政府的友好使节出使西域乃至更远的国家时,通常将丝绸作为表示两国友好的礼物,并且丝绸的西传也使西方各国对古代中国有了初步的印象。由于西传至君士坦丁堡的丝绸和瓷器价格非常非常高,使得很多人认为中国是一个物产丰富的富饶地区。各国元首及贵族曾以穿着用腓尼基红染过的中国丝绸为荣耀,以家中使用中国瓷器作为富有的象征。欧洲人把这种质地轻柔、色泽华丽的丝织物看作是神话中天国里面才有的东西。古希腊人干脆称中国为赛尔斯(Seres),即丝国,他们把购丝绸、穿丝绸看作是地位的象征。丝绸成为罗马人狂热追求的对象,在古罗马的市场上,丝绸的价格曾以每磅12两黄金的天价售出。丝绸也造成罗马帝国黄金大量外流,这也迫使元老院断然禁止人们穿着丝绸。丝绸贸易在欧亚大陆的广泛传播为推动欧亚贸易做出了贡献。丝绸也曾是两河流域各国财富的象征。

唐太宗时吐蕃的赞普松赞干布和唐朝的文成公主通婚,文成公主将蚕与茧传到了吐蕃,也有人通过走私的方式,秘密将蚕卵等作物西传。

第五,中国有上好的茶叶和瓷器。在中国古代文献中,有着关于饮用茶叶的记载,最早可以追溯到石器时代的炎帝神农氏。中国古代的茶叶,在西汉时便传到国外,汉武帝时曾派使者出使印度支那半岛,所带的物品中除了黄金、锦帛外,还有茶叶。南北朝时齐武帝永明年间,中国茶叶和丝绸、瓷器等一道传到了土耳其。唐顺宗永贞元年,日本最澄禅师回国,将中国的茶籽带回了日本。随着茶叶从中国不断传往世界各地,许多国家开始了种植茶树,世界上其他地方饮茶的习惯都是由中国传过去的。茶叶在宋代时传到了吐蕃,先仅在上层社会之间传播,后来流传于社会各个阶层之间。公元10—11世纪在中国边陲的丝麻交易量减少,茶马贸易变多。茶叶在17世纪才由荷兰人传入欧洲,19世纪印度开始种植茶树。

中国同时也是瓷器的故乡,瓷器是中国对世界文明的伟大贡献,在英文中瓷器(china)与中国(China)同为一词。大约在公元前16世纪的商代中期,中国便已经出现了早期的瓷器。中国的瓷器是从陶器发展变化而成的,原始瓷器起源于3 000多年前。到北宋时期,名瓷名窑已遍布大半个中国,这期间是瓷业最为繁荣的时期。

经由丝绸之路传播到世界各地的中国特产,不仅在古代是人们喜欢的物品,即使在今天,世界各地人们需求的生活用品多数也是"made in China 中国制造"。

2) 传入的西方文明对汉族地区的影响

佛教作为世界三大宗教之一,早在西汉(公元前206—220)末传入中国。据推测,佛教由印度经丝绸之路传到新疆克孜尔,再到甘肃敦煌,最后传入中国内地。丝绸之路沿线留存下来的佛教石窟,如敦煌的莫高窟很多都融入了东西方文明的艺术风格,是丝绸之路上中西文化交流的见证,今天它们是全人类共有的宝贵的文化遗产。唐代大诗人杜牧有诗云"南朝四百八十寺,多少楼台烟雨中",足以见证当时佛教在唐朝的盛行程度,影响深远。

由西域传入中原的如胡豆、菠菜、黄瓜、石榴、哈密瓜、葡萄、核桃、胡萝卜、胡椒等为人们的餐桌提供了丰富的佳肴,西域特有的葡萄酒经过发展也融入到中国的传统酒文化中。中国的商队还通过丝绸之路输出铁器、金器、银器等奢侈品。这些贸易活动都为经济的发展、民族间的融合、各国人民的文化交流提供了重要的机会。

2.2.4　丝绸之路的文化意义

丝绸之路促进了中西方的经济文化交流,这是世人皆知的事实。丝绸之路,在今天仍是东西方文化交往的一条重要通道,在中国当今的对外经济文化交流中仍然发挥着重大的作用。丝绸之路始于西汉武帝时,中国商队或西方商队用骆驼和骡马驮着大量丝织品,由长安出发经敦煌西出玉门关,开始艰难的长途跋涉,路经沙漠,来到中亚、西亚和欧洲。

1) 丝绸之路是中国与西方世界相互了解的通道

在中国的西汉和东汉时期,中国文化影响了东亚许多国家和地区,当时的欧洲正是罗马帝国时代,罗马文化也影响着欧洲和地中海地区,当时东方和西方两大文明地区缺乏的就是相互了解的途径,因此丝绸之路在世界文化交流的历史上是有着极其重要的意义。丝绸之路为中国古代对外交往的繁荣提供了通道。东汉时期班超出使西域时,就派甘英出使欧洲,为以后的中国与西方的文化交流和贸易往来提供了有利条件;公元 66 年,大秦王安敦派使臣到中国,是目前发现的中国同欧洲友好往来的最早记录;唐朝以后的中外交往更加频繁,直至明朝郑和下西洋。东西方的人们通过丝绸之路不仅仅使贸易互有所收,更加强了东西方之间的了解和文化交流。

2) 丝绸之路是古代西域少数民族接触不同文化,了解外部世界的管道

西汉丝绸之路横穿西域,西汉时期的西域是指玉门关、阳关以西包括今天的新疆,那里沙漠多耕地少,人们居住在河流灌溉的绿洲上,沿着塔里木盆地,南有于阗、沙车、楼兰、且末等国,北有车师尉犁、焉耆、龟兹、姑墨、疏勒等国,这些国家大部分从事畜牧业或者农业。张骞第二次出使西域时,访问了西域许多国家,各国也派使者回访长安,从此汉朝和西域的交往频繁,中国的铸铁、开渠、凿井技术和丝织品以及金属工具传到西域,促进了西域的经济和文化的发展。丝绸之路不仅仅是西域人民接受中原文化的通道,也是中原地区人民了解世界的管道。

3) 丝绸之路是现代中国西部开发的早期战略

西部大开发是我国在世纪之交的一项重大战略决策,也是中国经济发展的伟大战略。回望历史看待西部开发,就必须了解在中国古代经济发展过程中,西部也曾有过的无比璀璨的辉煌,需要了解 2 000 年以前的丝绸之路的历史,知道楼兰、高昌、敦煌当时是何等繁荣。现今依托国家的开发西部政策,西部人民的智慧和不懈努力,为促进西部的经济繁荣发展、为再创丝绸之路的辉煌、为西部经济的腾飞,使丝绸之路这条古为今用的天路成为当今西部开发中的经济走廊。

2.3　丝绸之路对贸易的影响

2.3.1　路上丝绸之路的商品贸易交流

汉朝以来,进入中国的有植物,还有罗马的玻璃器以及西域的乐舞、杂技,到了东汉末年,史书记载:"灵帝(167—189 年在位)好胡服、胡帐、胡床、胡坐、胡饭、胡空侯、胡笛、胡舞,京都贵戚皆竟为之。"(《续汉书·五行志》)从魏晋到隋唐,随着属于伊朗文化的粟特人的大批迁入中国,西亚、中亚的饮食、服饰、音乐、舞蹈等等,也大量传入中国。

我们今天所常见的一些植物,很多并非都是中国的土产,中国古代文献中记载的一批带有"胡"字的植物,如胡葱、胡荽、胡椒、胡桐泪、胡桃、胡瓜、胡萝卜等等,十之八九都是来自西方。

在丝绸之路这条超过 7 000 千米的东西方文明交汇、贸易往来的走廊上,丝绸与瓷器成为当时文明的象征。丝绸是丝绸之路上重要的奢侈消费品,古代中国政府的友好使节出使西域以及其他国家时,往往将丝绸作为表示两国友好的礼物。由于西传至君士坦丁堡的丝绸和瓷器价格奇高,令相当多的人认为中国乃至整个东亚都是物产丰盈的富裕地区。各国元首及贵族、富商曾一度以穿着用腓尼基红染过的中国丝绸、家中使用瓷器作为富有荣耀的象征。

阿富汗的青金石也随着商队的贸易行进逐渐流入到欧亚各地。青金石通过丝绸之路在欧亚大陆得到了广泛传播,为带动欧亚大陆间的贸易交流做出了巨大贡献。青金石曾是两河流域各国财富的象征。青金石流传到印度以后,被那里的佛教徒供奉为佛教七宝之一。

中国通过丝绸之路主要运出的物品有:手工艺品、丝绸制品、唐三彩、铁器、金器、瓷器、银器、镜子、茶叶和其他豪华制品。

2.3.2 海上丝绸之路的贸易往来

从贸易品的角度,海上丝绸之路又有"茶叶之路"、"陶瓷之路"、"白银之路"、"香料之路"、"宝石之路"等不同的称呼;从航线的角度,又有东洋航线、西洋航线、南洋航线等不同的说法。

不同的历史时期,随着航线和贸易规模的发展,海上丝绸之路上的贸易品也有不同。战国秦汉时期,地处华南的南越国就有十分繁盛的海外贸易,这在南越王墓等考古发掘中得到实证。南越国的输出品主要是漆器、丝织品、陶器和青铜器,输入品正如古文献所列举的"珠玑、犀(牛)、玳瑁、果、布之凑"。主要的贸易港口有番禺(今广州)和徐闻(今徐闻)。

到了汉代,海外贸易进一步发展,据《汉书·地理志》记载:"自日南障塞、徐闻、合浦船行……有译长,属黄门,与应募者俱入海市明珠、璧琉璃、奇石异物,赍黄金杂缯而往……"说明海上丝绸之路在汉武帝灭南越国之后,规模有进一步的扩大。东汉(特别是后期)航船已使用风帆;大秦(罗马帝国)已第一次由海路到达广州进行贸易;中国商人也到达了罗马。这标志着横贯亚、非、欧三大洲真正意义上的海上丝绸之路的形成。随着汉代种桑养蚕和纺织业的发展,丝织品成为这一时期的主要输出品。而乳香(薰炉)和家内奴仆(托灯俑)乃以往输入品中所未见。

孙吴政权黄武五年(公元 226 年)置广州(郡治,今广州市),加强了南方海上贸易。到东晋时期,对外贸易涉及 15 个国家和地区,不仅包括东南亚诸国,而且西到印度和欧洲的大秦。丝绸是主要的输出品。输入品有珍珠、香药、象牙、犀角、玳瑁、珊瑚、翡翠、孔雀、金银宝器、犀象、吉贝(棉布)、斑布、金刚石、琉璃、珠玑、槟榔、兜銮等。

　　唐宋时期以迄明清时期,海上丝绸之路贸易进一步发展,总体而言,当时通过海上丝绸之路往外输出的商品主要有丝绸、瓷器、茶叶和铜铁器(含铜钱)四大宗,往国内运的主要是香料、宝石、象牙、犀牛角、玻璃器、金银器(包括白银)、珍禽异兽等。中国官方海外贸易在明初郑和下西洋时发展到巅峰。郑和之后的明清两代,由于实施海禁政策,我国的航海业有一定衰落,进入西方的大航海时代以后,西方殖民者进入东亚贸易圈,中国海外贸易航线逐步被葡萄牙、西班牙、荷兰、英国、法国等西方国家所蚕食,这条曾为东西方交往做出巨大贡献的海上丝绸之路也逐渐消亡了。

2.3.3　丝绸之路对东北亚文化交流、贸易发展的影响

　　中日之间的海上贸易,由于文献档案丰富,考古实物证据十分丰富,可以为海上丝绸之路的贸易品往来提供力证:

　　中日两国之间通过朝鲜半岛或经由日本海环流水路,交往十分便捷。根据日本古史记载,西汉哀帝年间(公元前 6 年),中国的罗织物和罗织技术已传到日本。公元 3 世纪,中国丝织提花技术和刻版印花技术传入日本。

　　隋代,中国的镂空版印花技术再次传到了日本。隋唐时期,日本使节和僧侣往来中国十分频繁,他们在浙江台州获得青色绫,带回日本作为样板,仿制彩色锦、绫、夹缬等,日本至今仍沿用中国唐代的名称,如绞缬、腊缬、罗、绸、绫、羽等。

　　唐代,江浙出产的丝绸直接从海上运往日本,丝织品已经由礼物转为正式的商品。奈良是当时日本的首都,也可以说是中国丝绸之路的终点,正仓院则是贮藏官府文物的场所。今日的正仓院已成了日本保存中国唐代丝织品的宝库,其中的很多丝织品即使在中国大陆也很难见到,诸如彩色印花锦缎、莲花大纹锦、狩猎纹锦、狮子唐草奏乐纹锦、鹿唐草纹锦、莲花纹锦等,还有不少中国工匠当时在日本制作的、兼具唐代风格与日本民族风格特色的丝织品。

　　宋代也有很多的中国丝绸被运往日本。元代,政府在宁波、泉州、广州、上海、澉浦、温州、杭州设置市舶司,多口岸向日本出口龙缎、苏杭五色缎、花宣缎、杂色绢、丹山锦、水绫丝布等。明代则是日本大量进口中国丝绸的时期,这一时期,日本从中国输入的生丝、绢、缎、金锦等不计其数。清朝初年采取海禁政策,后来由于国内外的强烈反对而陆续开放。此时,日本仍继续大量进口中国生丝。1633—1672 年间,日本每年进口的中国丝仍在 20 万斤以上。当时甚至还有山东、陕西、安徽、浙江等地的也有商人直接从事海上贸易活动,远航至日本等国,以中国的绸缎等换取椒、檀、铜、藤等货物。

　　乾隆二十五年(公元 1760 年),中国政府为了换取日本出产的铜,允许中日官方往来,进行丝绸贸易。此后,中国的丝绸更源源不断地被运往日本。日本在大量进口中国丝绸的同时,积极引进中国的桑种、蚕种和先进技术,并于 1868 年前后确立了振兴

蚕丝业的基本国策,积极学习欧洲的蚕丝实验科学,订立奖励专利政策,兴办科教机构,蚕丝业从此欣欣向荣。由此可见,日本在科技、文化领域,自古以来都是向中国学习的,不仅仅是文化,连生产技术也向中国学习,在贸易上依赖中国。1909 年,日本出口的生丝已达到 8 372 吨,超过了中国(7 480 吨),位居全球第一,其后一直处于领先地位。中国直到 1977 年产丝量才重新超过日本。

2.3.4　丝绸之路对东亚文化贸易、文化交流的影响

1) 丝绸之路与韩国佛教文化

韩国是陆上丝绸之路的东端部分,有着非常悠久的文化交流史。自古以来韩国都非常积极地吸收外来文化,并且把优秀文化漂洋过海传递到日本。韩国学界非常关注丝绸之路和东西方文化交流问题,并在很多学术单位和领域进行了相关研究。

韩国人所著敦煌文书中最有名的当属新罗国僧人慧超游记《往五天竺国传》,2010 年,新罗国僧人元晓所著《大乘起信论疏》,在中、英、俄三国的敦煌文书中发现,敦煌遗书在韩国再次受到关注。

据有关历史资料记载,唐代有不少韩国僧人到西域和天竺进行求法活动。当时韩国僧人可能在这个住所学习佛法,在接受当地的文化后,准备去西域长途旅行。就像西域的许多高僧来东方布道、写经、译经一样,韩国的僧人也不远万里,通过丝绸之路来敦煌学习佛教、体会佛法、研习佛经,也体验着丰富多彩的文化生活。

韩国政府的使臣也经常到敦煌和中亚地区参加各种活动,当地的壁画就曾描绘他们的形象,而在韩国保存下来的西域文化是这些人通过丝绸之路带过来的。文化本身就有这样的特点,其交流的过程非常漫长复杂,而且时间久远,但是一旦融入本国文化,便很快又流传到各个地方,得到很好的发展。

敦煌遗书的绝大部分内容都是佛经或者与佛教有关的故事、文书、图画等资料。如果当时韩国人在敦煌或中亚地区活动,可能与佛教有着密切的关系。他们除了佛经,还体会着当地的表演、舞蹈、音乐、文学等方面的文化,并把它们都带回韩国。所以,我们要进一步对现在的韩国佛教文化和敦煌资料中佛教文化进行对比分析,考察比较两者之间的关系。韩国佛教除了被迫害的一段时间外,从三国时代传入韩国,直到今天,基本上保持着原来的文化传统和形式,尤其新罗国信奉佛教,唐代时派遣许多僧侣到中原修学佛法,受到唐代佛教的影响。唐代也是积极接受外来文化的时代,在唐代的艺术和文学作品中,随时可见这样的情况。

新罗国也和唐朝相似,新罗国统一韩国后开始包容外来文化并积极地接受外来文化。而外来的佛教几乎成为当时韩国的国教,围绕着佛教,当时的很多文化艺术都得以发展。从这里,我们可以看到佛教在韩国文化上的重要性,因为它很有可能保留着

目前已经看不到的唐代佛教文化。比如,唐代敦煌地区的讲经仪式和说唱方式或与韩国的佛教仪式有相似之处,也可能在韩国佛寺里面能够发现敦煌遗书的描述。

由此可见,中国文化是韩国文化的基础,韩国文化的根在中国。中国是东北亚、东南亚等地区汉文化的中心。

2) 汉字与汉文化在中韩两国交流中的作用

研究儒教和佛教作为一种思想文化体系对韩国产生的影响时,必须研究汉字与汉文化对韩国的文化思想体系的影响。从古至今,人类共存在了一个大文化圈,分别是汉字文化圈、阿拉伯字母文化圈、印度字母文化圈、拉丁字母文化圈和斯拉夫字母文化圈。韩国是东方世界的文明古国,汉字使用历史悠久,并用汉字与汉文化谱写了韩国的历史诗篇。现代人类文化研究的结果表明:韩语属阿尔泰语系通古斯语,与汉字不属同一语系,韩国充分发挥自己的民族智慧,对汉字高度接纳,并与阿尔泰语系融合,形成韩语。

韩文由固有词和汉字词及少量的外来语组成,词汇中50%以上是由汉字组成,由于两种语言有机融合、相互补充,使韩国语成为世界最丰富、最优秀的语言之一。

韩国发明民族文字以前,韩国书面语言均为汉文,在韩国的历史上诞生的一代宗师和汉学大家有金富轼、李奎报、崔致远、一然、强首、薛聪、金笠、成三问、朴趾源等,这些代表人物是韩民族的骄傲。儒家、佛家用汉文写成付梓的《高丽八万大藏经》和浩瀚的《李朝实录》等经典著作,更是世界文化宝库中艳丽的奇葩。

作为汉语言的工具,汉字几千年来,担当着中韩两国友谊和文化交流的桥梁,韩民族发挥自己的聪明才智,结合通古斯语特点,用汉字深化了韩民族的文化,丰富了东方文化的内涵。中韩两国人民历史文化积累博大精深的同质文化,使两国更紧密地联结在一起,用东方文化蕴存的精神,共铸人类文明辉煌。

哲学是各种宗教文化的升华。当代受中韩两国文化影响最深的代表人物是韩国总统朴槿惠。朴槿惠酷爱中国哲学,曾在韩国文艺月刊《月刊随笔》上发表题为《遇见我人生的灯塔——东方哲学》文章。在文中,朴槿惠抒发了阅读《中国哲学史》所受到的感动和人生的教训。东方哲学与重视逻辑和论证的西方哲学不同,讲究领悟。中国最具代表性的哲学家冯友兰先生的《中国哲学史》蕴含着做人的道理和战胜人生磨难的智慧,能让人领悟到如何自正其身,如何善良正直地活着。

3 世界文化贸易现状及发展趋势分析

3.1 世界文化发展现状及趋势分析

3.1.1 世界文化发展现状

1) 当代国际文化交流现状

当今世界文化交流日新月异。全球通讯、交通越来越便捷,世界各国的交往也变得越来越密切,文化交流得到很好的发展。

随着科学技术的发展,文化交流的手段、方式、内容都得到了飞速发展,与古代丝绸之路相比,已经发生了质的变化,文化交流的信息量也是空前巨大的。文化交流的形式从古代丝绸之路上以经典著作为主发展成当今的电视、电影、网络、报刊、书籍、旅游、参访、考察、调研、国际会议、体育比赛等。文化交流的人群从国家代表团、专家学者到普通民众,各国间文化交流人数、相互留学人数、参访人数均是历史上的千倍甚至万倍。

现以中韩两国间旅游人数和到对方国家留学人数来说明当代国际文化交流现状。

先分析中韩两国间旅游情况。据韩国旅游局和中国旅游研究院的报告,2014年,中韩旅游互访人数首次迈入"1 000万人时代"。韩国旅游局最新统计表明,2014年访韩中国游客超过610万人次,而中国旅游研究院日前发布的"中国入境游2014年度报告"显示,2014年韩国旅华人次约420万。即2014年,中韩两国到对方旅游人数为1 030万人。2014年,韩国到中国旅游人数占韩国总人口的8.3%,差不多每10个韩国人每年就有一个人到中国旅游。说明中国是一个美丽的国家。

中国国家旅游局旅游促进与国际合作司巡视员李亚莹向媒体介绍:2015年,在中国旅游年活动的推动下,两国双向旅游交流继续保持快速增长态势。2015年上半年,双向旅游交流超过500万人次,同比增长10%。2015年9月前,虽然中东呼吸综合征(MERS)疫情对双向旅游交流产生了一定的影响,但2015年1—9月,中国仍接待韩国游客329万人次,同比增长6.8%。按2014年420万人到中国旅游计算,增长6.8%应该为448.6万人。据中国侨网2016年1月22日的报道,中国到韩国旅游人数,虽然受到MERS影响,2015年仍创历史新高,达到615万人次。即2015年,中韩两国双方到对方旅游人数为1 063.6万人。

再分析中韩两国间相互留学情况。2014年底,在华留学生总人数近38万人,按照国别统计,韩国来华留学生人数为6.292 3万人,排在第一,其次是美国2.420 3万人,泰国2.129 6万人。按来华留学生分布省份排序,前三甲是北京、上海和天津。按学生类别统计,来华接受学历教育的外国留学生最多,总计16.439 4万人,占总留学生人数的43.60%。按经费办法统计,自费生达34.011 1万人,占来华生总数的90.20%。

据韩国亚洲经济中文网2015年4月7日报道,韩国法务部出入境外国人政策本部2015年3月30日发布的数据显示,截止2015年2月底,在韩外国留学生人数累计9.207 6万人,较2015年同期的8.523万人增长8%。从2014年2月和2015年2月的数字相比较可以看出,中国留学韩国的学生从5.478 2万人增至5.675 8万人,越南留学韩国的学生从3 848人增至5 501人,印度尼西亚留学韩国的学生从1 058人增至1 221人,中国及东南亚国家留学韩国的学生显著增加。

从上述资料可以看出:韩国来华留学的学生人数为6.292 3万人,中国留学韩国的学生人数为5.675 8万人,中韩两国双方互为留学生总人数为119 681人。

2014年底韩国在华留学人数为6.292 3万人;同年中国至韩国留学人数为5.675万人,而韩国总人口5 062万人,中国为13.7亿人。韩国到中国留学人数占韩国人口比是中国到韩国留学人数占中国人口比的30倍,说明中国教育科技比韩国发达。也同时说明,中华文化自古以来,是优秀的文化。

综上所述,2015年,中韩两国到对方旅游人数为1 063.6万人,中韩两国互为留学生人数为119 681人。如果留学生一年回家一次,相当于增加运输11.968 1万人的需求。

如果不计算从中国到韩国过境中转的人数,也不计算从韩国到中国过境中转的人数,仅仅计算两国留学人员和旅游人员,以高铁方式进行运输,假定每个车厢满员80人,每列高铁挂载8节车厢,即每列车运送640人,则每天从韩国发往中国的高铁列车数或者从中国发往韩国的列车数应该为10 750 000除以365天再除以640人约等于46列,也就是每天从韩国发往中国的列车要46列,同时,每天中国也要发往韩国列车46列。这还没有考虑两国间的货物贸易运输,也没有考虑朝鲜还有人员要上下车,这又要增加运输能力。随着中韩两国文化交流和贸易增长,需要的列车数量还将会大幅度增长。

分析到这里,我们就知道,当今中韩两国间,多么需要建设一条高铁,多么需要建设"一带一路"了。

随着人类社会进入全球化时代,国际间的文化交流会更加频繁,人员往来会更加密切。文化交流跨越了国家、民族、宗教,成为了全人类的共同需求。相应的,高铁和"一带一路"的建设也就成了人类的共同需求。

2) 中国对外交流的历史

国家间应当互相学习、借鉴,多开展交流活动,特别是在这个全球化、信息化的时代。应尊重文化的多样性，"各美其美，美人之美"，各个国家、各个民族、各个文化群体之间，既要充分认识、坚守、保护、发扬自己的文化，又要善于学习借鉴他人的文化，相互学习，彼此尊重。"美美与共，天下大同"，这样才会有一个和谐美好的大同世界。

罗马帝国攻占希腊后，吸收了古希腊的科学、天文、哲学、民主思想、建筑技术、文学以及艺术，并在此基础上做了进一步的发展，不过随着罗马帝国的衰落，这些伟大文明也逐渐衰落。

西方在16世纪文艺复兴以后逐渐成为世界的中心。探险者、殖民者、商人以及传教士这些西方文明的传导者在大航海时代通过探险与贸易不仅得到了巨大的物质财富，也把西方的文明、进步思想带到了新大陆，在随后的启蒙时代的美国革命、法国大革命时达到顶峰。

西方文明追求科学性、理性。法律面前人人平等、司法公正以及民主等构成了西方文明体系的基础。

土耳其的伊斯坦布尔位于欧亚大陆的交汇点，是东西方文明大融合的地方。索菲亚大教堂是公元360年建成的天主教教堂。后来拜占庭王朝覆灭，奥斯曼土耳其帝国兴起，教堂被改造为伊斯兰教的清真寺，现在成了博物馆，成为世界文明的宝贵财富。在土耳其，我们可以看到不同时代、不同文化、不同历史时期留下的痕迹。

中国历来就有海纳百川的胸怀。两汉时期古印度的佛教传入中国，盛唐时代西域的乐舞、饮食进入中国，明代以后出现了"西学东渐"，中国开始接触西方思想文化，翻译他们的著作，这些都极大地丰富了中国文化。当今世界交往更频繁、交流更广泛、互通更深入，在这样的历史环境背景下，更要学会吸收和借鉴，才能促进世界文化更好地发展。

中华文明、两河流域文明、古印度文明、古希腊文明、古罗马文明，这些都是人类共享的文明，属于人类的共同财富，都有值得我们学习借鉴的地方。历经漫长黑暗的中世纪、文艺复兴、启蒙运动、工业革命，在人文主义精神的指引下，高举自由、民主、平等、博爱的旗帜，不仅使人性得到充分的解放，现代科学技术也不断得到进步，大大推进了人类社会的发展。

3) 当代国际间文化交流的巨大作用

随着信息技术的发展和交通的变化，经济和科技的发展促使各国之间文化交流、文化传播、文化融合的速度越来越快，各国人民间的文化交流需要更快、更安全的方式。相互了解，消除文化上的偏见，逐渐消除彼此之间的隔阂，为全世界的文化交流和世界和平做出重要的贡献。

恐怖主义产生的根源是文化上的偏见和隔阂、文化教育的落后和经济上的贫穷。战机和大炮只能从表面上消灭恐怖主义，甚至在表面上消灭恐怖主义都很难。加强高铁和"一带一路"的建设，是加强全球文化交流，维护世界和平共同发展，反对恐怖主义重要的基础。其目的是加强全球文化交流,消除文化隔阂,消除贫困,方便各国人民的来往,使全球人民的心连在一起,共建人类美好家园——地球村。

中国离不开与其他国家、中华民族离不开与其他民族文化的不断交流,这是中国文化发展的重要动力,也是全球文化的发展趋势,新形势下对于中西文化存在差异的问题,应正确地引导。在中西文化交流中,我们要坚持取其精华、去其糟粕的原则,让中西文化更好、更顺畅地交流融合。开展国际间的文化交流,对世界各国经济、贸易、文化都起着举足轻重的作用。

文化形象是反映一个国家综合实力的重要基础,文化实力与经济、政治实力同等重要,国家文化形象是传统文化、创新文化、国民素质和精神风貌的集中表现,更是一个国家国际影响力的重要组成部分。积极开展国际间的文化交流,有助于国家间的团结,增进不同国家人民的感情,有助于对外展示和提升国家形象,对提高国家影响力有着重要作用。

不同环境、不同宗教、不同信仰、不同文化背景的人与人之间的交流都可以称为文化交流,包括国家与国家文化之间、民族与民族文化之间、区域与区域文化之间的交流。国际文化交流是一个国家发展强有力的动力,古今中外,国家文化、民族文化、区域文化各有优势和特点,经过长期相互学习、借鉴、融合和不断发展,才有了今天的人类文明史。只有走出去,同时融合吸收外来的先进文化,才能走在世界前列。在全球化的背景下,一个国家只有实施了全方位、多角度、宽领域的对外开放,主动学习、吸收、借鉴国际优秀文化因素,才能促使国家文化进步和创新。中国需要与世界进行文化交流,世界各国间需要文化交流,高铁和"一带一路"的建设是世界各国间文化交流的基础。

4) 国际间文化交流在教育方面的作用

消除贫困,融合世界各国文化,离不开教育。通过国际文化交流可以了解彼此的文化、历史、习俗,得到很好的交流,可以提高不同国家间的教育水平,消除贫穷,消除恐怖主义的根源。

加强对外文化交流可以增进友好关系,城市与城市之间可以结成友好城市,如中国的苏州与韩国的全州、中国的襄阳与韩国的襄阳,缔结了友好城市,开展文化交流。

教育是文化传播的重要途径,人们通过学习各种文化课程,能够获得不同的文化知识。在教育方面,培养国际化人才,是各国都重视的重要事情。韩国的全北大学与中国的武汉大学、中南民族大学积极开展交流合作,对全州和武汉的城市友好关系、高等教育的发展、国际文化交流都做出了重要贡献。中国东北师范大学与韩国的全北大学、东新大学、庆熙大学、公州大学、东国大学、翰林大学、安东大学、东亚大学、京仁教育大学、汉阳大学、德成女子学校、檀国大学、昌原大学、高丽大学、祥明大学、亚洲大学、安养大学、全南大学、永同大学、安养科技大学、东义大学、江原大学、成均馆大学、汉城教育大学、韩南大学、弘益大学、东国大学电子计算院、教员大学等29所大学结成友好大学,其目的是通过加强国际间教育交流,促进和加强国际间文化交流,对进一步增进两地人民间的相互了解和传统友谊,加强彼此在各个领域的对话与合作,具有深远意义。

随着知识经济时代的到来,国际间文化交流的作用日益提高。国际间文化交流带来的是观念的更新和视野的开阔,开展国际间的文化交流,能有效利用国(境)外优质资源,提升国际化水平,提高国家的竞争力,这也是培养具有社会竞争力乃至国际竞争力的创新型人才的重要途径。在国际文化交流的过程中,借鉴其他国家的优秀文明成果,与时俱进,不断调整国家人才的培养教育方式,积极发挥国际文化交流的职能和作用,注重在国家教育中体现和贯彻国际化的教育思想,积极探索和构建创新型人才的培养模式,充分体现国际文化交流的重要性,为国家经济建设、文化发展做出贡献。

5)中国对外文化交流现状

中国文化自古以来就是世界上最重要的文化之一,也是世界文化及文明的中心之一。改革开放特别是2001年加入WTO以后,中国对外文化交流快速发展,不论是与近邻韩国、日本,还是与远在美洲的加拿大、墨西哥、巴西;不管是传统的"世界中心"欧洲,还是近代才兴起的澳大利亚;也不管是超级大国美国,还是远在太平洋的岛国,都是中国的文化交流对象。中国已经完全融入到全球化的文化体系之中,并已经成为世界文化重要的组成部分。

李大钊先生曾经说过:"文化之盛衰,民族之兴亡系之。"中国没有强盛的文化,就不可能成为世界强国。2009年1月31日,温家宝总理在同西班牙文化界人士、青年学生座谈时指出,中国5 000年的文明史,博大精深,从未间断。改革开放以来,中国加大了对外文化交流的力度,取得了可喜的成绩。中法文化年、中国俄罗斯年、中意文化年、美国的中国文化节、中非合作论坛等都具有相当的声势和影响,取得了良好的效果。

特别值得关注的是,为了发展中国与世界各国的友好关系,增进世界各国人民对中国语言文化的理解,为各国汉语学习者提供方便、优良的学习条件,中国国家对外汉语教学领导小组办公室在世界上有需求、有条件的若干国家建设了以开展汉语教学为主要活动内容的"孔子学院",并在中国北京设立"孔子学院总部"。孔子学院已经成为中国文化"走出去"的重要品牌。孔子学院在海外设立,教授汉语和传播中国文化。它秉承孔子"和为贵""和而不同"的理念,推动中外文化的交流与融合,以建设一个持久和平、共同繁荣的和谐世界为宗旨。孔子学院的广泛设立为世界各国了解中国文化提供了一个良好的平台,也体现了新世纪中国语言文化将逐步融入世界的发展趋势。

环球网2015年7月15日报道,英国的PORTLAND国际咨询公司发布了反映文化等非军事国力的"(软实力)2014年全球排行榜",从教育、文化、企业活动、外交、数字等领域的数值对全球主要国家进行排名。排在世界第1、2、3位的分别是英国、德国和美国。在亚洲,日本排名世界第8位,韩国排名世界第20位,中国排名世界第30位。PORTLAND国际咨询公司称:日本在亚洲各国中位列第一,教育和企业活动好,在独有文化和技术开发实力方面表现极佳,而日本的弱点是"即便受过高等教育也经常无法用英语进行交流",榜单中欧美各国几乎占据了前列,而亚洲的中、日、韩三个大国的"软实力"都与其经济地位和综合国力不相一致,特别是中国,经济总量全球排名第2,军事全球排名第3,而文化等"软实力"排第30。

表3.1为2014年全球综合实力排名前10的国家,中国排名第7。

表 3.1　2014 年全球综合实力排名前 10 的国家

排名	国名	经济力	科技力	军事力	资源力	社会发展	政府调控	外交力	年增长率	综合国力
1	美国	3 194	2 218	2 197	295	529	159	97	2.6%	853 0
2	日本	2 122	1 390	778	37	390	151	79	1.1%	494 7
3	法国	1 560	1 263	786	14	397	166	94	2.6%	428 0
4	英国	1 575	1 076	805	19	378	153	90	2.3%	409 6
5	德国	1 736	1 077	600	11	398	168	91	2.0%	408 1
6	俄国	578	623	829	312	318	144	97	4.9%	290 1
7	中国	1 301	349	488	274	233	119	99	7.7%	286 3
8	加拿大	819	230	159	317	408	155	87	3.0%	217 5
9	意大利	725	269	209	30	384	150	84	2.5%	185 1
10	澳大利亚	538	129	114	177	398	138	77	2.4%	157 1

6) 国际间文化交流的意义

国际间的文化交流是不同文化背景下的人们之间的交流,包括国与国之间的文化交流,民族与民族之间的文化交流,区域与区域之间的文化交流。国际文化交流是国家发展进步的一个重要组成部分,也是世界文化发展、文化繁荣、文明进步的体现。国与国之间,不同民族之间、不同区域之间的文化交流由来已久,世界文化经过长期的相互之间的学习、借鉴、融合,不断发展提高,才有了我们人类现在的文明。中国的文化必须走出去,融合吸收先进的外来文化,才能得到更好的发展。因此,在全球经济化的背景下,中国实施了多方位、多角度、多领域的对外开放交流,主动学习、吸收、借鉴国际优秀文化。

国际间的文化交流极具意义:第一,国际间的文化交流有利于中华文化走向世界,有利于扩大中华文化的国际影响力,提高中国的文化竞争力,增强中国的综合国力。第二,国际间的文化交流有利于学习和吸收不同国家、民族优秀文化成果,促进本民族文化的发展。第三,国际间的文化交流有利于世界各种文化相互借鉴、取长补短,维护世界文化的多样性,促进世界文化的繁荣和发展。第四,国际间的文化交流有利于增强各国人民之间的相互了解,增进友谊,有利于建立同世界各国人民的友好合作关系,促进世界和平与发展,共建和谐世界。

3.1.2 当今世界文化交流发展的特点

1) 交流涉及领域广泛

当今文化交流活动涉及广播、影视、文学、学术、科技、教育、艺术等领域,以及民间文化、民间艺术、乡土文学、风俗民情,乃至饮食文化、服饰文化、旅游文化、园林建筑、文物古迹等等。

2) 国际文化交流日益频繁

现在,世界各国举办的国际艺术节多种多样,各类国际艺术比赛也越来越多,包括音乐、舞蹈、杂技、影视、绘画等。各种国际组织和各国政府及民间机构每年举办的有关文化、艺术、科技方面的国际会议和学术研讨、合作项目等,其数量更是难以统计。

3) 民间文化交流日趋丰富

近十几年来,民间文化交流与官方文化交流相比,不仅在项目数量上越来越占优势,而且在广度和深度上也越来越拓展,其影响力越来越令人瞩目。

中国国际交流协会成立于1981年,是由中国各界知名人士、社会活动家和学者组成的全国非营利社会团体。协会以"让世界了解中国,让中国了解世界"为宗旨,通过搭建对话平台,建立沟通渠道,努力增进中国人民同世界各国人民之间的相互了解与友好合作。

4) 科学技术交流备受重视

现代欧美一些国家,如意大利等国,已经明确提出以对外文化交流、科技交流为主的新政策,在资金分配和项目安排上,都把科技交流的比重大大提高。中国政府也在大力推动科学技术交流。

中国科学技术交流中心于1982年成立,是中华人民共和国科学技术部领导下的具有独立法人地位的国家级对外科学技术交流专业机构。其宗旨是通过对外科技交流活动,促进中国与世界其他各国和地区的科技、经济和社会发展等方面的合作与交流,为推动中国经济发展和社会进步,增进与各国人民的友谊做出贡献。

历经30年的发展,交流中心现已与世界上40多个国家和地区的130多个机构及著名企业集团建立了合作关系,形成了对美洲和大洋洲、欧洲、亚洲和非洲及港澳台地区合作交流的局面,在国际和港澳台地区的科技合作与交流中发挥着重要作用。

5) 文化艺术趋向商业方式

在国际文化交流活动中,文艺表演和艺术展览采取商业性方式进行,在世界各国都开展起来。当今社会经济发展迅速,人们物质生活水平不断提高,相应的对精神文化也提出了更高的要求,全民素质的不断提高,使社会对艺术的需求量大大增加,也使得艺术只有达到商品化,才能满足更高品位、更多形式的需求。

经济基础决定上层建筑,当今社会经济的繁荣与发展决定了艺术的繁荣与发展。繁荣的经济滋生人们对精神文化的更高需求,繁荣的艺术带给艺术家更加丰富的精神资本。现在一幅画、一联字、一首歌、一场舞、一部电影、一座建筑、一篇诗文、一尊雕塑都可以成为商品,通过金钱表现其价值,而且只要有钱就可以轻易选择拥有与享受,因为它们是商品化了的艺术。商品艺术不单指买卖艺术成品,也包括艺术活动,如演员演电影,建筑师设计建筑等都是要获得报酬的。

艺术商品化不仅是艺术发展的必然结果,而且现在已经成为了事实。但是艺术商品化一直是个敏感而又有争议的话题。反对或不愿接受这一事实的人认为"艺术无价,真正的艺术家是'人类灵魂的工程师',艺术对人类精神文明的意义和作用,都不应该也不可能用金钱来衡量",更担心把艺术家、艺术品和艺术生产活动商品化后,可能会出现很多问题。比如:拜金主义充斥艺术血脉,用价格评断艺术价值,为适应需求使艺术创造者背离艺术创作的初衷,为追求经济效益精心创作高雅艺术行为逐渐被摈弃,从而导致艺术不纯洁,艺术品位降低。其实这不是只有艺术成为商品才会遇到的问题,而是一种社会市场弊端,其他商品一样会遇到"追求利益至上,重视数量轻视质量"等问题,但是其他商品也并没有因此退出市场,反而是产品更新速度更快、功能更多,这就是商品化的积极结果。艺术也是一种劳动,也可以作为一种商品,而且正在作为商品而存在,并且没有因为上述原因退出市场,也是有一定道理的。

商品化可使艺术在竞争的环境中不断创新优化,健康发展、市场需求可促进艺术创作领域的扩大,商品化可以为艺术家提供更多更好的创作资料,可以提高全民的文化素质。在流通中艺术可以取长补短,也只有在流通中艺术才能更好地被继承和发扬。最重要的一点是,艺术商品化可使全民自由接触艺术,完成了"艺术属于全人类"的价值使命。那些不敢正视艺术商品化的人所担心的问题是阻挡不住艺术商品化这一必然发展趋势的。任何一件商品都是价值决定价格的,金钱永远都是价值的表现,而不是价值的判断,一件商品总是先知道值多少钱,然后才去标榜价格的。艺术也不见得会如担心的那样,因为商品化而降低品位,摒弃高雅创作。郑板桥、齐白石公开悬持笔榜,莫扎特为了摆脱贫困,而与维也纳出版商霍夫曼签约,也并不因此而降低了艺术品位。因为艺术家本身除了具有丰富的情感、良好的素质、修养、责任外,更重要的是拥有自己的艺术品格,同时,社会能起到过滤筛选作用,竞争有优胜劣汰的规律,群众的眼睛是雪亮的,这些因素也使艺术在商品化环境中正常发展。只有真正的认识艺术商品化,才能在遇到问题时很好地解决问题。从艺术发展来看,艺术商品化是必要的。

艺术商品化并不是艺术使用形式最高端、最优良的状态,但保证艺术商品化的健康运行,却是使艺术走向完善的重要一步。同时需要社会经济的不断支持、组织的正确导向、艺术家的责任创作、批评家的客观评价、审美者的判断识别等各方面的共同协作。

6) 语言教学成为热门活动

文化和语言是一对夫妻,了解一个国家、民族的语言,有助于更好地了解这个国家的文化,从而更好地进行文化交流。随着中国经济的发展和国际交往的日益广泛,世界各国对汉语学习的需求急剧增长。为推动汉语走向世界,提升中国语言文化影响力,从 2004 年开始,中国在借鉴英、法、德、西等国推广本民族语言经验的基础上,探索在海外设立以教授汉语和传播中国文化为宗旨的非营利性教育机构"孔子学院"。

7) 人才争夺更加激烈

"21 世纪最贵的是什么? 人才!"这句 10 年前火遍中国的电影台词,在人才资源全球流动、全球配置的情形下趋势更加明显,国际人才争夺更加激烈,具有海外文化背景的留学生成为各国争夺的稀缺资源。

为什么具有海外文化背景的留学生成为各国争夺的稀缺资源? 这是因为留学生具有不同的文化背景,更能在工作中发挥作用。现在江苏省很多高校晋升副教授要求连续在国外学习半年以上;晋升正教授要求连续在国外学习 1 年以上,说明海外文化背景有利于提高科研能力。

当前,中国正处在经济结构调整和发展方式转变的攻坚时期,正在实施创新驱动发展战略,积极参与着国际人才竞争,以吸引、保持、使用人才,特别是能够推动科技创新、带动新兴产业发展的高科技人才,正迅速增强中国经济和科技竞争力。

据中国人才研究会会长何宪分析,从总体上看,当前中国尚未形成一套成熟的、能够有效促进人才发展的体制机制,表现在人才评价、人才流动、人才激励、人才保障、人才服务等方面,"为此我们要大力改革、完善人才评价和管理制度,健全人才在社会各领域顺畅流动的机制,制定人才在创新创业中的激励政策,努力营造促进人才发展的无障碍环境,走出一条推动人才发展的市场化、社会化、国际化之路"。

美国一直在人才竞争方面有很大的优势。第二次世界大战结束前,罗斯福采纳了国家科技局局长的建议,建立特殊部队,利用战争的特殊时机,发动一场对战败国顶尖科学家的人才战争。此外,20 世纪 90 年代,美国通过《移民法》,增加了与工作相关的绿卡发放数量。

在中国国务院参事、中国人才研究会副会长、中国与全球化智库理事长王耀辉看来,在国际人才激烈竞争中,美国的移民红利是做得最好的。据悉,在教育领域,美国大学电子工程专业全日制研究生中国占了 71%,计算机领域国际学生占 65%,工程领域拥有博士学位的从业者里面外国人的比例从 20 世纪 90 年代的 20%增长到 2010 年的 42%,此外,美国四分之一高科技工程都是移民创办的。

王耀辉说:"美国源源不断的核心创新力是来自于全球人才的吸引,不谈每年获得学费的收入,美国是全世界留学生最大的接纳国。"

他解释道,留学生正成为各国争夺的稀缺资源,全球留学生有 500 万,而中国是全世界最大的留学生输出国,每年有 50 多万的留学生,"留学生增长速度高于全国高等教育增长的速度,这是一个非常大的资源。"

王耀辉提出,留学生是未来的劳动力和科技创新的力量,为此要加强吸引留学生。"我们也要争夺留学生人才,同时要探索建立移民制度,吸引人才。"

全国政协委员、中国人才研究会常务副会长吴江表示,"为什么美国是吸引留学生最大的国家,很大的战略长远的想法就是把年轻劳动力这个基数做大。"人们通过学习各种文化课程,能够获得不同的文化知识,各国之间互派留学生和访问学者是一种更为直接的文化传播方式。

美国是世界上吸引、接纳外国留学生最多的国家,从其他国家抢得的人才居世界第一。不仅仅是留学生,其他有才能的人才都是美国引进的对象,也就是所谓的"技术移民"。

中国是在海外留学生最多的国家,但也是吸引海外留学生归国比例最少的国家。中国应该进一步加大吸引海外留学生归国的力度。

8) 设立文化交流中心

为了更好地促进文化交流传播,许多国家在其他国家设立文化交流中心。中国在世界许多国家设立了孔子学院,这进一步提升了中华文化的传播,同时也进一步提升了汉语热。

3.1.3 当代世界文化发展的趋势

1) 传统民族文化的保护

随着经济全球化,人们的生活方式日益趋同,但人们对整齐划一的生活方式天然有一种反叛心理,有一种肯定自己独特文化和语言的愿望,有一种抵制外来文化影响的情绪。在外部世界变得越来越相似的情况下,对于更深层的价值观,即宗教、语言、艺术和文学的追求也就越执着,越珍视从内部衍生出来的传统的东西。所以,在生活方式全球化的同时,世界各地相继出现了传统文化民族化的潮流。正当麦当劳、肯德基、可口可乐、摇滚乐、牛仔裤和美国电视蜂拥而至,英语几乎已成为一种世界语,北京、上海的重要大街上越来越多新开张的商店、宾馆、娱乐场所被冠以"洋名字",在东京的主要大街上到处可见用英语写的路标,而在说法语的加拿大魁北克省却禁止使用英语,尽管英语和法语本来都是加拿大的官方语言。在一些国家,英语的普及正在受到越来越多的限制,菲律宾、马来西亚和苏丹都限定英语只能在学校内使用,此外还有十多个国家都想限制英语的使用范围。在威尔士,父母自己从来没有学过威尔士语,却把子女送进威尔士语言学校学习。费朗西斯科·佛朗哥统治时期被禁用的加泰隆语正在恢复使用。语言是文化的核心,一些国家如果感到外来文化影响太大,觉得自己的价值观受到了威胁,就会推行文化民族主义,竭力维护自己的语言和宗教,就像遭到政治或军事侵略时,推行政治上的民族主义一样。文化民族主义正在全球各个角落勃发,加拿大人害怕自己在文化上被美国同化,以至于 1998 年差点否决了对加拿大有很大经济好处的《美加自由贸易条约》;新加坡为适应世界经济的需要,在对国民进行了 20 年的英语教育之后,现在又掀起说华语运动,以恢复儒家伦理对人们日常生活行为准则的规范;威尔士人甚至用非暴力手段进行斗争,以拯救他们的语言和文学;原苏联的亚美尼亚、阿塞拜疆、乌克兰、格鲁吉亚、立陶宛、拉脱维亚等加盟共和国纷纷脱离苏维埃联盟,强调它们各自的民族特点。

东亚地区很多国家较好地使儒家传统文化和现代的西方文化兼容并存。对于传统文化,亚洲有些国家也曾走过弯路,在引入西方文化后,也一度完全抛弃了传统文化。直到 20 世纪 70 年代,亚洲有些国家开始了转变,开始正视本国传统文化中的精华部分。人民对自己的传统文化有了一种保护的观念,整个国民保护传统文化的意识增强了。

在亚洲很多国家形形色色的民俗文化展示场所遍布全国。凡是传统的、民族的东西,几乎都有相应的博物馆进行实物陈列和现场演示。这些博物馆向国民和游客全面展示亚洲人的衣、食、住、行,以及农业、手工业、娱乐、婚丧、祭祀等各种民俗场景和实物。亚洲国家有许多民俗村,也有很多有名的。这里将经过考证的亚洲传统文化通过古建筑和民俗资料进行再现,它既展示传统农业文化,同时也展示古代独具特色的民间生活的方方面面。为了对传统生活形态进行保护,政府出资兴修了其中的民宅部分,老百姓依然以传统的生活方式真正居住在村中。民俗村里到处是孩子,他们由老师或者父母带领,来这里体验农村生活和传统文化,孩子们乐此不疲,兴趣盎然。

很多国家通过立法形成了一套完整的管理体系和严格的奖惩制度,有力保障了民族传统文化的保护与传承。近 40 年来,除对全国重要的有形无形文化遗产、重要民俗资料、史迹兼名胜、天然纪念物进行普查确定外,还为文化传承人发放生活补贴,大大提高他们的社会地位,这就有效地促进了民族传统文化的保护和传承。现在在韩国还有完全按传统方式教学的学院。在亚洲,有的文化研究所,学生以学习"四书""五经"为主,而且要像古时的书生那样抑扬顿挫地背诵"四书"全文。他们认为,只有这种方式才能保证学生扎实地掌握古代文献。

中国在世界很多国家设立孔子学院,就是发展国家软实力,发展中华文化的实例。

2) 文化的渗透与融合

随着全球一体化,资本越来越国际化,技术越来越国际化,市场也越来越国际化。特别是随着世界经济的繁荣和发展,全球网络与信息技术的发展,交流技术和交通方式的发展以及国际间旅游业的发展,全球各国人民以前所未有的规模、方式、速度进行着各式各样的交往,引起一系列意识形态变化。人类的时空发生了变革,甚至人类意识的时空也发生了革命,有力地促进着生活方式全球化,为当代世界经济、国际贸易、文化交流、网络等全球化奠定了基础。今天的世界贸易和文化交流,不仅使国家之间的贸易和文化交流不断扩大,而且还缔造了一个繁荣的、相互依存的、统一的全球经济,促进了全球文化相互融合和消除文化隔阂。

世界各国人民的文化交流,促进了生活方式的改变,使得文化全球化和传统文化民族化,最终改变了人们的交往方式和生活方式。

当不同国家的人民,在自己的国度里,就可以方便地吃到汉堡包、比萨、肯德基炸鸡、日本料理、韩国泡菜、中式饭菜时;当不同国家的人民,在自己的国度里,就可以穿到阿玛尼时装、阿迪达斯运动服、耐克运动鞋等名牌时;当不同国家的人民,在自己的国度里,就可以喝到雀巢咖啡、可口可乐、蓝带或贝克啤酒、韩国烧酒、轩尼诗、威士忌等;当听到美国最新好莱坞影片、韩国歌星演唱会、英国摇滚乐唱片、维也纳新年音乐会、迪斯科或霹雳舞比赛时,新的生活方式迅速在全世界传播,时尚、流行的元素很快到处扩散,全球青年追赶时髦的城市,遵循的往往是同一套国际流行标准。航空技术和高速铁路使得旅游人数成倍激增,如今在国际航线上往来的乘客每年有 10 多亿人,平均每天有数百万人从地球的一处到地球的另一处。

随着国际间人际交流的发展,跨国婚姻也逐年增多。以中国的上海为例,20 世纪 80 年代以来,上海涉外婚姻数量逐年增加,中外通婚圈已扩展至欧洲、美洲、大洋洲、非洲、亚洲 50 多个国家,1999 年以来,还出现了与欧洲小国冰岛、梵蒂冈、太平洋岛国汤加及亚洲文莱这些小国家公民登记结婚的例子。从食品、时装到娱乐等一系列生活方式,乃至涉外婚姻的增多,这一趋势表明,人们的处世心态逐渐开放,乐于接受一切外来的影响,愿意融合和接受别的民族的生活方式,并形成一种新的交往方式和生活方式,这在过去是难以想象和接受的。

上海涉外婚姻白皮书显示,1996—2002 年的 7 年间,在上海登记的涉外婚姻超过万对,平均每年 3 000 对,这个数字比 1980 年增加了 7 倍多。

世界各国和各民族的文化渗透与融合,促进了跨国婚姻的增加;同时,跨国婚姻的增加,加速了世界各国和各民族的文化渗透与融合。

3) 社会经济与文化互动加速

经济大迁移导致文化迁移是 20 世纪经济发展的一大特征,文化对经济的影响越来越大,经济与文化的相互作用日趋明显,这是由于 20 世纪 70 年代现代生产力的形成。现代生产力是以现代科技知识渗透为主要标志,以现代管理为纽带的,而管理都是以人性结构假设、民族文化心理特点等文化因素为基础的,从而体现出西方制度管理与东方资源管理的各自优势。从人力资本论、人际和谐论、劳动伦理学和管理理论的各种特征上看,韩国"汉江经济"的奇迹确有东西方文化"杂交优势"的渊源可循,新加坡、中国台湾地区在发展经济中都强调精神伦理的作用也有异曲同工之妙,曾经的亚洲"四小龙"的管理文化引起世人瞩目正是由于该文化是在经济快速持久发展中所铸成的。

20 世纪 90 年代以来,东西方文化又有新一轮的对话,随着网络技术的发展,信息通讯技术水平的进一步提升,交通的快速发展,跨国公司资本在全球进行着大量投资,形成经济全球化的趋势。在经济全球化的时代背景下,文化也突破了原有时空的限制,实现了全球性传播,世界各国进行着更加密切的交往。

全球化不是单个人、单个地区、单个民族、单个国家的行动,而是全球无数个人、无数个民族、无数种制度的互动,这种互动的多元性、多维性、多层性,决定了文化的多元性。

世界文化的多元性体现出不同国家、不同民族的价值观、行为准则和生活方式,经济全球化与世界文化的多元化促进了人类文化的新繁荣。

经济全球化已经对中国文化和文化产业发展产生了深刻的影响。在日常生活和文化生活层面,全球化进程使我们的物质生活和文化生活日益国际化,直接影响了我们的生活方式。在中国人家里,可能有美国电脑、日本电视机、德国电话、意大利冰箱、韩国空调;喝可乐、吃肯德基、品咖啡;看外国片、听外国流行歌曲、欣赏交响音乐会和芭蕾舞、欣赏英国足球超级联赛或美国篮球职业联赛……这一切为我们营造了一个国际化的文化空间。文化产品在全球化经济时代跨越时间、空间的限制,得到迅速发展。

随着经济全球化的进一步发展,文化交流日渐频繁,世界文化发展呈现出以下趋势:一是世界文化体系正在逐渐形成,世界文化正在走向多元化,文化交流越来越紧密;二是物质经济领域正在掀起一场文化风暴,文化走向商品化,文化产品越来越多;三是世界各国对文化发展越来越重视,都加强了文化产业建设;四是文化产业化的趋势越来越强,文化产业将会得到更好的发展,将会占据更加重要的经济地位;五是在世界各国的国民经济和社会发展中,文化产业所占比例越来越大。

当今世界,无论是发达国家还是发展中国家,都既重视传统文化,又重视现代文化。特别是发达国家的文化产业十分发达,它们的发展速度、规模和取得的经济、社会效益都非常惊人。未来的世界,文化产业极有可能将和信息产业一起成为两大经济支柱产业。

3.2 世界主要经济体文化产业发展状况及特点

3.2.1 国际上文化产业的基本内涵

目前,世界各国(或经济体)根据自己的发展阶段特点和实际需要赋予文化产业(Culture Industry)不同内涵:有的叫创意产业,如英国、新加坡、印度、奥地利、泰国等；有的叫文化休闲产业，如西班牙等；韩国则称之为内容产业；美国叫版权产业。不同称谓下，各国文化产业的内涵和外延也不完全相同。

　　由于文化(Culture)本身就是一个非常宽泛的概念，在国情不同的情况下严格准确地定义文化产业更加困难，因此目前国际上还没有对各国或者各经济体共同采纳的文化产业定义。联合国教科文组织(UNESCO)和关贸总协定(GATT)关于文化产业的定义在国际上引用较为普遍，其定义为：文化产业是从事具有文化属性的产品与服务的创造、生产和分销的行业。文化产品和服务在本质上具有文化属性，且通常受版权保护。文化产品和服务的首要经济价值来源于它们的文化价值，通过产生和利用知识产权，具有创造财富和工作岗位的潜力。联合国教科文组织关于文化产业的定义为：文化产业就是按照工业标准，生产、再生产、储存以及分配文化产品和服务的一系列活动，其从文化产品的工业标准化生产、流通、分配、消费的角度进行界定。

　　中国对文化产业的定义是：文化产业是以生产和提供精神产品为主要活动，以满足人们的文化需要作为目标，指文化意义本身的创作与销售，狭义上包括文学艺术创作、音乐创作、摄影、舞蹈、工业设计与建筑设计。

　　文化产业，这一术语产生于 20 世纪初，最初出现在霍克海默和阿多诺合著的《启蒙辩证法》一书之中。

　　表 3.2 是文化及相关产业的类别名称和行业代码(部分)，从表 3.2 中可以看出文化产业的外延及标准。

表 3.2　文化及相关产业的类别名称和行业代码(部分)

类别名称	国民经济行业代码	类别名称	国民经济行业代码	类别名称	国民经济行业代码
第一部分　文化产品的生产		四、文化信息传输服务		第二部分　文化相关产品的生产	
一、新闻出版发行服务		(一)互联网信息服务		八、文化产品生产的辅助生产	
(一)新闻服务		互联网信息服务	6420	(一)版权服务	
新闻业	8510	(二)增值电信服务(文化部分)		知识产权服务*	7250
(二)出版服务		其他电信服务*	6319	——版权和文化软件服务	
图书出版	8521	——增值电信服务(文化部分)		(二)印刷复制服务	
报纸出版	8522	(三)广播电视传输服务		书、报刊印刷	2311
期刊出版	8523	有线广播电视传输服务	6321	本册印制	2312
音像制品出版	8524	无线广播电视传输服务	6322	包装装潢及其他印刷	2319
电子出版物出版	8525	卫星传输服务*	6330	装订及印刷相关服务	2320

类别名称	国民经济行业代码	类别名称	国民经济行业代码	类别名称	国民经济行业代码
其他出版业	8529	——传输、覆盖与接收服务		记录媒介复制	2330
(三) 发行服务		——设计、安装、调试、测试、监测等服务		(三) 文化经纪代理服务	
图书批发	5143	五、文化创意和设计服务		文化娱乐经纪人	8941
报刊批发	5144	(一) 广告服务		其他文化艺术经纪代理	8949
音像制品及电子出版物批发	5145	广告业	7240	(四) 文化贸易代理与拍卖服务	
图书、报刊零售	5243	(二) 文化软件服务		贸易代理*	5181
音像制品及电子出版物零售	5244	软件开发*	6510	——文化贸易代理服务	
二、广播电视电影服务		——多媒体、动漫游戏软件开发		(三) 文化经纪代理服务	
(一) 广播电视服务		数字内容服务*	6591	文化娱乐经纪人	8941
广播	8610	——数字动漫、游戏设计制作		其他文化艺术经纪代理	8949
电视	8620	(三) 建筑设计服务		其他娱乐用品制造	2469

3.2.2 当前世界主要经济体文化产业在经济社会发展中的地位

1) 文化产业总体市场规模

当前国际上尚无统一、权威的文化产业概念、定义和分类,因此也就没有世界公认的全球文化产业规模统计数据。一些国际组织和部分国家统计机构或文化机构也只能根据已掌握的资料估算世界文化产业的规模。

据韩国文化内容振兴院估算,2013 年世界文化产业市场营业额达到 2.337 万亿美元。分区域看,北美市场份额最高,达到 35.2%;欧洲、中东和非洲共占 30.9%;亚太占 27.4%;中南美洲占 6.5%。

据普华永道(PWC)测算,2011 年美国、日本、中国、德国、英国、法国、意大利、加拿大、巴西、韩国娱乐和传媒业市场规模居世界前 10 位。其中,美国遥遥领先,营业额达到 3 630 亿美元,是排名第 2 位日本(1 730 亿美元)的 2.1 倍;中国、德国、英国、法国、意大利和加拿大的营业额分别为 890 亿、720 亿、690 亿、610 亿、590 亿和 370 亿美元,位居世界第 3 至第 8 位;巴西和韩国均为 350 亿美元,分列第 9 位和第 10 位。预计到 2016 年,美国、日本、中国、德国和英国娱乐和传媒业营业额将继续排名世界前 5 位,分别达到 4 900 亿、2 030 亿、1 680 亿、840 亿和 830 亿美元,是 2011 年的 1.3 倍、1.2 倍、1.9 倍、1.2 倍和 1.2 倍。

2) 文化产业是促进经济增长和扩大就业的重要领域

世界知识产权组织的最新数据显示,2013 年,全球文化产业增加值占 GDP 的比重平均为 5.26%(见图 3.1),约 3/4 的经济体在 4.0%～6.5%。其中,美国最高,达11.3%,韩国、巴西、澳大利亚、中国、新加坡和俄罗斯均超过 6%,加拿大、英国、中国香港、南非和中国台湾则分别达到 5.4%、5.2%、4.9%、4.1%和 2.9%。

联合国贸发会议 2014 年初预测,2015 年全球文化产业占世界国内生产总值的比重将升至 7%左右,平均提高 0.7～0.8 个百分点。

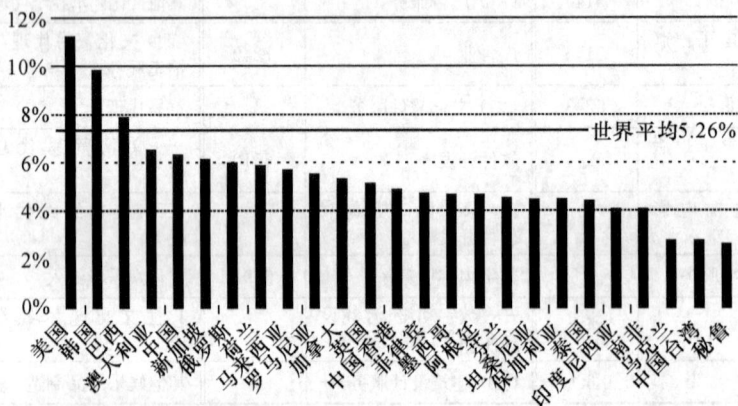

图 3.1　2013 年世界主要经济体文化产业增加值占 GDP 的比重

注:① 因各经济体的文化产业分类不同,从而造成数据不可比。为便于比较,这里使用世界知识产权组织的分类标准及该组织公布的最新数据(下同)。

② 阿根廷和印度尼西亚为 2013 年数据;美国、韩国、英国、中国香港、坦桑尼亚及泰国为 2012年数据;澳大利亚、保加利亚及南非为 2011 年数据;芬兰、马来西亚、罗马尼亚、乌克兰、新加坡、俄罗斯、菲律宾、墨西哥、加拿大、中国台湾、巴西为 2010 年数据;中国、荷兰和秘鲁为 2009 年数据。

③ 中国数据来自世界知识产权组织网站(下同)。

2013 年,全球文化产业的从业人员占全社会从业人员总数的比重为 5.49%(见图 3.2),约 3/4 的经济体在 4.0%～7.0%,其中,菲律宾、墨西哥、美国、澳大利亚、马来西亚和俄罗斯等均超过 7%;2011 年韩国和新加坡达 6.2%,英国和加拿大为5.6%,中国香港为 5.5%。

注:菲律宾和保加利亚为 2013 年数据;中国、英国、加拿大、阿根廷、中国台湾为 2012 年数据;美国、墨西哥及荷兰为 2011 年数据;韩国、新加坡、秘鲁、芬兰、巴西、马来西亚、俄罗斯、南非、坦桑尼亚、印度尼西亚、罗马尼亚、澳大利亚、中国香港、泰国、乌克兰、日本为 2010 年数据。

3) 文化产品和文化服务贸易

联合国贸发会议最新数据显示,2012 年,世界文化产品进出口总额达 9 055 亿美元,是 2003 年的 1.9 倍,年均增长 7.4%。其中,文化产品出口和进口额分别达到

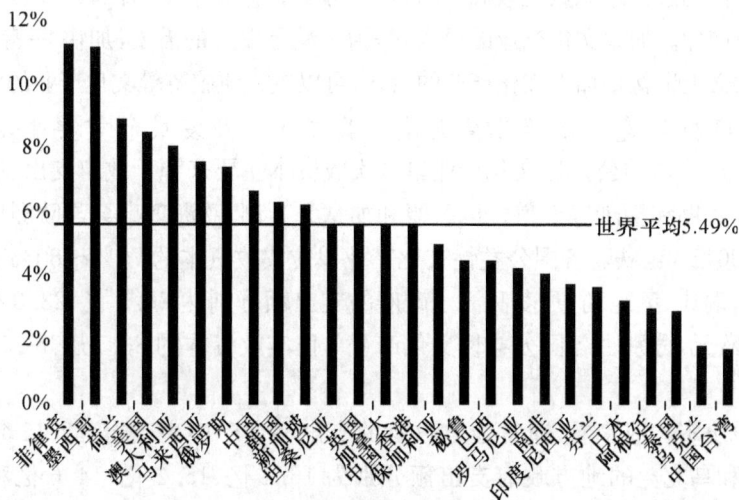

图 3.2　2013 年世界主要经济体文化产业从业人员占就业总人数的比重

4 738 亿美元和 4 317 亿美元,分别是 2003 年的 2.1 倍和 1.8 倍,分别年均增长 8.7%和 6.6%。

2008 年,世界文化服务进出口总额达到 3 538 亿美元,是 2002 年的 2.6 倍,年均增长 17.5%。文化服务出口额和进口额分别为 1 851 亿美元和 1 687 亿美元,是 2002 年的 3.0 倍和 2.3 倍,年均增速分别为 19.9%和 15.2%。2002—2008 年的 6 年间,俄罗斯等转轨国家增速最快,年均增长 25.0%,比发达国家和发展中国家 17.1%的增速高出 7.9 个百分点。

3.2.3　世界主要经济体文化产业发展的一般规律

1) 文化产业大发展是居民消费升级的必然结果

随着居民消费结构升级,发达国家文化消费支出在不断增加,这是发达国家发展进程中的共同规律。

美国在收入增加和恩格尔系数大幅下降的过程中,食品、住房、交通消费支出所占比重逐步下降,而娱乐消费支出占比则持续较快上升。1970—1993 年,美国居民人均消费支出由 3 100 美元增加到 16 429 美元,增长 4.3 倍,而同期娱乐人均消费支出由 115 美元增加到 887 美元,增长 6.7 倍,娱乐消费支出占比也从 3.7%提升到 5.4%。2012 年,美国娱乐消费在居民消费支出中的占比已超过 5.5%,位列食品、住房、交通类支出之后,是第四大消费支出项目。

1965 年日本居民平均每户娱乐消费支出为 1 742 日元,占居民家庭消费支出的 3.5%;1993 年,日本居民家庭平均每户娱乐支出为 17 275 日元,比 1965 年扩大近 9 倍,在消费支出中的占比为 4.9%,比 1965 年提高 1.4 个百分点。

中国目前的恩格尔系数比较高,随着社会分配日益公平和居民收入增加,文化消费支出将不断增加。加大文化产业的投入,是为了满足发展的需要,加快"一带一路"的建设从某种意义上讲就是加大文化产业的投入,可以更方便旅游等文化产业的发展。

2)政府推动是文化产业特别是公共文化产业发展的重要驱动力

世界各经济体的公益性文化产业单位实收资本主要来源于政府支出、广告以及私人或企业的赞助和捐献等渠道。以欧盟和加拿大为例,欧洲理事会与欧洲比较文化研究所估计,2011年,欧盟各国公益性文化产业单位实收资本的70%~80%来源于政府支出,其中,瑞典、奥地利、丹麦和波兰政府的支出额分别达26.3亿、23.0亿、22.4亿和19.6亿欧元,分别占各国公益性文化产业单位实收资本的83.1%、79.5%、79.0%和72.6%。

从政府出资构成来看,通常地方政府的支出额大于中央政府。2011年,波兰、奥地利、瑞典和乌克兰的地方政府支出额分别为16.1亿、15.2亿、14.6亿和4.8亿欧元,占政府支出总额的82.4%、66.0%、55.5%和62.7%,分别比中央政府支出额占比高出64.8%、31.9%、10.9%和25.3%。加拿大统计局最新数据显示,2009财年,加拿大政府对公益性文化产业的支出额为101.4亿加元,其中联邦政府支出41.6亿加元,占41.1%;地方政府(包括省、地区和市政府)支出59.7亿加元,占58.9%。

欧盟各国公益性文化产业单位实收资本的10%~12%来源于私人或企业的赞助与捐献。值得注意的是,欧盟各国私人或企业的赞助或捐献主要投入传统的公益性文化产业单位。据分析,随着欧盟各国对公益性文化产业捐献的个人或企业提供免税等鼓励政策,私人或企业赞助与捐献的金额预计以每年10%的速度增长。从欧盟对文化产生投入比例来看,地方政府投入占大头,中央政府占中头,私营企业占小头。这点值得我国在文化建设中借鉴。

3.2.4　当前世界主要经济体文化产业发展的主要特点

1)文化产业发展速度快、动力强

世界主要经济体文化产业发展速度普遍高于经济发展速度。2009—2012年,美国文化产业增加值年均增长5.0%,高于同期GDP年均增速2.9个百分点;2008—2012年,英国文化产业增加值年均增长3.9%,比同期GDP年均增速高出2.5个百分点;1986—2010年,新加坡文化产业增加值年均增长8.9%,比同期GDP年均增速高出1.3个百分点;1995—2012年,中国香港文化产业增加值年均增长9.4%,比同期GDP年均增速高出4.0个百分点。

文化产业发展动力极为强劲。联合国贸发会议指出,国际金融危机爆发导致2008年全球需求骤降,国际贸易萎缩12%。但是,全球文化产品和服务出口却逆势持续增长,2008年的出口总值达5 920亿美元,是2002年的两倍多,年均增长率达到

14%,高出同期全球货物和服务贸易额增速6.6个百分点。

对发达国家而言,文化产业增长值比GDP增长要高得多。

2)发展中国家文化产业发展潜力有待挖掘

受经济发展水平、科技实力,以及居民收入水平和政策等因素的影响,发展中国家文化产业占GDP的比重偏低,整体文化产业实力不高,甚至部分发展中国家文化产业发展处于边缘地位。以文化产品出口占全球市场份额为例,2012年,北美自由贸易区的美国、加拿大和墨西哥3国出口份额为13.72%,而东盟10国仅为4.56%,南方共同市场的阿根廷、巴西、巴拉圭和乌拉圭4国仅为1.87%,非盟仅为0.65%,中国和印度分别为31.9%和5.5%。中国和印度可以说是文化产业大国,但核心竞争力不强,因此还称不上是文化产业强国。

应当看到,许多发展中国家拥有丰富多样的文化、历史资源,巨大发展潜力有待进一步挖掘。例如,中国拥有巨大的、快速扩张的国内市场等优势,且政府正逐步将文化产业由政府主导转向市场主导;印度同样拥有巨大的国内市场和大量的人才,其电影等行业历史悠久且具有较强的竞争优势;拉美文化产业历史悠久,拥有相当大的市场,且在语言和文化方面与欧美具有相似性。

3)文化产业辐射和带动能力强

文化产业的发展对其他产业的发展有较强的辐射和带动作用,例如对旅游、餐饮、时装等产业。风景名胜、文化遗址以及博物馆等对国内外游客吸引力强。在拉美和加勒比地区,文化旅游成为当地居民和政府的重要经济来源。这一地区有很多文化景点、考古现场和殖民城市建筑比较有特色。2012年墨西哥的文化旅游对GDP的贡献大约为8%,2011年文化旅游是阿根廷第三大收入来源。世界每年的国际旅游人次中,有相当大的部分是文化旅游。2012年西班牙文化旅游入境人数达到15.9万人次,占入境游人数的50.7%。

美国旅游协会于近期公布:"2013年,到离家50英里(1英里=1.609千米)或更远的地方去旅游的1.464亿美国成年人中,81%的游客为文化旅游。与其他游客相比,文化旅游的游客具有以下特点(括号中为其他游客):一是花费更高,人均623美元(457美元);二是酒店、汽车旅馆或含早餐旅馆的使用率更高,为62%(55%);三是高消费者占比高,人均花费超过1000美元者占比达19%(12%);四是旅行时间更长,为5.2晚(3.4晚)。"

新加坡国家统计局的一项研究结果显示,2011年新加坡文化产业对国民经济产出和增加值的乘数效应分别为1.43和0.58(见表3.3)。也就是说,每增加一个单位文化方面的支出,就可以分别为全国经济增加1.43个单位的产出和0.58个单位的增加值。英国由于具有较为完善的文化产业增加值链条,文化产业对经济的拉动作用更大。2011年,英国文化产业对全国产出和增加值的乘数效应分别为1.80和0.86,均高于新加坡。

表 3.3　2011 年新加坡与英国文化产业的乘数效应

项　目	新加坡		英　国	
	产　出	增加值	产　出	增加值
(1) 出版	1.33	0.72	1.70	0.72
(2) 信息技术	1.27	0.61	1.54	0.88
(3) 广播媒体和表演艺术	1.68	0.62	1.82	0.88
(4) 电影	1.78	0.55	1.80	0.88
(5) 建筑设计	1.66	0.70	1.60	0.95
(6) 广告	1.63	0.48	1.70	0.94
制造业平均	1.41	0.49	1.90	0.83
服务业平均	1.49	0.75	1.70	0.91
文化产业平均	1.43	0.58	1.80	0.86

资料来源:新加坡国家统计局。

4) 文化产业企业盈利状况较好

目前,世界各经济体大多数文化企业基本上规模普遍不大。2010 年,法国文化企业中,19 人以下的企业占 23.8%,250 人以上的企业占 22.3%,但没有 250 人以上的专业设计企业。2012 年,西班牙无雇员广告企业有 16 777 家,占广告企业总数的 58.9%;雇佣 10 人以上的广告企业仅 1 144 家,占 3.9%。

文化企业虽然规模普遍不大,但作为朝阳产业,利润率却较高。据加拿大统计局数据显示,2012 年,加拿大报纸出版和娱乐休闲企业的利润率分别为 11.0% 和 18.7%,高于全部企业 9.7% 的平均利润率;2011 年,电影和视频企业的利润率达到 18.5%,高于全部企业 9.9% 的平均利润率。2013 年,法国文化企业的平均利润率为 29%,其中电子游戏发行、电影发行、电视节目生产和大众电视节目发行企业的利润率最高,分别达到 68%、64%、54% 和 51%。

5) 文化产业维护本国和民族文化特色

追求经济效益是文化产业企业的目的,但是,文化产业具有的文化属性使它有别于其他产业,文化产业肩负社会责任和国家利益的双重任务:一方面,文化产业要服务于一国经济发展,为经济增长和就业做出贡献,同时,也要谋求自己的生存与发展;另一方面,文化产业也要起到传播本国文化价值观的作用,同时还要适合本国人民和出口目的地国家人民的口味。

在维护本民族文化利益,抵制外来文化"入侵"方面,欧洲最为成功。面对美国的文化霸权,法国等欧盟国家公开提出"文化例外",反对全面开放国内市场,主张将文化贸易与非文化贸易区别开来,掀起了抵御美国文化入侵,捍卫民族文化的保卫战。

为保护本民族文化,一些国家规定本土制作的节目必须在文化节目中达到一定的比例。例如,美国播放的音乐绝大部分是美国本土制作的音乐,加拿大规定本国音乐要年增长 12%,法国、德国、意大利、西班牙和英国强力推行本地音乐,日本 75% 的音乐是本土的,拉美本土音乐占 70%,中东和土耳其有 60% 左右为本国或阿拉伯国家的音乐,非洲本土音乐占 65%。中国有悠久的历史文化,也有现代创新文化,怎样才能推动文化产业的发展和促进文化消费,提高人民生活质量,是当今学术界和文化产业界重要研究的课题。

中国与许多国家都有文化贸易协定,从发展和保护民族文化角度出发,怎么才能维护本民族文化利益,抵制外来文化"入侵"方面,是要思考的重要课题。

3.3 世界贸易发展现状

3.3.1 世界经济贸易总体形势分析

据中商情报网讯,2014 年,世界经济继续温和复苏,复苏格局分化明显。发达经济体中,美国、英国增速相对强劲,增长率分别为 2.4% 和 2.6%;欧元区二、三季度增长疲弱,四季度出现好转,全年经济增长 0.9%,好于上年;日本经济仍陷低迷,增速萎缩 0.1%。受外部环境和内在经济结构调整双重影响,新兴经济体经济增速放缓;中东局势动荡和非洲埃博拉疫情对这些地区一些国家经济造成冲击,但整体经济仍保持较高增速,撒哈拉以南非洲国家经济增长率达到 5.1%,非洲最大经济体尼日利亚经济增长 6.3%。国际货币基金组织(IMF)统计显示,2014 年世界经济增长 3.4%,增速与上年持平。其中,发达国家增长 1.8%,高出上年 0.4 个百分点;新兴市场和发展中国家增长 4.6%,低于上年 0.4 个百分点。

进入 2015 年,世界经济复苏趋势持续,但各地增长前景依旧不平衡。发达经济体中,劳动力市场、企业和消费稳步改善,石油价格下跌,令美国经济增速仍处领先地位;欧元区和日本随着经济风险压力的缓解,与美国增速差距趋窄,但整体经济增长动力不足。石油、大宗商品价格持续下跌对新兴经济体国家俄罗斯和巴西造成严重伤害,新兴经济体整体经济增长放缓、金融风险上升。IMF 预计,2015 年世界经济将增长 3.5%,高于上年 0.1 个百分点。发达经济体经济增长有望加快,预计增长 2.4%。其中,美国经济将增长 3.1%,比上年加快 0.7 个百分点;英国增长 2.7%,高于上年 0.1 个百分点;欧元区增长率略高于上年,将达 1.5%;日本仍将低速增长,增长率预计为 1%。新兴经济体和发展中国家增长 4.3%,低于 2014 年 0.3 个百分点,从中长期看,新兴经济体的潜在增速将从 2008—2014 年的 6.5% 下降至 2015—2020 年的 5.2%。世界银行预计,2015 年,发展中国家增长率为 4.8%,东亚与太平洋地区放慢至 6.7%(低于 2014 年 6.9% 的水平),东欧与中亚地区回升到 3%,拉美与加勒比地区平均增长 2.6% 左右。值得注意的是,尽管实体经济疲软,但一些国家的股市异常繁荣,经济基本面和金融市场走势出现背离。如 2015 年以来,美国、欧洲、日本等地股市不断攀高,但实体经济却面临不同程度风险。原油价格走低以及央行实施的宽松货币政策对经济的影响有利有弊:美元汇率走高有助于改善美国的低通胀,但也会压制进口削弱经济,同时新兴经济体资本市场动荡加剧(见表3.4)。

表 3.4   2013—2016 年世界经济增长趋势   (%)

国家或地区	年 份			
	2013	2014	2015	2016
世界经济	3.4	3.4	3.5	3.8
发达国家	1.4	1.8	2.4	2.4
美国	2.2	2.4	3.1	3.1
欧元区	−0.5	0.9	1.5	1.6
英国	1.7	2.6	2.7	2.3
日本	1.6	−0.1	1.0	1.2
新型市场与发展中国家	5.0	4.6	4.3	4.7
俄罗斯	1.3	0.6	−3.8	−1.1
中国	7.8	7.4	6.8	6.3
印度	6.9	7.2	7.5	7.5
巴西	2.7	−0.1	−1.0	1.0
南非	2.3	1.5	2.0	2.1

注:2015 年和 2016 年为预测值;资料来源:IMF,《世界经济展望》,2015 年 4 月。

受世界经济低速增长拖累,2014 年国际贸易增速依然低位徘徊。发达经济体进口需求低迷;发展中国家受到大宗商品价格疲弱、金融风险上升以及地缘政治危机的影响,贸易环境恶化。世界贸易组织(WTO)报告显示,2014 年国际贸易量增长率只有 2.8%,连续三年增速低于 3%,也低于同期世界 GDP 的增长水平。其中,发展中国家和发达国家出口增长率分别为 3.3% 和 2.2%;进口方面,发展中国家增速为 2%,低于同期发达国家 3.2% 的增长率。

进入 2015 年,国际贸易环境仍未明显改善。全球经济仍然脆弱,地缘政治风险尚未消除,大宗商品价格和美元汇率大幅震荡均成为贸易发展的不稳定因素。前 2 个月,发达国家中,美国、日本、英国、法国货物贸易出口额分别下降 4.6%、5.1%、19.7% 和 15.0%,同期进口额降幅分别为 3.9%、18.8%、7.1% 和 19.3%;金砖国家中,巴西出口额下降 19.3%,进口额下降 16.6%;南非出口额下降 15.3%,进口额下降 5.6%。世贸组织试图通过抑制贸易保护主义、改善市场准入、避免由政策导致的不公平贸易竞争等手段改善贸易环境,扩大贸易机会,但对 2015 年贸易增长仍不乐观。WTO 预计,未来两年(2015—2016 年),世界贸易量增长率分别只有 3.3% 和 4%,较 2014 年有所加快,但仍低于 20 世纪 90 年代以来 5.1% 的平均增速,与危机前贸易增速通常超过经济增速一倍的情形相比更不可同日而语,2015 年国际贸易可能成为连续第四年增长率低于平均水平的年份(见表 3.5)。

表 3.5 2013—2016 年世界贸易增长趋势　　　　　　　　　(%)

国家或地区货物进出口	年　份			
	2013	2014	2015	2016
世界货物贸易量	2.4	2.8	3.3	4.0
出口:发达国家	1.6	2.2	3.2	4.4
出口:发展中国家和新型经济体	3.9	3.3	3.6	4.1
进口:发达国家	−0.2	3.2	3.2	3.5
进口:发展中国家和新型经济体	5.3	2.0	3.7	5.0

注:2015 年和 2016 年为预测值;资料来源:IMF,《世界经济展望》,2015 年 4 月。

据联合国贸发会议初步统计,2014 年,全球跨国直接投资(FDI)流量为 1.26 万亿美元,同比下降 8%。其中,流入发达国家的直接投资下降 14%,为 5 110 亿美元;流入发展中国家的直接投资增长 4%,超过 7 000 亿美元,创历史新高;流入转型经济体的直接投资为 450 亿美元,下降超过一半。2014 年,全球共有 3 282 起企业并购案,并购数为金融危机以来最高,并购金额达到 3.12 万亿美元,数量和规模较 2013 年分别增长 22.2% 和 73.3%,其中美国的并购案数量占比 34%,金额占比 45%。

3.3.2　世界经济发展与增长

1) 2014 年世界 GDP 增长率

图 3.3 是 2006—2015 年世界 GDP 增长率,表 3.6 是 2006—2015 年世界 GDP 增长数据。

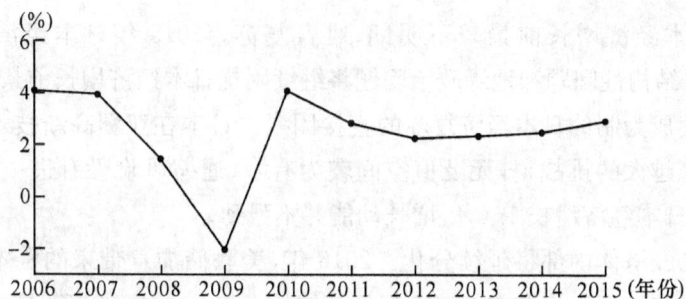

图 3.3 2006—2015 年世界 GDP 增长率

表 3.6 2006—2015 年世界 GDP 增长数据

年　份	2006	2007	2008	2009	2010	2011	2012	2013	2014	2015
年百分比	4.1	3.9	1.5	−2.1	4.1	2.8	2.3	2.4	2.5	2.8

数据来源:世界银行。

美国 2015 年经济增速约为 2.1%,全年比过去几年表现更为稳健平滑。2016 年,消费将继续支撑美国经济复苏,就业市场增长将保持稳定,美联储渐进加息可能性较大(全年可能有 2～4 次加息,每次 0.25 个百分点)。预计美国经济将继续复苏态势,增速或升至 2.6% 左右,并呈现"中增长"、"低通胀"、"低失业"的"一中两低"特点。2016 年上半年美元走势较强,下半年会在波动中逐渐趋稳。2016 年美国经济将继续温和复苏。

欧洲经济渐露复苏迹象。2015 年欧元区增速可能达 1.6%,英国经济增速为 2.5% 左右,欧盟整体增速为 1.8%。2016 年,欧洲制造业和服务业将同时稳步向好,消费呈现逐步改善势头,产能利用率保持高位和南欧国家房地产市场回暖将助推经济增长,而宽松货币和汇率相对贬值也为温和复苏提供了较好环境。2016 年欧元区内部经济结构失衡问题短期内仍难以解决,通缩风险、金融危机遗留的债务螺旋等压力依然存在,地缘政治冲突引发的欧俄相互经济制裁也拖累了经济增长。难民潮和英国脱欧公投对欧盟和英国经济冲击较为有限。预计 2016 年欧元区增速将提升至 1.9%,英国增速为 2.7% 左右,欧盟增速为 2.2%。

亚洲三个主要经济体 2015 年经济增长率分别是:

中国 6.9%。

韩国 2.6%。据韩联网 2015 年 1 月 26 日报道,来源于韩国银行(央行)26 日发布的数据,韩国 2015 年第四季度国内生产总值(GDP)环比增长 0.6%,全年 GDP 增速为 2.6%,创下 3 年来新低,政府设定的"保三"目标未能实现。

韩国对华出口占韩国总出口 25%,对华依赖度大,是中国的发展支持了韩国经济。

目前,日本经济增长前景较不明朗,难言复苏。2015 年日本经济增速预计为 1.2% 左右。结构性问题和地缘政治问题将继续困扰日本经济增长前景,"三驾马车"同显疲弱继续成为制约日本经济复苏的直接因素。日本在亚洲高新技术出口领先地位将受到越来越大的挑战,日元贬值空间较为有限,通缩风险恐有进一步加剧态势。预计 2016 年日本经济增长 1.4%,增长动能并不强劲。

新兴市场经济体内部将延续分化。2016 年,美联储加息带来的资本外流风险和大宗商品价格持续下行将左右新兴市场经济体的走势。中国、印度等资源进口型制造业经济体将保持较快增长;俄罗斯、巴西等资源出口型经济体至少在上半年形势依然十分严峻。总体来看,2016 年新兴市场经济体资本外流的规模不会显著超过 2015 年,但上半年的压力有可能高于下半年。经济过度依赖能源出口的国家、经济增速持续下滑且社会动荡不安的国家、实行硬盯住汇率制度但外汇储备规模较低的国家、外债比较高或发生过债务危机和货币危机的国家,2016 年较容易出现本币大幅贬值,其至货币和金融危机。

总体判断,2015 年全球经济增速为 2.8%,2016 年有望提升至 3.4%左右。其中,发达国家 2015 年经济增长 2.0%,2016 年增长 2.2%;新兴市场经济体和发展中国家 2015 年经济增长 4.0%,2016 年增速为 4.5%。

2) 2014 年世界 GDP 总量

图 3.4 是 2006—2015 年世界 GDP 总量,表 3.7 为 2006—2015 年世界 GDP 总量。

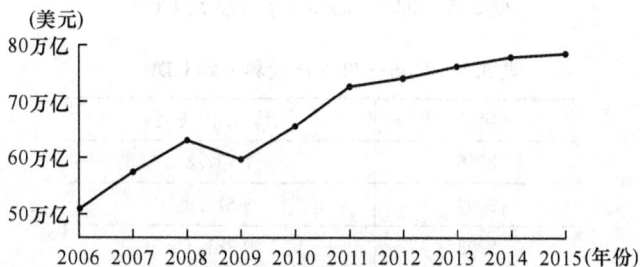

图 3.4　2006—2015 年世界 GDP 总量

表 3.7　2006—2015 年世界 GDP 总量

年　份	GDP(美元)
2006	5 103 450 459 539
2007	5 753 062 557 230
2008	6 307 062 737 647
2009	5 977 618 532 403
2010	6 558 816 720 219
2011	7 265 964 358 213
2012	7 415 498 230 029
2013	7 623 679 617 553
2014	7 784 510 716 990
2015	79 856 127 718 996

数据来源:世界银行(现价美元),2015 年数据可能会变动。

就世界经济总量而言,最近 10 年经济总量大幅度提高,除 2009 年受 2008 年金融危机影响有所滑坡,大多数年份稳步提高。

3) 2006—2015 年世界人均 GDP

图 3.5 为 2006—2015 年世界人均 GDP(现价美元),表 3.8 为 2006—2015 年世界人均 GDP(现价美元)。

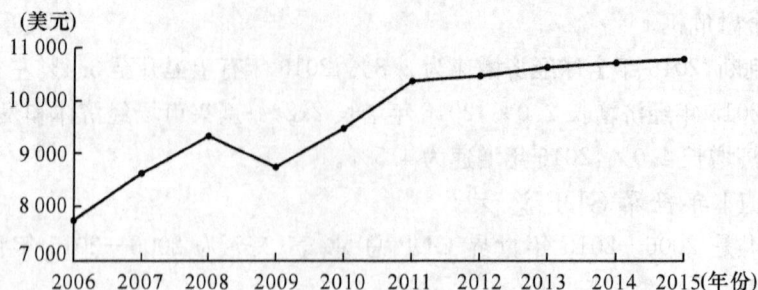

图 3.5　2006—2015 年世界人均 GDP

表 3.8　2006—2015 年世界人均 GDP

年份	人均 GDP(美元)
2006	7 737.8
2007	8 616.9
2008	9 331.4
2009	8 737.2
2010	9 472.2
2011	10 368.9
2012	10 460.1
2013	10 626.0
2014	10 721.4
2015	10 835.8

数据来源:世界银行,2015 年数据可能会变动。

全球人均 GDP 逐渐提高,说明世界经济已经逐渐走出了金融危机的阴影,各国经济正在复苏。

4) 世界服务等附加值占 GDP 的比例

图 3.6 是 2006—2015 年世界服务等附加值占 GDP 的比例,从图中可以看出,服务等附加值逐年增加;表 3.9 是 2006—2015 年世界服务等附加值占 GDP 的比例,2013 年世界服务等附加值占 GDP 的比例为 70.5%。

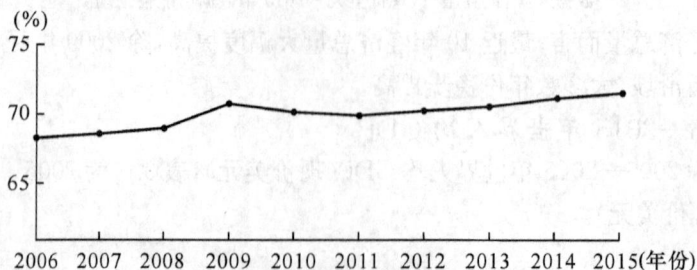

图 3.6　2006—2015 年世界服务等附加值占 GDP 的比例

表 3.9　世界 2006—2015 年服务等附加值占 GDP 的比例　　　　　（%）

年　份	2006	2007	2008	2009	2010
比　例	68.3	68.5	69.0	70.7	70.1
年　份	2011	2012	2013	2014	2015
比　例	69.9	70.2	70.5	71.2	71.4

数据来源：世界银行，2014、2015 年数据可能会变动。

　　服务业对经济一直有着极其重要的作用，不受金融危机影响。随着科技的进步和贸易的全球化，以产品内分工为主要特征的生产网络不断深化，与之相应的是各生产环节的价值增值：研发、品牌、服务环节获得高附加值；原料、组装、低技术生产环节获得低附加值。一般而言，发达国家拥有研发、技术等方面的比较优势而处于全球价值链的高端，发展中国家则由于劳动力和自然资源优势而处于价值链的低端。与此同时，新兴市场和发展中国家可能因为过度依赖低附加值产品出口而面临价值链地位固化的风险，如孟加拉、巴基斯坦等南亚国家长期停留在制造业低端环节。

　　加快服务业发展，提高服务业发展水平是转变经济发展方式，打造中国经济升级版的重要途径。以附加值贸易统计数据为基础，对中国在全球生产网络价值链中的地位进行分析，中国在全球生产网络中处于"加工贸易"环节，与主要原材料和中间产品出口国之间存在附加值逆差，与欧美等最终产品进口国之间存在附加值顺差。与欧美发达国家相比，中国的附加值出口贸易具有较高的国外附加值、较低的国内附加值、服务附加值偏低等特点，国内自给能力较强的制造业和开放程度较低的服务业具有较高的国内附加值，国外附加值较高的行业则集中在中间进口品占比较高的高技术密集型产业。

　　5）2006—2015 年服务贸易额占国民生产总值（GDP）比例

　　图 3.7 是 2006—2015 年世界服务贸易额占国民生产总值（GDP）比例，表 3.10 是2006—2015 年世界服务贸易额占国民生产总值（GDP）比例，从表和图中都能看出，服务贸易额不受 2008 年世界经济危机的影响，在国民生产总值的作用日趋明显。

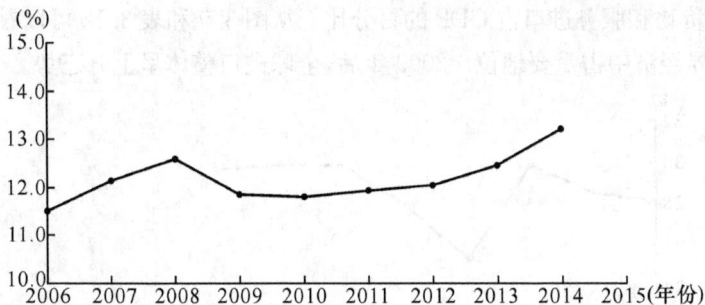

图 3.7　2006—2015 年世界服务贸易额占国民生产总值（GDP）比例

表 3.10　2006—2015 年世界服务贸易额占国民生产总值(GDP)比例　　　　　(％)

年　份	2006	2007	2008	2009	2010
比　例	11.5	12.1	12.6	11.9	11.8
年　份	2011	2012	2013	2014	2015
比　例	11.9	12.1	12.5	13.2	13.3

数据来源:世界银行,2015 年数据可能会变动。

6) 2006—2015 年世界货物和服务出口占 GDP 的百分比

图 3.8 是 2006—2015 年世界货物和服务出口占 GDP 的百分比,表 3.11 是 2006—2015 年世界货物和服务出口占 GDP 的百分比。从图 3.8 和表 3.11 中可以看出,货物和服务出口在世界经济中占据重要地位,对各国都很重要。2009 年后整体趋于上升态势。

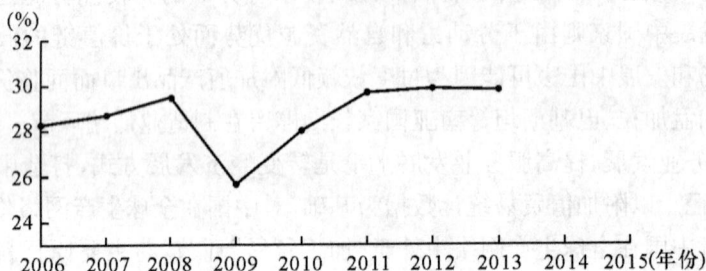

图 3.8　2006—2015 年世界货物和服务出口占 GDP 的百分比

表 3.11　2006—2015 年世界货物和服务出口占 GDP 的百分比

年　份	2006	2007	2008	2009	2010
(％)	28.2	28.7	29.5	25.6	28.0
年　份	2011	2012	2013	2014	2015
(％)	29.7	29.9	29.8	29.7	30.1

数据来源:世界银行,2015 年数据可能会变动。

7) 2006—2015 年世界货物和服务进口占 GDP 的百分比

图 3.9 是 2006—2015 年世界货物和服务进口占 GDP 的百分比,表 3.12 是 2006—2015 年世界货物和服务进口占 GDP 的百分比。从图 3.9 和表 3.12 可以看出,货物和服务进口在世界经济中占重要地位。2009 年后,全球进口整体呈上升态势。

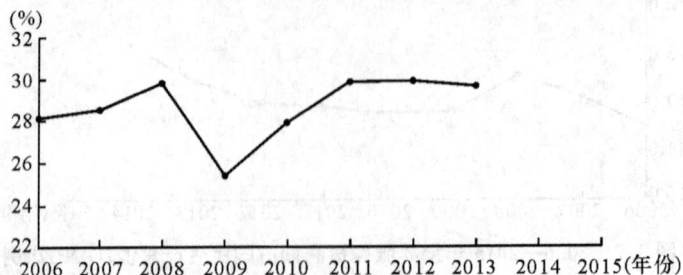

图 3.9　2006—2015 年世界货物和服务进口占 GDP 的百分比

表 3.12 2006—2015 年世界货物和服务进口占 GDP 的百分比

年 份	2006	2007	2008	2009	2010
(%)	28.1	28.5	29.8	25.4	27.9
年 份	2011	2012	2013	2014	2015
(%)	29.8	29.9	29.6	29.8	30.2

数据来源:世界银行,2015 年数据可能会变动。

3.3.3 世界贸易与运输

(1) 图 3.10 是 2006—2015 年世界商品出口(美元),表 3.13 是 2006—2015 年世界商品出口(美元)。从图 3.10 和表 3.13 可以看出,2009 年后,世界商品出口稳步提升。

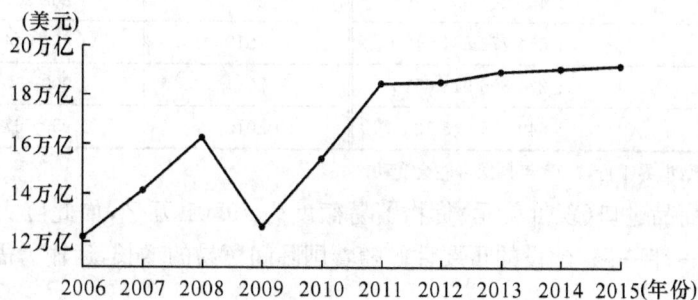

图 3.10 2006—2015 年世界商品出口

表 3.13 2006—2015 年世界商品出口

年 份	商品出口(美元)	年 份	商品出口(美元)
2006	1 221 282 301 366	2011	1 845 748 741 936
2007	1 411 849 131 541	2012	1 853 320 572 235
2008	1 626 975 444 869	2013	1 895 390 656 257
2009	1 263 992 277 297	2014	1 906 354 741 732
2010	1 540 492 257 195	2015	2 010 675 782 738

数据来源:世界银行,2015 年数据可能会变动。

(2) 图 3.11 是 2006—2015 年世界商品进口(美元),表 3.13 是 2006—2015 年世界商品进口(美元)。从图 3.11 和表 3.14 中可以看出,2009 年后,世界商品进口稳步提升。

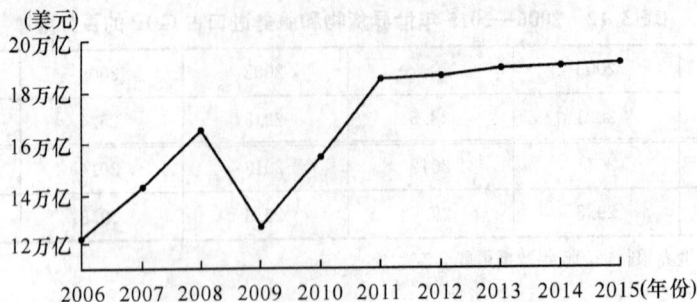

图 3.11　2006—2015 年世界商品进口

表 3.14　2006—2015 年世界商品进口

年　份	商品进口(美元)	年　份	商品进口(美元)
2006	1 242 894 607 709	2011	1 850 937 806 943
2007	1 431 291 695 599	2012	1 862 237 991 862
2008	1 654 776 864 019	2013	1 890 744 385 090
2009	1 274 896 918 051	2014	1 900 550 707 129
2010	1 549 535 075 133	2015	1 950 567 802 135

数据来源：世界银行，2015 年数据可能会变动。

　　2014 年商品进口(现价美元)货物贸易额度为 19.01 万亿，如此巨大的世界贸易量足以说明"一带一路"建设的重要性。随着国际间贸易的增长，运输力需求还将大幅增长。

　　国际货物运输的主要对象是贸易商品，非贸易物质的运输只是贸易商品运输的附带业务，所以，国际货物运输又称为国际贸易运输，它与国际贸易之间存在着相辅相成的关系。一方面，国际贸易的发展促进了运输的发展；另一方面，现代化的运输系统又推动了国际贸易的发展。其中货物运输对国际贸易的促进作用比国际贸易对货物运输的促进作用要稍大一些。

　　纵观历史，最初的贸易先是陆上贸易，后是航海贸易，一直到 18 世纪末至 19 世纪初，由于欧洲实现了工业革命，商品生产得到了极大的发展，贸易不断扩大，使得海洋运输逐渐从原来的航海贸易中分离出来，成为一个独立的经济部门。而随着科技与经济的飞速发展，国际货物运输发展为现在的远洋运输和航空运输。如今，在一些发达国家已经建立了完善的多式联运经营网络，货物运输的高效率、高质量和低成本，使得国家间的进出口贸易不再受到距离的影响，贸易方式也因为运输业的体系化而日趋规范化。运输成本的降低有利于提高外贸商品的市场竞争，促进国际间货物的流通。

　　国际贸易的飞速发展又促进了国际货物运输的发展。随着经济全球化进程的加快，国际分工与协作的发展，国际贸易量不断加大，跨国公司的规模也不断扩大，它们的原料产地、生产车间、装配工厂以及消费市场遍布世界各地。在这种情况下，运输过程成为经济全球化的纽带和国际贸易必不可少的环节,这对运输业的发展提出更高的要求。

中国政府在全球经济一体化的形势之下提出"一带一路"建设,是建立国际货物运输系统的重要部分,可改善国际贸易环境,使国际贸易商品运输实现系统的时间效益,克服生产时间和消费时间上的背离,促进国际贸易的顺利进行,"一带一路"建设可以提高国际贸易运输网络经济效应,建立综合运输服务体系,将各专业货物运输业与其他运输方式联合,建立联运中心,这样能够充分运用各种运输方式的优点,缩短流通距离,节约货运时间。

当全球"一带一路"建设,特别是高铁建设成功时,国际贸易形成了多种形式的联运,与传统运输方式相比具有以下几个优点:① 简化了运输业务手续,货主只需办理一次委托即可把货物从起点运到终点;② 缩短了运输时间,提高了运输效率和运输质量;③ 降低了运输成本,节省了各种支出;④ 扩大了多式联运经营人的业务范围,实现合理化运输;⑤ 有利于形成综合运输网络,推进物流业的发展;⑥ 高铁运输比海运和空运更安全,很多时比空运还要快捷。由于全球"一带一路"建设,特别是高铁建设参与了国际多式联运具有无可比拟的优越性,不再受传统运输和货物交接的制约,大大提高了服务质量,促进了全球生产、科技、贸易的发展,因此迅速在世界主要国家和地区得到广泛的应用。

3.4　世界贸易发展趋势分析

世界银行 2016 年 1 月 6 日在华盛顿发布《全球经济展望》报告,预计 2016 年全球经济将增长 2.9%,比该行在 2015 年 6 月发布的 3.3%预测值下调了 0.4 个百分点。

由于美国制造业的回归,而且多数发展中国家高科技、高附加值的产业方面不尽如人意,因此在最新报告中,世行对发展中国家增长前景提出预警,表示美联储加息、美元上涨、资金流入减少和中国经济增速放缓等成为打压发展中国家经济表现的风险因素,而大宗商品价格的低迷将使得各经济体表现出现分化。世界银行分析数据显示,2016 年,发展中国家货币延续 2015 年的贬值势头,尤以大宗商品出口国货币贬值最为犀利。

发展中国家要想提高经济增速,必须提高制造力自动化水平和生产效率,同时提高科技竞争力和文化创新力,才能有效提高经济增速水平。

世行表示,发达经济体将在全球经济增长中挑大梁。2015 年全球经济增速低于预期,这主要是因为大宗商品价格大跌、贸易和资本流动疲软以及一系列金融波动事件消耗了经济活力。未来全球经济增长的提速有赖于发达经济体保持复苏势头、大宗商品趋稳和中国经济增长模式转变等因素。中国经济增长模式的转变成功与否,不仅关系到本国经济增长速度,也会影响全球经济增长。

世行对 2015 年美国、欧元区、日本和英国经济增速估测值为 2.5%、1.5%、0.8% 和 2.4%,表明世行看好 2016 年发达经济体的复苏进程以及对全球经济增长的贡献。

世行预计,2016 年美国、欧元区、日本和英国经济增速将分别为 2.7%、1.7%、1.3% 和 2.4%。报告称,2015 年发达国家经济复苏势头加快,这主要是受国内需求增长提振,特别是在美国,其就业状况良好,支撑国内需求的进一步好转。欧元区的信贷增长提速,失业率下降。而日本经济则面临脆弱复苏前景,尽管日本政府不断推出刺激政策。世行预计,美联储的货币紧缩周期预计将"非常温和",而欧元区和日本将继续保持货币政策宽松环境。

不过,世行强调美元汇率上涨对美国净出口的打压,表示净出口额的下滑是影响美国经济和削弱对外需求特别是对新兴市场需求的"一个首要因素"。按名义有效汇率计算,自 2014 年年中以来,美元对其他主要货币累计上涨 20%,按实际有效汇率计算则上涨了 18%。经研究表明,美元如此幅度的上涨将会在两年后削弱美国 GDP 增长约 1 个百分点。

世行表示,自 21 世纪以来特别是金融危机以来,新兴市场经济体一直是全球经济的增长引擎。但在 2010 年以后,部分新兴经济体增长放缓,导致全球经济增长减速,截至 2015 年,全球经济增速连续 5 年未能突破 3%。

报告预计,2016 年发展中国家经济增速为 4.8%,比 2015 年的预测值 4.3% 有所提升,但低于 2013 年的 5.3% 和 2014 年的 4.9%。另外,大宗商品价格的长期低迷导致发展中国家阵营经济表现发生分化。如世行估测,巴西和俄罗斯 2015 年出现了 3.7% 和 3.8% 的经济萎缩,并在 2016 年继续出现经济衰退,预计 GDP 下跌幅度分别为 2.5% 和 0.7%。

报告下调了中国经济增长预期,表示 2016 年中国经济增速或为 6.7%,较其之前预测值 7.0% 下调了 0.3 个百分点;预计 2017 年和 2018 年中国经济增长为 6.5%。世行表示,中国部分行业产能过剩抵消了服务业快速增长所带来的经济拉动效应。

世行还预计,印度将延续经济增长提速态势,2016 年至 2018 年的经济增速分别为 7.8%、7.9% 和 7.9%。

世行副行长兼首席经济学家考什克·巴苏表示:"新兴经济体之间的经济表现差异在加大。与 6 个月前相比,这些经济风险有所增加,尤其对于那些具有经济无序性下跌可能性的经济体而言更是如此。"他建议,新兴经济体采取财政与央行政策双管齐下的措施,这样有助于缓解风险和支持增长。

在知识经济时代,科学技术既是推动社会经济发展的核心动力,又是国际竞争的核心要素。产品的不断升级换代,将促使各国的产业结构和经济结构发生变化,发展国际间的合作将会加深国际商品范围和贸易量的不断扩大,并使商品生产的内容、形式以及组织等方面都发生变革。因此,在知识经济初露端倪的今天,国际贸易呈现出了一系列的新趋势。"一带一路"建设可以促进沿线国家间的文化交流,当然也促进科技交流,有利于促进沿线国家科技水平和科技竞争力。

3.4.1　国际贸易发展

知识就是力量、科技就是生产力。20世纪90年代以来,知识经济初露端倪,特别是以信息技术、知识产业、文化交流为主要标志的知识迅猛发展,世界正在迈向一个以智力资源要素占有主要的分配、生产和消费的知识经济时代。知识、人才素质、科技实力和软实力(文化)将代替资本竞争成为最根本的竞争要素,智力资源的丰缺盈余程度将成为决定性的国际分工和国际贸易的主要因素,自然禀赋状况的重要性日益被削弱,俄罗斯以石油、天然气等自然资源为主要贸易品经济下滑就是典型例子,以自然资源为中心的国际分工体系逐渐被以知识、人才素质、科技实力和软实力(文化)为中心的国际分工体系所代替,知识、人才素质、科技实力和软实力(文化)成为国际贸易发展的新的重要动因。社会发展的实践经验也证明了知识、人才素质、科技实力和软实力(文化)对经济发展的重要作用,科学技术对经济的贡献率在20世纪上半叶不到50%,但到90年代却达到80%～85%;发达国家经济增长也主要是通过科学技术进步获得的。据美国商务部和美国电子协会统计,美国"新经济"增长的1/4以上归功于信息科学技术,今天对美国经济起主导作用的是高技术信息产业,微软、英特尔等已取代了当年的三大汽车公司。高新技术产品的出口不仅利润较高,而且使美国对经济紧缩或经济周期的抵抗力更强,高新技术产品的出口成为美国20世纪90年代以来经济持续增长的主要因素之一。

在中国,华为、中兴等信息技术类公司的利润率和利润额已经超过汽车类公司。

3.4.2　国际贸易区域化

1)区域经济一体化对成员国内部经济贸易的影响

(1)促进了经济贸易集团内部贸易的增长。目前,全球区域经济一体化正在全球各区域内加速建设,形成了在不同区域、不同层次的众多经济一体化集团中,通过削减关税或免除关税,取消贸易的数量限制,削减非关税壁垒形成区域性的统一市场,加上集团内国际分工向纵深发展,使经济相互依赖加深,致使成员国间制成品的贸易环境比第三国市场方便、实惠、互利,从而使域内成员国间的贸易迅速增长,集团内部贸易在成员国对外贸易总额中所占比重也明显提高。20世纪50年代至70年代,共同体内部贸易额占成员国贸易总额的比重从30%提高至50%。20世纪80年代,欧共体工业生产增长了20%,区内贸易额从1982年的55%上升到1988年的62%。1992年欧洲统一大市场建成后,欧共体内部贸易的增长更快。

　　东南亚国家联盟（Association of Southeast Asian Nations），简称东盟（ASEAN）。成员国有马来西亚、印度尼西亚、泰国、菲律宾、新加坡、文莱、越南、老挝、缅甸和柬埔寨。其前身是马来亚（现马来西亚）、菲律宾和泰国于 1961 年 7 月 31 日在曼谷成立的东南亚联盟。1967 年 8 月 7 日至 8 日，印度尼西亚、泰国、新加坡、菲律宾四国外长和马来西亚副总理在曼谷举行会议，发表了《曼谷宣言》（《东南亚国家联盟成立宣言》），正式宣告东南亚国家联盟成立。

　　2004 年 11 月 29 日中国与东盟在老挝首都万象签署"中国—东盟全面经济合作框架协议货物贸易协议"，朝推动成立自由贸易协议区（东盟 10 加 1）的方向推进。为达到 2010 年中国—东盟自由贸易区物流零关税的目标，双方决定自 2005 年开始，针对部分货品开始协商免税，再逐渐扩大到 2010 年时达到全面免税的目标。另一方面，日本与韩国也宣布将自 2005 年开始，与东盟 10 国协商自由贸易区谈判，以作为成立东亚自由贸易区（10 加 3）的起步。

　　目前，东盟（ASEAN）是全球经济增长最快的区域经济体之一，其他的贸易集团也大致相同。

　　（2）促进了集团内部国际分工和技术合作，加速了产业结构的优化组合。经济一体化的建立有助于成员国之间科技的协调和合作。如在欧共体共同机构的推动和组织下，成员国在许多单纯依靠本国力量难以胜任的重大科研项目中，如原子能利用、航空、航天技术、大型电子计算机等高精尖技术领域进行合作。

　　经济一体化给域内企业提供了重新组织和提高竞争能力的机会和客观条件。通过兼并或企业间的合作，促进了企业效率的提高，同时加速了产业结构调整，实现了产业结构的高级化和优化。

　　（3）促进了经济贸易集团内部的贸易自由化。就贸易而言，通过签订优惠的贸易协定，贸易集团内部相互减免关税，取消数量限制，削减非关税壁垒，取消或放松外汇管制，从而在不同程度上扩大了内部的贸易自由化。

　　（4）增强和提高了经济贸易集团在世界贸易中的地位和谈判力量。以欧洲共同体为例，1958 年 6 个成员国的工业生产不及美国的一半而出口贸易与美国相近。但到 1979 年时，欧洲共同体 9 国国内生产总值已达 23 800 亿美元，超过了美国的 23 480 亿美元，并且出口贸易额是美国的 2 倍以上。同时，在关贸总协定多边贸易谈判，欧共体以统一的声音同其他缔约方谈判，不仅大大增强了自己的谈判实力，也敢于同任何一个大国或贸易集团抗衡，达到维护自己贸易利益的目的。

　　（5）加强了经济集团内部资本的集中和垄断。由于贸易自由化和统一市场的形成，加剧了成员国间市场的竞争，优胜劣汰，一些中小企业遭淘汰或被兼并。同时，大企业在市场扩大和竞争的压力下，也力求扩大生产规模，增强资本实力。

2）区域经济一体化对世界经济贸易的影响

（1）区域经济一体化对国际贸易的消极影响

由于任何经济一体化经济贸易集团的各种优惠措施都仅仅适用于区域内的各成员国，而对集团外的国家依然维持一定程度的贸易壁垒，构成或体现出排他性的本质属性，从而影响了成员国与非成员国的贸易扩大。

（2）区域经济一体化对发展中国家经济贸易发展的不利影响

一方面，工业发达国家间的关税，特别是非关税壁垒严重影响了发展中国家本来就缺乏的强有力竞争能力的商品或服务的出口。另一方面，国际资本大量流入区域性经济贸易集团内部，以寻求安全的"避风港"和突破集团内部的贸易壁垒。这样，广大的发展中国家发展经济贸易急需的资本不能引进，加剧了国内资金短缺的矛盾，阻碍了经济贸易的发展和竞争力的提高，使南北经济差距进一步扩大。

（3）区域经济一体化的国际贸易交易对象高级化

在科学技术知识对经济发展日益重要的今天，国际贸易交易对象逐渐高级化。首先，国际技术贸易在国际贸易的构成中发展十分迅速。据统计，1993年以来，主要工业化国家高新技术产品出口增长均高于全部出口的增长速度，1975—1985年10年间，美、德、英、法、日五国高新技术出口额平均增长了73.1%，而1985—1995年，高新技术出口额增长了353%，是前10年高新技术出口额增长的5倍，可见高新技术产品的出口已成为国际贸易新的增长点。其次，国际贸易商品结构也日益高级化。1985—1993年，世界高新科技产业年增长率为14.3%，高新科技产业产品在制造产业产品出口贸易的份额也日益上升，到2002年占制造业产品出口比重的1/4。

（4）国际贸易交易方式网络化

随着知识经济时代多媒体技术和网络技术的发展，国际贸易交易日益借助国际互联网来完成，出现了所谓的网络贸易。网络贸易是指通过计算机网络，如万维网、因特网等现代化电子方式所进行的贸易或商务活动。整个交易过程包括交易磋商、签约、货物交付、货款收付等大都在全球电信网络上进行。其交易的产品主要是数字化产品，如金融服务、网上娱乐、售票服务、音像书刊、软件设计、咨询服务、信息传递等；也有实物产品交易，实物产品交易则是交易磋商、签约、货款支付在网上进行，实物交付在具体地点进行。目前，网络贸易发展十分迅速。1996年网上交易额只有23亿美元，1997年网上交易额就为150亿美元，1998年达500亿美元，据美国《商业周刊》，2001年全球网上贸易总额达2 051亿美元，2002年达3 490亿美元。正是由于网络贸易具有如此强大的生命力，它才引起世界各国和国际经济组织的关注，纷纷制定各种政策和采取各种措施来维护和促进网络贸易的发展。如1997年7月8日，在德国波恩召开的在由40多个国家参加的部长会议上，一致同意在网络贸易中维护自由贸易原则，各国不得自设关税和非关税壁垒，同意网络贸易不得征收新的税种，其中29个国家在通过的文件上签字；此外，WTO 和 APEC 等国际或区域经济组织对网络贸易也十分重视。显然，网络贸易将会得到迅猛的发展，将成为 21 世纪国际贸易领域中一朵鲜艳的奇葩。

（5）国际贸易交易市场垄断化

由于跨国公司垄断了国际技术创新的 70%～80% 和国际技术贸易的 90%，因此，在国际交易市场中跨国公司的垄断地位日益加强。目前，跨国公司是新技术的主要开发者，也是技术贸易的主要交易者，已经成为世界经济拉动的火车头。据《商业周刊》2000 年在美国纳斯达克指数疯狂暴涨时的一次统计，美国微软公司的市值已经超过了俄罗斯的国民生产总值。全球 500 家大型跨国公司内部和相互贸易占世界贸易总额的 60% 以上。在迈向知识经济快速发展的 21 世纪，信息技术和运输技术的突飞猛进，企业的跨国经营变得更加容易和有效，跨国公司的发展也将面临新的飞跃。因此，跨国公司现在都纷纷调整其发展战略，对内进行经济结构的升级和技术的大规模更新，对外竭力维护其市场份额，并努力开拓新市场。可见，在未来的国际贸易中跨国公司的垄断地位将进一步得到加强。

（6）国际贸易利益分配两极化

因为发达国家和发展中国家在知识经济的发展过程所处的地位不同，所以在国际贸易利益分配格局中，两极化的趋势将进一步明显，即所谓"中心—外围化"趋势。目前，发达国家与发展中国家在国际贸易利益分配中的"中心—外围"的地位并没有发生改变。在国际技术贸易中，发达国家占 80%，其中美、英、德、法、日占发达国家技术贸易总额的 90% 以上，仅美国就占了世界技术贸易总额的 1/3，而且全球技术贸易的 85% 在发达国家之间进行；在知识经济的代表性产业国际信息技术贸易中，发达国家同样占领重要地位，1995 年国际信息技术产品贸易额达 6 000 亿美元，市场份额基本被美、日、欧盟所瓜分，在全球电信市场上美、日、欧盟也占了 3/4；在网络贸易中发达国家也占尽先机，1998 年全球网络贸易总额 500 亿美元中仅美国就占了 170 亿美元。在知识经济全面发展的 21 世纪，在国际贸易利益分配中，发达国家"中心化"和发展中国家"边缘化"、"外围化"的趋势将进一步加剧。

随着知识经济的发展，国际贸易协调的范围和重点也转移到以服务业、电信业、知识产权为代表的知识经济领域。1997 年 WTO 的《全球基础电信协议》、《信息技术协议》和《开放全球金融服务市场协议》的签订就反映了这一发展趋势。在 WTO 的"千年回合"谈判中，高新技术领域谈判更是发达国家首先关注的问题，这也是目前发达国家与发展中国家在 WTO 谈判中的重要分歧之一。高新技术领域协调已经成为国际贸易协调的重点。当前各国在保护各自的相关产业时，也越来越多地采用 WTO 所允许的各种合法措施，自然其中也有很多是在合法的外衣的掩护下的不合法的行为，这也是为何国际间反倾销、反补贴以及临时性保障措施频频出现和数量大幅度上升的主要原因之一,但它毕竟相对于以往的无序要好得多,它体现了各国希望通过协调来解决贸易争端的一种趋势。面对世界经济、国际贸易的这些新变化、新趋势,中国应调整经济发展战略,采取符合国情的应对措施,促进中国对外贸易的发展。

目前,全球大多数国家或地区都在进行区域贸易协定(Regional Trade Agreements,简称"RTA")谈判,尤其是金融危机和欧债危机之后的世界经济增长乏力,进入转型调整时期,加之 WTO 的"多哈回合谈判"停滞不前,使得新一轮的区域贸易进行得如火如荼,美国主导的跨太平洋战略经济伙伴关系协定(Trans-Pacific Partnership Agreement,简称"TPP"),以及美国和欧盟共建的跨大西洋贸易与投资伙伴协议(Trans-Atlantic Trade and Investment Partnership,简称"TTIP")是其中最受关注,也是对世界和中国经济潜在影响最大的两大区域贸易安排。两大区域贸易安排的主导国力图通过区域贸易谈判重新确立全球贸易新规则,甚至超越 WTO 多边贸易体制下的现有规则,这些新的趋势对中国参与国际贸易的影响无疑是直接和重大的。

3.4.3 国际贸易规则格局演变与新趋势

国际法视角下的国际贸易规则格局包括三个层次的条约与规范:一是以 WTO 规则为框架的全球性的多边贸易规则;二是以区域贸易协定(RTA)为框架的双边或多边区域贸易规则,其外延包括优惠贸易安排、自由贸易区、关税同盟、共同市场、经济联盟;三是某国家或地区针对其参与的国际贸易制定和实施的单边管理制度。国际贸易规则的发展变化与国际贸易格局的演变密切相关。

当前,亚太地区事实上已经形成了"跨太平洋伙伴关系协定"(TPP)、"区域全面经济伙伴关系协议"(RCEP)和中日韩自贸区并行的区域合作谈判格局。如何平衡、处理好三者之间的关系,对于中国参与和推动地区一体化进程、维护自身在亚太区域合作中的主体地位至关重要。同时,由 TPP、"跨大西洋贸易与投资伙伴关系协定"(TTIP)和"服务贸易协定"(TISA)所引领的国际贸易与投资规则的"重构"正在成为影响未来中国发展的新的重大的外部因素,牵涉到下一步的经济发展大计、战略走向和在全球经济治理中的定位。

1) 标准与规则制定成为新一轮国际贸易投资谈判的核心内容

当前,以 TPP、TTIP 和 TISA 为代表的新贸易或投资协定正在引领全球贸易投资新规则、新标准和新范式的制定。无论是 TPP、TTIP 还是 TISA 或美国《2012 年双边投资协定范本》(BIT2012),都倾向于在服务贸易和投资准入上相互提供更加宽泛的国民待遇,并以负面清单形式提出对不符措施的保留。在美国"有顺序的谈判"(sequential negotiation)和欧盟"以双边带动多边"战略的持续推动下,以"准入前国民待遇+负面清单"为核心的第三代贸易与投资规范正在演变成为欧美重塑国际贸易、投资和世界经济格局的战略手段。服务贸易和投资协定随即成为新一轮国际贸易投资谈判和规则制定的核心内容,而 WTO 多边贸易体制则存在被边缘化的风险。

中国作为一个具有全球视野的新兴大国,有必要就国际最新规则对中国参与区域、多边体系构造的影响有清楚的认识。未来中国的区域经济合作必须要有"明确的指导原则"和"清晰的战略框架"。唯有如此,才能在未来的区域和全球治理中拥有一席之地,在国际规则的重构中获取必要的话语权。

2)中国的策略选择

目前,在中国的区域合作战略中,已经提上议程的有中韩、中日韩、中澳(大利亚)和 RCEP 等贸易自由化安排。鉴于中国的经济规模、地缘优势和在全球产业链中的重要位置,不管是 TPP 还是 RCEP,如果没有中国的深度参与,亚太地区任何区域合作机制都无法实现"帕累托最优"(Pareto Optimality)。由于中国在东亚地区已经具备了制度选择能力,未来东亚一体化的走向将从根本上取决于"中国自身实力的增长和政策选择"。

中国需要在正确认识、客观评估 TPP、TTIP 和 TISA 的同时,更多着眼于实现国内经济的可持续增长,着力于中国经济影响力向战略影响力的转换。从长远看,增强中国内部建设才是中国直面 TPP、TTIP 挑战的根本之策,也是中国推动东亚一体化进程的关键。中美在亚太地区的博弈将是一个长期过程,让周边国家从心理和行为上逐渐适应、认可并接受中国崛起大国的地位也需要时间。东亚合作,欲速则不达。深化东亚合作并不意味着要放弃多边框架下的贸易自由化进程。

随着中国经济和海外权益的增长,未来一段时期,中国对外部市场和资源的需求将更为迫切。同时,各国围绕市场、能源资源安全、气候变迁、标准与规则制定等全球性问题的博弈也将更趋激烈;发达国家试图通过更加严格的减排规则和技术标准,为全球经济和战略性新兴产业制定新的游戏规则,以提高发展中国家或新兴经济体的进入成本。中国因此需要重新评估准入前国民待遇和完全准入后国民待遇所带来的潜在的战略收益。在此期间,中国有必要以区域贸易谈判为契机,在重新构建地区相互投资秩序和统一架构的同时,积极参与并推动制定更加开放的区域或多边投资规则,"以确保未来中国经济发展的全球空间和海外投资安全"。为此,中国需要从战略高度,结合新一轮国际贸易谈判和区域贸易协定的最新发展趋势,在世界经济规则重构过程中提出既基于现实能力,又着眼于未来制高点的战略与行动方案,以增强中国在区域和全球治理中的规则制定能力,提高中国在全球标准制定和亚太区域合作框架重构中的话语权。

从务实角度,不妨以中韩、中澳等领域贸易安排为突破口,小范围内先行推动部分领域的高标准开放。技术上可以通过对"相关投资"进行定义的方式严格享受准入前国民待遇的条件和范围。还可以在上海自由贸易试验区负面清单的基础上,借鉴欧美在"国家安全审查"和"关键基础设施保护"等不符措施方面的经验,进一步开展准入前国民待遇与"非禁即入"的试点。同时还可以根据中美、中欧双边投资协定谈判进展情况,适时探讨在两岸或两岸四地贸易安排中率先尝试以不符措施形式提出对完全准入后国民待遇的保留。由于两岸四地已经签有《海峡两岸经济合作框架协议》(ECFA)、《内地与香港关于建立更紧密经贸关系的安排》(CEPA),在未来一段时期,服务贸易和投资领域合作将是两岸四地经贸关系的重要增长点。鉴于台湾与香港地区正在WTO框架下参与TISA谈判,加快两岸四地的贸易一体化建设或许会为两岸四地以"共同市场"名义参与亚太区域合作创造新的条件、奠定新的基础。

3.5 文化交流对国际贸易的促进作用

3.5.1 国际间文化交流的意义

随着经济全球一体化及信息、传播的全球化,不同国家、不同文化的人们交流日益频繁。跨文化、跨国界的交流传播是21世纪文化发展的动力,也是各国除政治、经济、军事之外实施国际战略和外交政策的四大手段之一。尤其在国际金融危机的浪潮刚刚退去的背景下,国际贸易行业的成本受运输、资本流转、投资风险、各国政策的影响较大,加强国际间文化传播理应成为国际贸易行业发展的新战略途径。在国际贸易中,要做好贸易,文化交流必将先行,才能可持续、可发展地做好国际贸易。我国政府应加强中国文化在世界各国的传播力度,加大对"孔子学院"的投资,中国企业也应该在加强企业文化建设的同时,在国际上宣传中国文化,宣传企业文化。

3.5.2 通过国家间文化传播促进国际贸易的方式

1) 文化输出贸易

每一个国家都因自己历史进程和民族习惯形成了独特的文化。越是民族独特的就越是世界欣赏的,鲜明的文化差异往往吸引着世界的眼球,被世界所接受。一般来说,文化输出的实施应该具备以下基本条件:① 文化输出本身只是一种单向的流动,这就要求文化输出国的文化在各国文化交流中处于优势地位,也就是说,它应该是一种"强势文化"。② 文化输出需要以先进的物质条件为基础,物质生活水平的提高可以刺激人们追求精神世界的满足,客观上促进了本国文化的发展。同时,先进的传媒和通讯工具有利于文化输出国对外进行文化输出和渗透,从而更好地实现自己的目的。二次世界大战之后全球化进程逐渐加快,首先实现全球化的产业是通讯媒体。媒体把世界的每个角落传输到了人们的眼里,人们了解其他国家的风土人情,刺激了这个国家的特色产品的向外输出。例如,美国是当今世界最先进、最发达的国家,它依靠先进的科技和传媒手段,将美国的文化和价值观散布到世界各地,以至于相当一部分学者将文化全球化称为"美国化"。美国大众文化输出是美国文化输出中的重要内容,它在多数情况下属于非政府部门所为和受巨额利润所驱动。它主要通过以下两种方式加以实施:第一,通过新闻媒体进行文化宣传。美国是世界上传媒最发达的国家,美国媒体覆盖了全球。美国两大通讯社——美联社和合众国际社,使用100多种文字,向世界100多个国家和地区的2万多家用户昼夜发布新闻,每天发稿量约700万字,并拥有一个世界范围的图片网。CNN(美国有线电视新闻网)现已成为最普及的每日新闻来源,它有数以千万计的观众,"是政治家、政策制定者、新闻从业人员以及任何想迅速看到突发性新闻和有关深入报道的人必须收看的电视台"。美国的《华盛顿邮报》《纽约时报》《时代周刊》《新闻周刊》《国际新闻报道》《国际先驱论坛报》都成为各国有关政府部门、学术界和大学的必订报刊。这些新闻巨头事实上已垄断了国际新闻的来源,决定着什么是"新闻",报道什么和不报道什么,从而成为美国对外文化输出最强有力的工具。另外,目前美国文化占据了网上信息资源的80%,使人们一进入因特网就进入了美国,通过大规模文化产品输出,宣扬美国的娱乐文化、消费文化和生活方式。在文化力与商品力紧密结合的新的国际形势下,美国十分注重文化产品的配套生产和广泛输出,力求使之成为加强接触、灌输思想、移植观念的主要渠道。强大的经济实力和高新技术手段所支撑的大众传播媒介和批量生产的文化工业产品,使文化日益成为日常的社会消费品,形成了美国文化空前的扩张强势。现在全球每个地方几乎都能感受到美国大众文化的存在,可口可乐、麦当劳、好莱坞、迪斯尼具有巨大的吸引力和无孔不入的渗透力,美国在其中所取得的巨大经济利益可想而知。

由于文化定义的广泛,这种文化差异渗透到了每个国家社会的各个领域。商品与服务行业拥有如同文化的广泛性,不难在两者之间找到交集。在向他国展现自我文化特点并被接受的同时,就开辟了本国文化"产品"对外的市场。文化产业不仅构成一国重要的经济支撑,还是一国软实力的体现。文化产品的输出不仅能使一个国家获取商业利润,更可输出一国的生活方式和价值观念,扩大其在国际上的影响力。

2) 文化输入贸易

1978年改革开放以来,中国在世界各个领域取得了显著的成就,更多的民族企业在竞争激烈的国外市场上找到了自己的位置。中国的文化输出战略相比于其他发达国家起步较晚,体系也不是很完整,一些急于打开国外市场的民族企业选择了投资国外文化,通过国外文化的传播不仅扩大了民族品牌在国外的影响力,也增加了民族企业在国内的产品销量。2011年李宁在西班牙取得的成功还是引起了诸如主流体育媒体《马卡报》等关注,《马卡报》在得知塞维利亚即将与李宁牵手的消息后立即撰文指出:"在西班牙,从西班牙人和塞尔塔队,再到如今的塞维利亚队,中国品牌李宁已经不再偶尔地出现在西班牙公众的视线里。"早年作为西班牙男篮的装备赞助商,李宁为西班牙带来了第一座三大球的世界冠军,正是基于在篮球市场上的成功,李宁如今才能成为西班牙三支传统劲旅的主赞助商。2011年7月,特步有限公司总裁丁水波和西班牙比利亚雷亚尔俱乐部主席费尔南多·罗格共同宣布双方正式携手,中国时尚运动第一品牌特步成为比利亚雷亚尔俱乐部 2011—2016 年独家装备赞助商、官方技术赞助商。绰号"黄色潜水艇"的西甲劲旅比利亚雷亚尔俱乐部成立于 1923 年,曾获得国际托托杯冠军、欧洲冠军杯四强、西甲联赛亚军等多项荣誉,在西甲赛场乃至整个欧洲足坛上,都掀起过令人惊叹的"黄色风暴"。在即将到来的 2011—2012 赛季,"黄色潜水艇"将身披特步战袍征战西甲赛场。如果"黄色潜水艇"成功通过欧冠附加赛,特步品牌也将首次出现在欧洲冠军联赛的赛场上。以西甲赛场、欧冠赛场为舞台,特步将向全世界展示自身的专业品质。特步将会与比利亚雷亚尔展开全方位深度合作。除了赞助现有装备外,特步目前正在积极研发比利亚雷亚尔系列产品,并将于 2016 年第四季度上市销售。同时,特步还会与比利亚雷亚尔俱乐部协商,共同运作包括赴华友谊赛在内的一系列与足球相关的市场活动。此次特步赞助比利亚雷亚尔俱乐部,实际上是继 2010 年签约英超伯明翰俱乐部后,与世界顶级足球俱乐部的再次联手。早在 2010 年,特步就确立了"以体育为核心,以时尚为外延"的品牌发展基调,将世界第一大运动足球作为品牌发展的核心体育项目之一,启动了"足球营销"战略。在实施"足球营销"的过程中,特步拥有了属于自己的足球文化和足球理念,并作为本土运动品牌的代表,将自身对足球的理解,在世界足球舞台上展现出来。伴随着与世界著名足球队的合作,特步的品牌知名度与市场关注度显著提升,"足球营销"战略为特步营造出了巨大的先发优势。与此同时,借与世界顶级足球联赛的沟通和磨合,特步足球系列产品的专业品质与系统性,也获得了长足发展。

如今在许多国际盛会上经常会看到中国的品牌出现。2010 年的世界杯,中国的赞助商就有两家——哈尔滨啤酒与中国英利太阳能产品。后者的主销市场就是国外。借助非本国文化的对外传播提升自我品牌形象,不仅增加了其在国外的影响力,在国外文化传播至国内的同时企业在本国市场的销量也会提高。

3.5.3 中国出口企业如何把握由文化交流产生的商业价值

1) 政府行使国家对外政策促进文化交流

一个国家与国外文化交流的程度是国家对外政策的体现。外交的目的是为了实现国家利益,将由政府主导的对外文化交往作为国家对外政策的一部分,通过外交途径促进文化交流,塑造一个有利于自己国家的良好形象,从整体上服务于国家的对外政策,国家要行使对外政策鼓励文化传播,为本国企业建立其对外发展的平台。

进入新世纪以来,中国政府倡导科学发展观,提出推进经济、政治、文化的协调发展。把文化发展战略看作是国家发展战略的重要组成部分,文化外交作为一个明确的概念,是在 2004 年被提到与政治外交、经济外交同样重要和不可替代的地位。只有民族的才是世界的。在国内应复兴中国文化、保护文化遗产、巩固中国传统文化的根基,因而商品文化成为唤起并满足新需求并使商品自身行销世界各地的强大力量。

　　优秀的商品在展示一个民族生产力发展水平的同时,也展示了它的传统气质和思维水平。一方面,优秀的商品富有传统意蕴。在商品的设计和生产过程中,线条、造型、比例、图案、色彩、质料、结构等都成为承载、表达传统元素的文化符号,透过它们,消费者能够解读出特定的民族、大众的价值、情感和趣味并展开丰富的文化联想。另一方面,与文化商品一样,商品文化也是消费者文化需求的满足物,因而也必须以反映民族、大众的价值、情感为基本内涵,具有反映民族共通情怀和展示文化多样性的能力。科学技术本身是无国界的,但由此而形成的知识产权和新产品却无疑代表了这个民族的心智特征、思维方式和创新水平,因而也必然成为展示民族国家性格、形象的重要载体。民族特征的形成使商品部分地具有文化认同和文化交流的功能,因而构成商品文化价值的核心。

　　随着改革开放的不断深入以及社会主义市场经济体制的确立和逐步完善,中国通过兴办经济特区、开发区等形式大力吸引外国资本和技术,从而增强了商品的研发和制造能力。加入世界贸易组织之后,中国又更加紧密地融入了商品流通的全球体系。因此,近年来,中国商品不仅质量、造型、包装和服务较之计划经济时期呈现出跨越式改善,而且其辐射半径也得到前所未有的延伸。可以肯定的是,中国的商品文化已经随着商品的逐渐丰富和升级换代而全面发育并崭露生机。因为对商品文化来说,满足消费者文化需求与传播民族、大众价值、情感是共同存在、互为条件、同时作用的两大要素。只有满足了消费者的文化需求,民族、大众的价值、情感才能顺利传播;而同时,只有传播了特定的民族、大众的价值、情感,消费者的文化需求才能得到更加充分的满足。也就是说,商品的生产者在提升商品价值和使用价值的同时传播了民族、大众文化,而只有传播了民族、大众文化,商品的价值和使用价值才能得到完整意义上的提升。片面地追求文化价值或经济价值都会使商品文化丧失其原本意义,或者蜕变为文化商品,或者被简单化为一种赚钱手段。

　　2)企业应注重文化交流的意义

　　对外贸易企业在国际上树立自身形象与品牌文化的同时,应时刻关注与本企业相关的文化动态,寻找与本企业品牌文化相应的有效途径来扩大自己在国际市场的地位。对外贸易企业可以建立与自身相关的全球信息网络平台。

　　全球信息网络平台定期搜集全球各个国家的文化集会、文化活动,以及一些知名体育文艺明星的动态,及时掌握这些信息便于各企业根据自身需要,联系需要投资的文化项目,更有利于通过国际文化传播提升自身品牌营销与国际市场销量。除了要建立这种信息平台,更应在与别的国家客户谈判时注重他国的文化背景。国际贸易中存在的跨文化问题主要通过语言、礼仪、禁忌与宗教信仰、谈判风格体现出来。因此,必须尽量了解对方的文化、对方的价值观和风俗习惯,并且在国际贸易交流中要尽量用简单、清楚、明确的语言,不要用易引起误会的多义词、双关语、俚语、成语,也不要用易引起对方反感的词句。在礼仪方面,健康、必要的礼仪可以赢得人们的尊敬和爱戴,广交朋友,避免隔阂和怨恨。首先,它可以沟通人们之间的感情,感受人格的尊严,增强人们的尊严感;其次,它有助于发展中国人民同世界各国、各地区人民的友谊。在国际贸易活动中,遵守国际惯例和一定的礼节,有利于中国的对外开放,有利于展现中国礼仪之邦的风貌。

综上所述,在当今国际经济复苏、国际货物运输成本增高的背景下,国际贸易企业可以从其他方面寻求销路。重视与掌握国际间文化交流的商机,同时尊重与了解他国的文化底蕴,是中国国际贸易行业未来发展的必然战略。

3.6　文化贸易发展与运输

3.6.1　交通与文化交流的关系概述

1) 交通本身就是一种文化现象

交通,作为人类文明进步的重要方面,在社会经济、政治、精神生活中,越来越起着举足轻重的作用。交通在本质上体现的是人与人的相互沟通,人的社会性要求日益广泛的交往。交通是为人类超越地理隔离而实现理想交往的一种方式。可见,交通本身就是一种文化现象,是人类社会关系拓展和深化的结果,深深地打上了人的本质的烙印。交通建设成就成为人类文明的重要内容,如古代的交通文化成果有赵州桥、湘子桥、京杭大运河等,近代的交通文化成果有南京长江大桥、虎门大桥、深圳盐田港、蛇口港、广深高速公路、京珠高速公路、莲花山隧道等。这些文明成果已经成为交通文化的一部分,得到人们的重视和赞赏。人类文明都包含着交通的成分,如古代的丝绸之路、郑和下西洋等,现代青藏公路开通、汽车进入家庭、私人游艇等成为人类文明的一部分。

2) 交通反映文化

交通作为文化的一部分,其发达程度直接反映文化的整体程度。交通发展程度有两个标准:一是看社会成员的交通参与度;二是看交通手段的种类和层次。就前者而言,一个足迹不出方圆 30 里的群落,只能处在一种贫乏愚昧的文化氛围之中。中国改革开放之前,大众交通参与度都不高,很多人从来没坐过汽车、坐过火车、乘坐过飞机的人更少,这种状况正好与中国社会文化的境遇相应。改革开放以后,经济活了,生活活了,民众的交通参与度大幅度提高。据统计,20 世纪 80 年代初,上海、天津两市居民人均年出行次数还不足 3 次,到 90 年代初(1990 年资料)全国人均出行已达 6.78 次,到 1999 年更是提高到 12.1 次。据中国之声《全国新闻联播》报道,2016 年国庆期间国内游客将达到 5.32 亿人次(具体数据正在统计中)。交通参与度的差距反映出了社会综合发展程度的差距。就交通手段种类和层次而言,与其文明程度的关系更为直接。最低级文明状态下的交通,主要依赖于步行,渐次而有骑行、畜力车行(历史上人力车、人力船出现大致同步)、机动车行(汽车、轮船、飞机等),现在已经开始进入"信息行"时代。

20世纪20年代,胡适在寻找中西两种文化差异的奥秘时,说过这样一段话:人是一种制造器具的动物,文化的进步就是基于器具的进步,东方文化是建立在人力上面的,而西方文化是建筑在机械力上面的,所以东西文化的区别,就在于所用器具的不同。简而言之,东方文明是人力车文明,西方文明是汽车文明。虽然现代东西方交通工具的发展已经处于相近的水平,但就当时而言,胡适把汽车和人力车描述成两个文化时代的标志是有道理的。

3) 交通传播文化

交通是文化交流的重要渠道。现代社会,传播文化的渠道很多,如广播、电视、电话、互联网等,而公路、水路交通也是传播文化的重要渠道。首先,公路、水路交通是居民出行的主要运输方式;其次,公路、水路交通是文化产品运输的主要方式,书籍、报刊、音像制品等文化产品都是通过公路、水路进行运输的。

交通扩大了文化交流的广度和深度。公路、水路交通网络的不断完善,提高了交通的通达性和覆盖范围,降低了交通出行成本和运输成本,从而扩大了文化交流的范围,丰富了文化交流的内容。比如,农村公路网的建设,改善了广大农村的交通运输条件,促进了城乡文化的交流,过去一些只有城市里才能见到的文化产品现在可以在广大农村传播。

交通发展提高了文化交流的速度。公路、水路交通运输速度和组织管理效率的提高,提高了文化交流的速度。如高速公路网络的形成,提高了运输速度,促进了人员的交流,也使文化产品传播的时间缩短,促进了文化产品的创新。

当今社会,公路是最基本的运输方式,在综合运输体系中发挥基础性的作用,是居民出行和货物运输的最主要运输方式,在一些地区公路甚至是唯一的运输方式。目前公路运输网络比较发达,几乎可以通达每个角落,而且服务水平越来越高,使文化产品可以快速地传递到四面八方,交通出行变得更加便利,人员往来更加频繁,极大地提高了文化交流。

当今世界沿海和远洋运输对国际经济与文化交流产生了巨大影响。世界上已经形成和正在形成的大都市群(美国东海岸、美国西海岸、伦敦、巴黎、东京、阪神、长三角、珠三角等)都位于重要的出海口,沿海港口的发展是这些都市圈迅速崛起的重要基础条件。沿海和远洋运输产生的巨大运量,一方面起到集聚作用,形成了大的都市群,促进了地区各种文化的交流和融合;另一方面加强了国际不同经济区域之间的联系,促进了全球经济一体化,促进了国际文化的交流。

4) 交通创造文化

交通反映文化,传播文化,同时也创造着新的文化。交通创造文化的功能源于它对人的视野、思想、交往、行为空间的延伸。文化是人创造的,交通本身并不直接创造文化,但由于它能够增强人类创造文化的能力,也就间接地创造了文化。这个功能历史上已经有过一再地显现。为什么人类早期文明都发源于舟楫之便的大江大河流域?为什么沿海平原地带的文明水准,普遍高于封闭的内陆山区? 只能用得天独厚的交通条件来解释。人类历史进入现代,文明的推动力虽然不再依赖于天然的环境,但是交通仍然在为新文明的创造继续发挥着作用。交通对于物质生活和产业结构之意义不言而喻,即使在深层文化的创造方面也举足轻重。例如,城市化和跨国移民,不能不说是现代交通发展的重大成果,经济社会一体化和地球村概念的形成,现代交通也功不可没。另外,交通的发展,还在广泛而深刻地摧毁着传统的社会秩序和家族化结构,塑造着开放、健全的社会心理。阿尔温·托夫勒在《未来的冲击》中说,社会地位的解放与地理位置的解放是紧密相连的,轿车作为现代交通工具,推翻了地理距离这个限制人们自由的"暴君",使人们精神上得到新的激励和满足。他写道:"轿车已经成为主动精神的现代象征。16 岁少年的汽车执照,是进入成人社会的有效入场券""人们普遍认为,汽车改变了我们城市的形态,改变了家庭所有制和零售贸易方式,松弛了家庭关系"。公路水路交通的发展,改变了人们的时空观念和消费观念,从而改变了人们的生活方式。如,公路交通的改善,促进了居住的郊区化、节假日休闲消费增加等。

5) 交通稳定文化

文化在发展,但不是瞬息即逝的骤变。一定类型的文化,在其具有生命力的时空里,常常显示出相对稳定的性质。交通对于巩固既有文化也不无作用。人们经常说中国传统文化是大一统的专制文化,这种历经数千年的古文化,在其延续和推进过程中,交通所充当的角色绝非可有可无。先有秦始皇的"车同轨",后有汉驰道、唐贡路、元驿道、清官路的相继发展,这些交通设施是统一国家的经络,是王权政令畅达的保证,是国家物资调配的主渠道。历代王朝为巩固统治而征战,更视交通为关键性因素。今天我们要建设和巩固有中国特色社会主义的新型文化,同样需要发挥交通的作用,更加要重视道路交通等基础设施的建设,积极推进"一带一路",为中国和世界文化交流做出负责任的大国应有的贡献。

3.6.2 从历史的角度考察公路、水路交通对文化交流的影响

在历史上,公路、水路交通的发展在很大程度上反映了文化交流的进程,同时也在推动着文化交流的发展。在远古时期,交通不发达,人们无法突破地域的限制,只能在诞生地很小的范围内活动,因而这个时候人们的交流是非常少的。随着交通的发展,人类活动的范围不断扩大,流动的速度加快,而人是文化的载体,表现出来的文化交流

的广度、深度、速度也就不断提高。唐朝时期,交通网络已较为发达,文化交流的范围已不再局限于秦朝时期的中原地带了,通过丝绸之路已经扩大到了新疆和西亚、东欧各国,新航路的开辟反映了人类的文化交流进入大融合的发展阶段。清朝时期,西方列强也正是依靠发达的航海技术,从海上入侵中国的,"洋务运动"的兴起反映了中外文化交流进入了一个崭新的历史时期。历史上,陆上和海上丝绸之路对促进中西文化交流所起的作用就是最好的见证。

1) 陆上丝绸之路

早在公元前三、四世纪开始,以长安为起点,从东而西,经过甘肃的河西走廊进入新疆,蜿蜒穿过绿洲、大漠,翻越帕米尔高原,西行经波斯,到达君士坦丁堡,然后转达罗马等地,形成一条连接东方的中国和西方的欧洲的交通大动脉,这就是陆上"丝绸之路"。丝绸之路偏南行,可到印度,偏北行再西走,可到里海沿岸。丝绸之路起初只沿着塔克拉玛干大沙漠的南、北边沿而行,所以《汉书·西域传》称它有"南、北二道"。后来,经过中国西汉、东汉政府的艰苦经营和新疆地方政权的积极配合,人们又开辟了从吐鲁番、哈密、吉木萨尔到伊犁河谷,再到巴尔喀什湖沿岸和现今中亚各国的那一条线路,即新北道。所以,著名史书《魏略》又称它"有三道"。到了唐朝,许多新的支线被探查和开辟出来,古道出现了空前繁荣和畅通的局面。那时候,沿着各条线路,驿站遍布,市镇联珠,"葱岭无尘、盐池息浪",东、西方及新疆和内地之间的政治、经济、文化交流空前密切,古道的畅通和繁忙达到了顶峰。公元前138—119年,西汉杰出的外交家张骞就沟通了这条古道。他率使团携黄金和帛,到达楼兰(今若羌一带)、尉犁、龟兹(今库车)、疏勒(今喀什)、于田(今和田)、乌孙(今伊犁河流域)和大宛、康居、大月氏等新疆及中亚阿姆河流域地区。他的副使还到达安息(今伊朗)和天竺(今印度)等国进行访问。这些地区的国家也派使节来中国中原,商旅往返,络绎不绝。中原的丝绸、铁器、黄白金、铜镜、漆竹器、药材和农耕、冶铁技术,传入西域和印欧。西域和外国的苜蓿、葡萄、胡麻、石榴、核桃、黄瓜、胡萝卜、番红花和狮子、孔雀、大象、骆驼、汗血马等也大量流入中国的中原地区。公元73年,中国又派班超率36人出使西域,他的副使甘英到达大秦(古罗马)和波斯湾(阿拉伯湾),保障了丝绸之路的畅通并进一步拓展了丝绸之路。公元67年,印度高僧迦叶摩腾、竺法兰在东汉使节的陪同下,经巴基斯坦、阿富汗到达中国的河南洛阳;公元147年和401年,佛教盛行的安息国王子安世国、龟兹高僧鸠摩罗什,都曾沿着这条丝绸之路到达中原,译著佛经,收取佛门弟子数千人。中国晋代高僧法显、唐代高僧玄奘,也分别于公元366年和公元627年开始,相继沿着丝绸之路到达克什米尔、巴基斯坦、印度、斯里兰卡等30多个国家和地区考察和传教。在以后的十几个世纪里,特别是在12~18世纪,除了丝绸产品和丝织技术外,通过丝绸之路,中国的其他物品和技术如四大发明(纸、印刷术、火药、指南针)、瓷器、漆器、锌的提炼法、白铜的制法,还有中国的水果(桃、杏、橘等)的栽培技术,以及纸币的应用等等,也相继传入欧洲。欧洲的许多物品和技术,如魔术技巧、西乐、西药,以及葡萄酒、钟表、玻璃等制作技术,也传入中国。还有些物品和技术本来源于中国,传到欧洲后得到了改进和创新。当这些产品和技术返回中国时,令中国人感叹不已。例如,16 世纪末,利玛窦从意大利带到中国许多西方书籍,这些书籍反映的造纸和印刷技术之高令当时中国学者称颂不已。明人李日华在《柴桃轩杂报》中曾写道:"其纸如美妇之肌,不知何物也。"可见,丝绸之路是一条具有历史意义的国际通道。通过这条古道,把古老的中国文化、印度文化、波斯文化、阿拉伯文化和古希腊、古罗马文化连接起来,促进了东西方文明的交流。至今遗留在丝绸之路上的石窟寺、千佛洞里的雕塑壁画,融中国、印度、波斯文化于一炉,反映了东西方文化交流的文明成果。

2) 海上丝绸之路

中国的丝绸由海路外传,比陆路持续的时间更长,到达的地区更广,在历史上的影响也更大,其发展过程大约可以分为以下三个阶段:

一是海上"丝绸之路"的形成时期在唐代(公元 618—907 年)以前。从东海(今黄海)起航的船只主要航行朝鲜和日本。据历史记载,公元 238 年倭国女王卑弥呼派使者到中国赠送礼品,魏明帝回赠精美丝织品。这是中国丝绸作为皇帝的礼品而传入日本的最早文献。中国海船从南海航路起航,于公元前 140—87 年,带了大批黄金和丝织品,途经今越南、泰国、马来西亚、缅甸,远航到黄支国(今印度康契普拉姆)去换取上述国家的特产,然后从斯里兰卡返航。这样,早在公元前,中国丝绸就传入上述各国。同样,东南亚、南亚乃至西亚、欧洲各国都派使节到中国通好,献礼品以求赏赐丝绸和进行贸易交换。据《后汉书》记载,公元 131 年叶调国(今爪哇)、公元 159 年和 161 年天竺国(今印度)以及公元 97 年、120 年和 131 年的掸国(今缅甸)都遣使到中国进献礼品,换得丝绸。这是中国丝绸传入今日印度尼西亚、印度和缅甸,并通过缅甸到欧洲大秦(罗马)的另一条途径。这个时期中国丝绸从海路外传虽开始很早,但作为商品交换,只限于统治阶级所需的奢侈品,以官方的"朝贡贸易"为主,其数量、次数和规模都不大,在民间还没有普及。

二是海上"丝绸之路"的发展时期——唐、宋时代(公元 960—1279 年)。唐朝和日本、朝鲜的海上贸易较前代更加频繁,日本有遣唐使,遣使贡方物而唐亦回赐丝绸作为礼品。从宋朝开始,出现了民间贸易。据泉州商人李充的原文记载"自置船一只携带各种丝绸和瓷器到日本贸易",可见当时民间丝绸贸易已很发达。在频繁的民间丝绸贸易的影响下,日本出现了在仿制"唐绫"(中国丝绸)的基础上发展起来的"博多织"的纺织法。朝鲜和中国的贸易也很发达,许多来自新罗的朝鲜人在中国楚州(今淮安)侨居。当时楚州是通往朝鲜、日本的重要海港,这些新罗人经营海上运输,为中日和中朝之间的文化交流和传播丝绸起到了重要的桥梁作用。唐代地理学家贾耽说,中国海船从广州经南海到波斯湾的巴士拉港,全程需时 3 个月。这条航线把中国和三大地区——以室利佛逝(今印苏门答腊)为首的东南亚地区;以印度为首的南亚地区;以大食为首的阿拉伯地区——通过海上丝绸贸易连接在一起。这些地区是中国丝绸贸易的集散地,也是当时世界上政治、经济、宗教和文化的中心。这条传播丝绸到外国的航路,在传播丝绸的同时,对促进各国之间的物质文明和精神文明的相互交流和影响,起到了重要的媒介作用。这个时期中国丝绸作为商品外传已由陆路转向海路,并已经发展到把它作为财政经济上的一项重要收入,民间海商往海外进行丝绸贸易的,也蓬勃发展,丝绸作为商品生产和商业活动已经很发达。

三是海上"丝绸之路"的极盛时期——元、明、清时代(公元 1271—1840 年鸦片战争)。这个时期,中朝两国进行丝绸和马匹的互利贸易。朝鲜以产好马著称,而中国缺马,就于公元 1393 年以 17 000 匹的精美丝绸换取 9 800 匹好马。这时中日贸易也十分活跃,走私丝绸贸易盛行,商人在贸易中获得惊人的利益。据说 1 斤生丝运到日本就可卖到 20 倍的价钱。据统计从 1662—1839 年鸦片战争前夕,载运丝绸的中国商船到日本海港的多达 6 200 余艘。当时白丝贸易盛极一时,在整个贸易额中,占 70%。据元人汪大渊《岛屿志略》说,中国丝绸从泉州输往海外数达 40 多个国家和地区、丝绸品种之多雄辩地说明:这条航线通到哪里,哪里就有丝绸贸易的交换,中国丝绸就传播到哪里。中国伟大的航海家郑和从 1405 年至 1433 年曾先后 7 次率船队远航,经历了30 余国,最远达非洲东岸,标志着海上"丝绸之路"已发展到极盛时期。他每到一地都以中国的丝绸和瓷器换取当地的特产或馈赠当地的国王。1567 年海禁开放后,福建海商到吕宋经商的最多。这是因为西班牙殖民者于 1595 年占领菲律宾以后,中国海商开辟了一条由南海起航,途经马尼拉到美洲的新丝绸之路,被称为"太平洋上的丝绸之路"。这个时期海外贸易空前发展,政府主动地派高级官员,率船队往海外各国访问,并以丝绸、瓷器等为主,进行贸易交换。民间海商往海外贸易的空前活跃,并发展到吕宋乃至拉丁美洲进行丝绸贸易。郑和率船队七下西洋,这时丝绸贸易已经和政治、军事、外交、经济以及和各国的友好往来、文化交流交织在一起,规模之大,范围之大和影响之深都是空前的。

综上所述,海上"丝绸之路"虽以丝绸贸易为开端,但其意义却远远超过丝绸贸易的范围。它把世界各地的文明古国如希腊、罗马、埃及、波斯、印度和中国连接起来,又把世界文化的发源地如埃及、两河流域、印度、美洲印加和中国等连接在一起,形成了一条连接亚、非、欧、美的海上大动脉。使这些古代文明经过海上大动脉的互相交流而大放异彩,给世界各族人民的文化交流带来了巨大的影响。

3.6.3　现代公路、水路交通与文化交流之间的关系

随着现代交通基础设施的不断完善和交通工具日新月异的改进,交通地位也在逐渐扩大,人们进行文化交流的范围更广,文化交流的频率也更快,现代交通促进了人们

在全球范围内进行广泛的文化交流,使得文化朝着综合化、产业化的方向发展。

1) 推动文化交流的全球化

日益发达的公路、水路交通扩大了文化交流的范围。由于公路交通具有灵活、方便、活动范围广、门对门服务、运输工具种类齐全,能满足各种需求的特点,而水路交通又给人们特别的需求提供了一种经济实惠的服务,使得人们可以在全球范围内进行文化交流,促进了文化日益向全球化方向发展。

一是交通的发展促进了语言的全球化。语言是最重要、最普遍的文化现象,语言沟通是文化全球化的前提和基本内容。由于讲英语的国家是资本主义制度和资本主义文化建立较早的国家,也是当代经济最发达的国家,随着这些国家的经济和技术人才在全球范围内流动,英语自然而然成为世界上最受重视和乐意接受的语言。随着中国经济的发展和国力的增强,全球会讲汉语的人数和范围也在不断扩大。

二是交通的发展促进了科技的全球化。科技是文化系统中的精华,也是易为社会所传播和渴求的文化因子。科技全球化是指科技活动和成果以及科技规则、制度在全球范围内渐趋一致的发展过程。交通在科技全球化的贡献主要表现在科技人员开展国际间的科研以及科技人才的流动和为科技交流活动提供交通条件。交通科技本身也是科技全球化的重要领域,先进的交通工具和设备的制造是最容易进行全球传播的科技产品,现代智能交通(ITS)的飞速发展就是最好的证明,它综合了先进的通讯、卫星、视频和数据传输技术,本身就具有相当高的科技含量。

三是交通促进人们生活方式的全球化。全球范围内的"行"本身就是一种全球化的生活方式。全球旅行的个人原因五花八门,有的是因为外交,作为国家的各级领导人和外交官员是全球外交旅行的主要力量;有的是因国际贸易,这部分是商人和相关部门的行政工作人员;有的是文化交流、学术访问和留学;有的是纯粹的出国旅游和探亲访友。先进的交通工具,为出国旅游人员提供快速、舒适、安全的交通服务,也大大丰富了文化交流的形式和内容。

四是交通促进实物和时装的全球化。正是有了快捷方便的交通系统,目前全球化正处于实物和时装大交流的时代。就实物而言,各国的风味食品可以在本土买到,同样本土的烹饪文化正在地球上的其他国家推销。我们可以在本社区内吃法国牛排,购买到大汉堡包和肯德基炸鸡和麦当劳食品,享受日本料理大餐。当我们在本国吃洋餐时,中国的食谱和餐馆也在全球开花。日本人的饮食爱好从茶和料酒扩大到葡萄酒和可口可乐。日本每年利用快速交通工具从加利福尼亚进口葡萄酒 400 吨,可口可乐成为日本第一大饮料。就服装而言,交通把世界各地的时装模特送往全球各地展示最新款时装,把各种国际名牌时装销往世界各地。

五是交通促进家庭日用品和文化产品的全球化进程。先进发达的交通系统使家庭日用品和高档电器在全球范围内得到普及。交通和邮政把各国的音乐带、光碟、录像带、书籍、报刊、杂志等文化产品运送到世界上的各大书店,成为人们的精神大餐。

六是交通促进体育生活的全球化。自从 1869 年英、法两国举行从巴黎到里昂120 千米最早的公路自行车赛以来,现在世界上每年都举行很多的交通体育竞赛,有环法自行车赛、汽车拉力赛、帆船赛、龙舟赛等等,这与基础设施和交通工具的发展是分不开的。

2) 推动文化的综合化发展

交通的发展为文化综合化提供了物质基础和手段。现代人类创造的不断完善的基础设施和日新月异的交通工具,使人们已经可以在几十小时内环绕地球一周,这样就为人们的交往和文化交流提供了极为便捷的物质条件。随着交往的迅速增加,不同民族的人相互不再感到陌生,人们对于形形色色"外族人"的形象、他们的生活风俗、文化习惯、社会制度、精神境界以及他们当下迫切的文化问题和喜怒哀乐,都有了越来越多的了解。民族间的经济交往、文化交往、国际旅游的兴盛,都为各民族众多的人开阔了文化的眼界,科技的一体化、经济的全球化促进了人流、物流的大量增加,文化交流日益频繁、广泛与深入。各国之间相互了解彼此的文化传统与现状,接触彼此的价值观与信仰的机会大大增加。这些先进交通的飞速发展,促进了文化的综合化,而公路、水路交通在促进文化的综合化发展上发挥着重要的基础性作用。

3) 提高了文化交流的速度

现代交通基础设施的发展,特别是高速公路建设的快速发展,拉近了城市之间的距离,提高了文化交流的速度。现代交通工具出现以后,人们凭借轮船、汽车等四通八达的交通网络将各类信息以最快的速度传到更远的地方,并且通过交通工具扩大自身的活动范围,增进了彼此的交往,发展了文化交流。以珠三角地区为例,四通八达的现代化公路网络,吸引着来自内地、珠三角地区、东南亚和世界各地的商务客、公务客、观光客、探亲客,各种文化在这里交汇、碰撞,使这个地区的经济和文化出现了空前的繁荣。这个地区有着相同的语言习惯(都讲粤语),没有语言的障碍,使得这个区域各个城市的人们之间交流非常方便,特别是高速公路建设的快速发展,更加使整个珠三角地区融合在了一起,大大提高了文化交流的速度。比如:以前从广州到邻近的顺德市,因路窄车塞常常要走 3 个多小时,近年来,随着碧桂路、佛陈路等高等级公路的开通,已缩至不到 1 个小时;2004 年底广珠西线开通,仅需 8 分钟;今广州到深圳、珠海等地只需四五十分钟,即使是处于珠三角边缘的惠州、肇庆,也仅需 90 分钟。以前,从广州市区到番禺塞车要花上大半天时间,如今走华南干线,不到半小时就可以到达;过去从黄埔到番禺要经过广州市区,东二环搞好后,可以直接过江到番禺。快速的高等级路网,使广州和珠三角在人流、物流、资金流、信息流的来往愈加密切。据统计,广州市2015 年公路客运量达 1.5 亿人次,公交客运量达 17 亿人次,每天平均有 20 万辆汽车出入广州。快捷的公路交通体系,已深深地影响了人们的工作和生活。如今,到珠三角的专业市场、旅游点、食坊去消费,已成了很多广州人休闲购物的"保留节目"。过去曾令广州人羡慕的发达国家那种上班到城里、下班住郊外的生活方式,时下已非罕见,不少广州人在番禺、南海、顺德等地买房。同样,每逢节假日,珠三角人也从各地蜂拥到省城购物休闲。

4)促进文化的产业化

现代公路、水路交通的发展提高了文化产业化的速度。发达的交通网络使人们可以选择最短的路径出行,特别是智能化的交通运输系统可以最大限度地利用先进的交通设施,大大减小了人们出行的拥挤程度,人们再也不用老是担心出门塞车,提高了运行的速度和安全性;特别是现代物流业的兴起,大大降低了文化产品生产的成本,提高了文化产品传播的广度和速度。更低的成本可以使文化产品有更大的利润空间,可以在一定程度上鼓励文化产品的生产;文化产品传播速度和广度的提高又可以更有效地刺激人们的文化消费,提高文化产业发展的速度。比较典型的例子是图书出版、报刊发行业,借助发达的配送网络,可以在几小时之内把它们送到千家万户。文化和文化产业的发展反过来又会促进公路、水路交通的发展。从前面的论述中我们已经知道,中国潜在的文化消费水平是相当高的,人们进行文化交流时要出行,文化产品要送到消费者手中也需要交通的支持。为适应这个需求,缓解交通压力,解决制约国民经济发展的瓶颈问题,各级政府就会加强交通基础设施的建设,交通行业主管部门也会完善体制、加强管理、整合优化资源、提高服务水平,从而推动公路、水路交通的发展。

3.6.4 结语

"一带一路"建设是以交通建设为主,辅以其他基础设施建设,交通设施的建设是"一带一路"建设的重要任务之一。

交通本身就是一种文化现象,是人类社会关系拓展和深化的结果,作为文化的一部分,其发展程度直接反映文化的整体程度,并起着传播文化、创造文化、稳定文化的作用。公路、水路交通在整个交通运输体系中以其固有的功能特点占有非常重要的地位,与文化、文化交流的发展有着极其密切的关系。

从历史的角度看,公路、水路交通基础设施、交通工具以及交通区位的发展反映了文化交流的进程,同时也推动了文化交流的进程;文化交流使人类的文化水平不断进步,文化交流进程的范围不断扩大、速度不断加快、形式和内容不断丰富,同样离不开公路、水路交通的同步发展。

从现代的角度看,公路、水路交通的发展促进了文化交流的全球化;各种文化交融碰撞在一起形成综合化的发展趋势;在市场经济条件下,公路、水路交通又推动文化的产业化发展。

文化交流与文化的产业化发展又会反过来促进公路、水路交通的发展,以适应人们日益增长的文化消费需求。中国作为世界上最大的发展中国家,为了在激烈的竞争中立于不败之地,自然不能忽视文化建设的作用。我们在继承中华民族优秀传统文化的同时,还应该以积极的态度吸收世界上一切优秀文化成果为己用,建设中国特色社会主义文化,用文化力来推动我们政治和经济的发展,把我们国家建设成为世界强国。

铁路运输在中国国民经济中占有重要的地位,在中国对外贸易中更是起着非同一般的作用。如果仅以进出口货运计算,铁路运输仅次于海运而居全国第二,在中国对外贸易运输中具有举足轻重的作用。其作用具体表现在:

(1) 通过铁路,欧、亚大陆已经连成一片,从而为发展中国与亚洲、欧洲各国之间的经济贸易联系提供了便利的通道和十分有利的条件。早在新中国成立初期,铁路运物就是中国对外贸易的一种主要运输方式。根据 1950 年至 1960 年期间的统计,铁路运输一直占中国进出口货运总盘的 50% 左右。中国与朝鲜、蒙古、苏联、越南等国的进出口货物,绝大部分是通过铁路来运输的。在中国与东欧、西欧、北欧和中东、中亚地区一些国家之间,目前也通过国际铁路联运或西伯利亚大陆桥、新亚欧大陆桥等运输方式来运送进出口货物。

(2) 铁路运输是中国内地与港澳地区进行贸易的重要运输方式。随着内地与港澳地区贸易的不断扩大,经由铁路运输的货物,其运输量正在逐年增加。香港作为国际贸易的自由港,有通往世界各地的海、空定期航线,交通运输非常发达,这一优势有利于内地在香港地区进行转口贸易,开展陆空联运和陆海联运。

(3) 铁路运输在进出口货物的集散和省与省之间外贸物资的调拨方面,同样起着重要的作用。中国海运出口货物向港口集中,进口货物从港口向内地疏运,主要是由铁路承担的。至于国内各地区之间外贸物资、原材料、半成品、包装物料的分拨调运,大部分也依赖于铁路运输。

4 "一带一路"建设的重要性

4.1 "一带一路"建设对文化交流与发展的促进作用

4.1.1 中国政府提出"一带一路"的时代背景

根据联合国统计司 2013 年 12 月的报告,2012 年世界各国 GDP 总量约为 72 万亿美元。世界贸易组织 2013 年 7 月 18 日发布的《2013 年世界贸易报告》称,受全球经济增长缓慢、发达经济体需求不振等不利因素影响,2012 年,全球货物和服务贸易总额 22.5 万亿美元,较 2011 年仅增长 1%。其中,货物贸易额 18.3 万亿美元,与2011 年基本持平;服务贸易额 4.3 万亿美元,增长 2%。扣除价格和汇率因素,2012年全球货物贸易量增长 2%,为 1981 年以来所有正增长年份中增幅最小的。世贸组织称 2012 年全球货物和服务贸易总额增长 1%。表 4.1 是国际货币基金组织发布的2012 年世界各国 GDP 总量前 20 名排名表。

表 4.1　2012 年世界各国 GDP 总量前 20 名排名表

名次	经济体	GDP(百万美元)	名次	经济体	GDP(百万美元)	名次	经济体	GDP(百万美元)
1	美国	15 684.750	8	俄罗斯	2 021.960	15	韩国	1 155.872
2	中国	8 227.037	9	意大利	2 014.019	16	印尼	878.198
3	日本	5 963.969	10	印度	1 824.832	17	土耳其	794.468
4	德国	3 400.579	11	加拿大	1 819.081	18	荷兰	773.116
5	法国	2 608.699	12	澳大利亚	1 541.797	19	沙特	727.307
6	英国	2 440.505	13	西班牙	1 352.057	20	瑞士	632.400
7	巴西	2 395.968	14	墨西哥	1 177.116			

备注:世界,71 707.302(百万美元);欧盟,16 584.007(百万美元)

2012 年世界各国 GDP 总量达到 72 亿美元。全球货物和服务贸易总额达到 22.5万亿美元,其中,货物贸易额 18.3 万亿美元。在初步规划的"一带一路"沿线,总人口约 44 亿,经济总量约 21 万亿美元,分别约占全球的 63% 和 29%。当今世界,国际金融危机影响尚未完全消除,世界经济增长缓慢,各国面临的发展问题依然严峻。建设全球基础设施,促进各国经济发展和文化交流是当今世界经济发展和全球文化建设的第一要务。

　　自 20 世纪 90 年代起,全球文化贸易逐步发展。1992—2009 年 7 年间,全球文化产品贸易总额从 1 755 亿美元增长到 5 273 亿美元,其中核心文化产品贸易增长了近 4 倍。

　　在全球生产、消费、贸易和文化交流急需要新的交通运输方式、需要大量信息交流与文化沟通渠道的情况下,中国国家主席习近平 2013 年 9 月 17 日在访问中亚四国时,首次提出了"一带一路"构想,其目的是为了适应全球经济发展、贸易发展和文化交流的需要,建设与当今世界相适应的交通、信息等基础设施,为全球经济持续发展提供新的动力。

　　中国政府推出的"一带一路"是为了促进全球共同发展、实现共同繁荣的合作共赢之路,是增进全球各国理解信任、加强全球各国全方位交流的和平友谊之路。共建"一带一路",旨在促进经济要素有序自由流动、资源高效配置和市场深度融合,推动沿线各国实现经济政策协调,开展更大范围、更高水平、更深层次的区域合作,共同打造开放、包容、均衡、普惠的区域经济合作架构。

　　随后,中国领导人在多种场所发表有关"一带一路"演讲,大力宣传"一带一路"对全球贸易发展、文化交流和资源配置的重要性。

　　2014 年 6 月 5 日,在中阿合作论坛第六届部长级会议开幕式上,习近平主席指出,"一带一路"是互利共赢之路,将带动各国经济更加紧密结合起来,推动各国基础设施建设和机制创新,创造新的经济和就业增长点,增强各国经济发展动力和抗风险能力。

　　在 2015 年 3 月的博鳌亚洲论坛上,习近平主席宣布"一带一路"建设的愿景与行动文件。习近平主席强调,"一带一路"建设秉持的是共商、共建、共享原则,不是封闭的,而是开放包容的;不是中国一家的独奏,而是沿线国家的合唱。

　　2016 年 1 月,习近平主席在重庆调研时指出,"一带一路"建设为重庆提供了"走出去"的更大平台,推动了长江经济带的发展,为重庆提供了更好融入中部和东部的重要载体,在"一带一路"促进下,重庆发展潜力巨大、前景光明。不仅仅是重庆,全国各省、市、自治区及以下各级政府都应该组织专家研究各自地方建设规划与"一带一路"的对接问题,做好各自的经济建设工作。

　　共建"一带一路"符合国际社会的根本利益,是人类社会共同理想和美好追求,是国际合作以及全球治理新模式的积极探索,将为世界和平发展做出巨大贡献。"一带一路"战略构想符合沿线国家的共同需求,为沿线国家优势互补、开放发展提供了机遇,是国际合作的新平台。

　　"一带一路"致力于欧、亚、非大陆及附近海洋的互联互通,将建立和加强沿线各国互联互通的伙伴关系,构建全方位、多层次、复合型的互联互通网络,实现沿线各国多元、自主、平衡、可持续的发展。"一带一路"的互联互通目标,将推动沿线各国发展战略的对接与耦合,发掘区域内市场的潜力,促进投资和消费,创造需求和就业,增进沿线各国人民的文化交流,让各国人民相逢相知、互信互敬,共享和谐、安宁、富裕的生活。

中国政府授权中新社北京 2015 年 3 月 28 日发表的《推动共建丝绸之路经济带和 21 世纪海上丝绸之路的愿景与行动》中确定了共建"一带一路"的五大原则。

一是恪守联合国宪章的宗旨和原则,遵守和平共处五项原则。即尊重各国主权和领土完整、互不侵犯、互不干涉内政、和平共处、平等互利。

二是坚持开放合作。"一带一路"相关的国家基于但不限于古代丝绸之路的范围,各国和国际、地区组织均可参与,让共建成果惠及更广泛的区域。

三是坚持和谐包容。倡导文明宽容,尊重各国发展道路和模式的选择,加强不同文明之间的对话,求同存异、兼容并蓄、和平共处、共生共荣。

四是坚持市场运作。遵循市场规律和国际通行规则,充分发挥市场在资源配置中的决定性作用和各类企业的主体作用,同时发挥好政府的作用。

五是坚持互利共赢。兼顾各方利益和关切,寻求利益契合点和合作最大公约数,体现各方智慧和创意,各施所长,各尽所能,把各方优势和潜力充分发挥出来。

韩国公使朴银夏认为中国政府提出的"一带一路"构想与韩国政府提出的"欧亚计划(Eurasia Initiative)"一脉相通,"一带一路"构想的推进会对"欧亚计划"产生协同效益,韩中两国在加强欧亚各国间沟通、深化信息共享方面应起到主导作用,期待将来和平共处、繁荣共赢的欧亚新局面的诞生。

阿拉伯国家联盟驻华大使 Ghanim Taha Ahmed Al Shibli 在参加"聚焦丝绸之路经济带——2014 甘肃国际经贸合作研讨会"时表示:"我知道中国人一旦有决心做一件事就一定能做成,30 多年中国发生的巨大变化就证明了这一点。""丝绸之路经济带的提出非常重要,它沟通了东亚、中亚、西亚和欧洲,有着非常广阔的市场。""希望丝绸之路经济带的建设能加强阿拉伯国家和中国的联系。"

阿塞拜疆驻华大使 Gandlov Latif 称,虽然丝绸之路有好几条走向,但是通过阿塞拜疆的这一条是沟通东西方最便捷的一条,希望中国的企业能参与阿塞拜疆的基础设施建设。

巴林王国驻华大使 Anwar Yusuf Abdulla Alabdulla 表示,希望能与中国企业在食品加工、畜牧和禽类产品供应、中小企业、基础设施建设等一系列领域加强合作,"希望本次研讨会能成为燎原的星星之火。"

"古丝绸之路所代表的和平合作、开放包容、互学互建的精神仍然有着强大生命力。"商务部欧亚司综合处处长吕涛说,丝绸之路经济带战略构想的提出不仅是要打造中国经济的升级版,也是打造中国对外开放的升级版,打造利益共同体,不断深化同世界各国特别是和中西亚、中东欧等周边国家的合作,实现地区各国的共同发展与繁荣。

目前,"一带一路"得到了沿线多数国家的理解和支持。

4.1.2　"一带一路"战略下的文化发展

"一带一路"是世界上跨度最长的经济走廊,发端于中国,贯通中亚、东南亚、东北亚、南亚、西亚乃至欧洲部分区域,东联亚太经济圈,西系欧洲经济圈,覆盖约 44 亿人口。"一带一路"是世界上最具发展潜力的经济带,沿线大多是新兴经济体和发展中国家,普遍处于上升期,无论是从发展经济、改善民生,还是从应对金融危机、加快转型升级的角度看,沿线各国的前途命运,从未像今天这样紧密相连、休戚与共。

实施"一带一路"战略构想,让文化先行,进一步深化与沿线各国的文化交流合作。无论是古代陆上丝绸之路,还是古代海上丝绸之路的形成,都源自于不同民族的人们对文化交流交融的向往与参与,文化交流与合作有助于促进不同文明的共同发展,商贸活动也需要依托于文化艺术交流才能长久发展。古丝绸之路既是一条通商互信之路、经济合作之路,也是一条文化交流之路、文明对话之路。古代中国许多物质文化和发明创造通过丝绸之路传到西方后,对促进西方近现代科学的发展起到了积极作用;近代西方天文学、数学和医学等科学技术,也是通过海上丝绸之路传到中国的。海陆丝绸之路所展现的开放、包容的文化交流精神,为我们树立了光辉典范。"一带一路"战略构想涉及几十个国家数十亿人口,这些国家在历史上创造出了不同形态、风格各异的文明形态,是人类文明宝库的重要组成部分。我们要充分发掘沿线国家深厚的文化底蕴,继承和弘扬"丝绸之路"具有的广泛精神动力,积极发挥文化交流与合作的作用,使沿线各国都可以吸收外来文化,促进不同文明的共同发展。

建设"一带一路"首先应建立互信,突出"一带一路"和平、包容、共赢的发展理念,加强相互信任尊重,平等互利共赢。

第一,加强政府间文化交流与合作。中国与"一带一路"沿线国家有着稳定和牢固的官方文化交流平台,与上合组织、东盟、阿拉伯国家联盟等多个组织成员国及中东欧地区建立了人文合作委员会、文化联委会机制,这是我们今后可以进一步借重的重要基础。未来,要加强顶层设计和战略部署,制定政府文化交流的中长期战略规划,落实好与"一带一路"沿线国家政府间的文化合作协定和年度执行计划,视情况在相关计划中纳入共建"一带一路"的内容,为中国与沿线国家开展文化交流与合作提供保障。同时,要注意发挥上合组织、东盟"10＋1"、中阿合作论坛等现有机制的作用,丰富现有机制框架下的人文合作内容。

第二,积极发挥市场主体作用,推动文化企业"走出去",使文化企业以更加积极的姿态去参与、互动。一是做好"走出去"的准备。必须事先对掌握国际商务的各种通行惯例和规则,对目标国家或者地区的政局状况、法律规章、风俗人情等充分熟悉,同时,为提高属地化水平,尽可能多地了解当地的社会风气、人际关系、环境意识等特点特色,这方面的了解越透彻,越有利于在当地长期扎根发展。二是在产业层次、科技含量、供应链管理、品牌打造等方面要加大投入,提升品牌。企业必须适应当前在国际价值链中位置上升的势头,顺势而为地提高各方面的能力与层次,并最终形成综合性的良性互动。总之,对于众多有意向并有实力"走出去"的文化企业来说,独善其身是远远不够的,关键是企业怎样收到这种信号并积极落实到市场活动中去。中国文化部正针对"一带一路"制定促进文化"走出去"政策,前期调研已展开,将促进沿线国家文化产品、文化遗产等领域合作。这是促进"一带一路"沿线国家文化产品、文化遗产合作的政策,意在带动沿线国家文化贸易合作。其针对"一带一路"文化贸易合作涉及的优势产业和特色项目,综合考虑沿线国家设计文化产品,并通过联合调研、资源共享等方式带动贸易合作。

按照商务部等部门制定的《文化产品和服务出口指导目录》,鼓励文化产品和出口服务的行业包括电影、电视、演艺及相关服务、商业艺术展览等。国务院 2014 年曾发布政策表示,力争到 2020 年,培育一批具有国际竞争力的外向型文化企业。2015 年 3 月,国家发改委等部门发布的《推动共建丝绸之路经济带和 21 世纪海上丝绸之路的愿景与行动》中提出,支持沿线国家地方、民间挖掘"一带一路"历史文化遗产,联合举办专项投资、贸易、文化交流活动。

4.1.3 "一带一路"建设对文化交流的促进作用

1)"一带一路"文化圈

在世界区域经济合作发展的高潮中,在"东西双向开放"的思路下,实施"文化强国"战略,标志着中国与周边国家和更远的国家建立了一种新型的关系。中国自清朝末期,就开始被动的接收外来文化,特别是辛亥革命以来被动性地融入世界经济、文化秩序。而现在中国开始主动布局,将自身发展与塑造一个新的世界秩序结合到一起。

"一带一路"的枢纽地带是中巴经济走廊。围绕中巴经济走廊画一个圆,在这个圆里是西方崛起之前的古代世界,也是古代中华影响世界的地方,同时也是世界影响中华的地方。如果把伊犁或克拉玛依算作中巴经济走廊的北部起点,围绕从克拉玛依、伊犁,经喀什,到瓜达尔港的中巴经济走廊所贯穿的地球上最高的五大山脉(天山、帕米尔、兴都库什、昆仑和喜马拉雅)和这个地区发源的大河(阿姆河、印度河)画一个圆,我们将会发现这是多个国家民族血脉相通的文化圈。多个国家与中国语言相通的文化圈,多个国家与中国共享信仰的文化圈。多个国家与中国有共同文化遗产的文化圈,多个国家与中国山水相连的文化圈。多个国家与中国有山口、走廊、道路、口岸相通的文化圈,多个国家在经济上与中国高度互补的文化圈,直到近代也是很多国家与中国有朝贡关系的文化的圈。今天,这里的很多地方还是一个未开发、原生态、世外桃源型的文化圈,如巴基斯坦北部山区。

建设"一带一路"文化圈,等于重塑中国地缘政治与地缘文化圈。丝绸之路不仅是商业通道,而且是人类社会交往的平台,多民族、多种族、多宗教、多文化在此交汇融合。丝绸之路不仅是一条"经济带",也是一条"文化带",新丝绸之路中大国博弈的赢家,不仅应是"一带一路"的经济领导者,也必须是"一带一路"的文化领导者。

今天建设"一带一路",就是要实现世界文化的互融,促进世界和平发展,促进经济与文化沿着"一带一路"形成文化圈。

2) 文化共同体与价值共同体

"一带一路"文化圈是多样、共存、包容、共赢的,跟哥伦布发现新大陆的那种文化清洗和种族屠杀文化完全不一样。2500多年来,贯通亚欧大陆的丝绸之路文化是基于沙漠、绿洲、草原、游牧、高原为生活基础的特色文化,丝绸之路上的那些古老的民族、优久的文化、不同的宗教,多种的信仰,今天依然还在,甚至在同一寺庙中,存在多种宗教的融合,在同一藏经楼中,保存了不同宗教的经典著作,如至今伊朗还有2万多拜火教信徒,伊朗议会里还保持着拜火教信徒的席位。丝绸之路文化崇尚自然、天人合一,热爱生活。比如北方草原图瓦人和蒙古人的呼麦、突厥人的沙漠绿洲歌舞。丝绸之路文化自古以来是多国共同维护、扶植的文化,从伊斯坦布尔、大马士革、伊斯法罕、希瓦、布哈拉、撒马尔罕、安集延、奥什、喀什、和田、敦煌,到西安,是一条长达几千千米的商道文化和商旅客栈文化。今天的中国,有人信仰基督教,有人信仰天主教,也有人信仰佛教、道教,不同的信仰者在同一国度里友好的生活着。

丝绸之路的文化价值可以用汉字"和"、"仁"二字概括,"和"是个人世界观、家庭观、社会观、国家观和天下观中最美好的一面,如和美、和睦、和谐、温和、祥和、和气等;"仁"是人与人之间、邻里间、民族间、宗教间、国家间最为高尚的价值观,如仁义、仁爱、仁政、一视同仁、宽仁大度、大仁大义等。"和"和"仁"不仅很好地表达了习近平主席有关新型国际关系的合作共赢的义利观,更可以创新性地翻译成简单易懂、朗朗上口的英文句子,便于对外传播。"和"根据其文字结构和字面意义,可以翻译成"Eat and let eat."(自己吃,也让别人吃);"仁"根据其文字结构和字面意义,可以翻译成"Live and let live I."(自己活,也让别人活)。"和"和"仁"深刻表达了周恩来总理提倡的和平共处五项原则和习近平主席提出的"命运共同体"。各国之间应合作共存、相互关爱、合作共赢,共同发展,共享发展成果,让"一带一路"成为沿途发展中国家共同富裕、共同繁荣的康庄大道。

3) "一带一路"文化战略

中国的建设目标是建设新型大国,建设和谐社会,中国外交政策的目标是建立新型国际关系,建立以"和","仁"为宗旨的国际关系,这也应该是"一带一路"文化圈的目标、立场、议程和框架。丝绸之路文化有其千年不变的共同文化,如商旅客栈文化、巴扎文化,但更要看到丝绸之路上的文化是多样化的。"一带一路"上的文化传播应该细致入微,一国一策,一对一交流、面对面交流、项目对项目交流,不可笼统地把"一带一路"上的文化分为中亚文化、西亚文化、南亚文化、中东文化等等。

从古丝绸之路地理分布看,沿线各个国家都有自身的文明传统。"一带一路"经过的中东和中亚国家也不是单一民族或单一教派的伊斯兰国家,而是多民族、多教派的国家。由于"一带一路"在地理上夹在多种文明体系中,因此"一带一路"的文化圈是一个独特的跨多种文化的文明体系。"一带一路"的文化圈需要一个更具有包容性和普遍性的意识形态支撑,即政治和文化上的多极化,尊重历史和传统。"一带一路"文明只有回归、复兴古丝绸之路多样化的文化,才能平等相待、相互尊重、和平共处,才能保证"一带一路"的安全畅通。"在今天的世界上,很多的冲突和矛盾就来源于压抑认同的内在多样性,或者以某种认同的单一性撕裂由多样性构成的社会,从而破坏了社会的共同性基础。"中国需要通过"一带一路"文化圈的建设,形成一个与"一带一路"基础设施规划和贸易大道规划相适应的"'一带一路'文化共同体"。在这个文化圈内,最大限度地激发不同文化、不同国家、不同民族和部落的认同感、凝聚力、自尊心和创造力,整合丝绸之路文化圈内的无限资源,让"一带一路"的建设成果惠及丝绸之路文化圈的全体人民。

"一带一路"文化圈中文化交融共生,是"各美其美,美美与共"上的共生、共存,既保持文化差异,又在一个文化多样性的文化圈里和谐相处。

在"一带一路"文化圈建设中,要用一种平等和包容的态度跟沿线国家进行近似或共性文化圈的探索,挖掘和讲述中国与文化圈内国家在文化、宗教上的密切交往和相互学习的故事,让中华文化与沿线国家近似的、共生的或共性的文化创造性地进行大融通,共同营造"一带一路"文化圈。例如,文化上寻找合作可行的契合点,提出和实施文化上的共同和共通项目。配合"一带一路"上的经济走廊,设立内容丰富多样的丝绸之路文化走廊,其中包括丝绸文化走廊、陶瓷文化走廊、巴扎文化走廊、商旅客栈文化走廊、伊斯兰建筑文化走廊、地毯文化走廊、天山文化走廊、帕米尔文化走廊、喀喇昆仑文化走廊、历史名城文化走廊、草原文化走廊、中国高僧西天经行处文化走廊等。

无论是做文化强国项目,还是做"一带一路"的文化项目,都要学习站在当地人的立场来了解他们所看到的世界。我们需要学习古人法显、玄奘的精神,怀着谦卑的心态,去尊重、了解、传播各地文明,而不是盲目的自信自大。"一带一路"文化强国的基础是民众间的面对面交流,要从小的项目和小事做起。"一带一路"上的很多国家的人民对中国提出的"一带一路"过去是一无所知。目前,中国通过媒体报道、广告、论坛、茶道、风水、气功、武术、养生、绘画、音乐会、美食节、时装节、体育比赛、现代艺术展、画展、摄影展、电影节、文物展,"一带一路"旅行写作大赛等不同的方式,其了解了丝绸之路上的故事,展现了"一带一路"的未来。

4.1.4　"一带一路"与文化传承、创新

"一带一路"上的文化建设,是建设"一带一路"的基础,文化建设先行,可让"一带一路"沿线的人民认识"一带一路",理解"一带一路",支持"一带一路"。共建丝绸之路经济带和 21 世纪海上丝绸之路,体现了中国"睦邻、安邻、惠邻"的诚意和"与邻为善、以邻为伴"的友善,是承贯古今、连接中外、造福沿途各国人民的伟大事业,因此得到国际社会的广泛关注和积极支持。在建设"一带一路"的进程中,我们应当坚持文化先行,树立文化引领经济的理念,推动传统文化的传承与现代文化的创新,通过进一步深化与沿线国家的文化交流与合作,促进区域合作,实现共同发展。

丝绸之路,古已有之,体现了人类跨越阻隔,进行文化交流的胆识和毅力,在古代东西方文明交流交往历史中写下辉煌的历史诗篇。2 100 多年前,雄才大略的汉武帝派遣使臣相继开辟了陆上丝绸之路和海上丝绸之路,将中国与亚、欧、非三大洲的众多国家联系起来,丝绸、瓷器、香料络绎于途。正是在丝绸之路的引领推动下,世界开始了解中国,中国开始影响世界。丝绸之路在推动东西方思想交流、文化交融,全球经济一体化、人类文明多样化方面发挥了十分重要的作用,为古代东西方之间经济、文化交流作出了重要贡献。2 100 多年后的今天,雄才大略的习近平主席又一次提出了"一带一路",得到了世界多数国家的支持和响应。世界和中国又站在一个崭新的战略关口。顺应求和平、谋发展、促合作的共同追求,"一带一路"新倡议也被赋予了新的丰富内涵和深远意义,传统文化的传承与现代文化的创新迎来难得的发展机遇,充分发挥"一带一路"连接不同文明的纽带作用,就能把地区间的经济、社会、文化交流提高到新的水平。"一带一路"是不同文明连接的纽带,只有将不同国家或地区间的经济、社会、文化交流提高到新的水平,才能维持世界和平,才能提高沿线人民的文化素质。只有消除贫困,才能彻底消除恐怖主义。

当今天的人们沿着古代丝绸之路旅游时,在现在的中国境内可以看到西安、乌鲁木齐、敦煌、喀什、吐鲁番、兰州、天水、张掖、哈密、嘉峪关、库尔勒、武威、宝鸡、酒泉、阿克苏等文化古城,就会明白文化的交流是贸易的基础,文化通则万事通。

图 4.1 是彬县大佛寺,它是世界文化遗产,第三批全国重点文物保护单位。大佛寺石窟位于陕西省彬县城西 10 千米的西兰公路边的清凉山脚下,为唐贞观二年(公元 628 年)所建。原名庆寿寺,全寺共有 107 个大小石窟,257 个佛龛,大小造像 1 498 尊,是中原文化鼎盛时期唐代都城长安附近的重要佛教石窟寺。其唐代泥塑大佛为长安及周边地区规模最大的一座,体现了石刻大佛艺术自西域的东传以及在关中地区的流行。

图 4.2 是世界文化遗产敦煌石窟。敦煌石窟被誉为 20 世纪最有价值的文化发现,坐落在河西走廊西端的敦煌,以精美的壁画和塑像闻名于世。它始建于十六国的

前秦时期,历经十六国、北朝、隋、唐、五代、西夏、元等历代的兴建,形成了巨大的规模,现有洞窟735个,壁画4.5万平方米,泥质彩塑2 415尊,是世界上现存规模最大、内容最丰富的佛教艺术圣地。近代发现的藏经洞,内有5万多件古代文物,由此衍生出专门研究藏经洞典籍和敦煌艺术的学科——敦煌学。1961年,被公布为第一批全国重点文物保护单位之一。1987年,被列为世界文化遗产。

图4.1   世界文化遗产彬县大佛寺

图4.2   世界文化遗产敦煌石窟

文化的影响力超越时空,跨越国界。国际文化交流是国际民心工程,是全球发展的未来工程。古丝绸之路是一条文化交流与商品贸易之路。我们今天考古发现,古丝绸之路的文化遗产超越了当时的贸易,给我们留下的文化遗产比贸易方面要多得多,如敦煌、龙门石窟等等。"一带一路"是沿线国家不同文化深入交融的融合剂。不同文明之间的交流互鉴,是当今世界文化发展繁荣的主要渠道,也是世界文明日益多元、相互包容的时代标志。国与国之交在于民相亲,民相亲在于心相通。文化传承与创新是各国经济贸易合作的"软"支撑。"一带一路"沿线各国的历史文化、宗教不同,只有通过文化交流与合作,才能让各国人民产生共同语言、增强相互信任、加深彼此感情。据文化部资料,这些年来,中国与沿线沿途国家的文化交流形式越来越新、内容越来越多、规模越来越大、影响越来越广。比如,中国与沿线大部分国家都签署了政府间文化交流合作协定及执行计划,民间交流频繁,合作内容丰富,与不少沿线国家都互办过文化年、艺术节、电影周和旅游推介活动等,近几年在不同国家还多次举办了以"丝绸之路"为主题的文化交流与合作项目。这些是基础,也是我们走向未来的开始。我们要立足现有基础,打造新模式,探索新机制,深入开展与沿线国家的文化艺术、科学教育、体育旅游、地方合作等友好交往,密切中国人民同沿线各国人民的友好感情,夯实中国同这些国家合作的民意基础和社会基础;要充分发掘沿线国家深厚的文化底蕴,继承和弘扬"一带一路"这一具有广泛亲和力和历史感召力的文化符号,积极发挥文化交流与合作的作用,共同促进不同文明的共同发展。

文化搭台,经济也要唱戏。我们要与沿线沿途各国齐心协力,让"一带一路"成为政策沟通、道路联通、贸易畅通、货币流通、民心相通之路。一要使"一带一路"成为走向和平的通途。古老丝绸之路的核心精神"和平、友好、开放、包容"已经成为人类文明的共同财富。今天的丝绸之路沿线各国,是拉动世界经济增长的引擎,是世界多极化和全球化的中坚力量,通过"一带一路"文化交流加强各国友好往来,增进相互了解,是实现持久和平的重要基础。二要使"一带一路"成为走向发展的通途。沿途沿线大多是新兴经济体和发展中国家,普遍处于经济发展上升期,在文化交流的基础上深挖各国之间合作潜力,推进区域基础设施、基础产业和基础市场的形成,推进贸易投资自由化和便利化,必将从根本上缩小经济发展差距,确立符合世界经济发展多样性的合作新范式。三要使"一带一路"成为走向共赢的通途。中国正处于经济结构调整、产业升级的重要时期,丝绸之路沿线各国大多也处在经济建设的关键节点上。创新合作模式、发展本国经济、优化产业布局、实现互补共赢符合各方利益。共建"丝绸之路经济带"的宏大战略构想涵盖了经贸、投资、人文和战略互信等各个方面,将把区域合作提升至新的高度。在经济全球化、社会信息化大潮下,各国相互依存、相互影响达到前所未有的程度,只有"通",才能在取长补短、求同存异中共同进步,才能同舟共济、同担责任、共享权利,建立更加平等均衡的新型发展伙伴关系。

4.1.5 "一带一路"建设与文化产业的发展

发展经济、促进贸易、方便文化交流是"一带一路"建设的目的,实现世界各民族文化交流,发展文化产业是文化交流的基础,文化产业在经济建设和贸易发展中有重要的作用。

1) 遗产保护和挖掘一定要先行

丝绸之路申遗成功就是文化先行的一大表现。2015年6月,中国与吉尔吉斯斯坦、哈萨克斯坦联合申请的"丝绸之路:长安—天山廊道路网"入选《世界遗产名录》。全国政协委员、故宫博物院院长单霁翔建议,沿线地方各级政府应建立"一带一路"沿线文化遗产保护管理长效机制,切实做好"一带一路"建设中的文化遗产保护管理工作。

此次申遗成功为沿线地区带来的发展动力将不可估量。它必将推动国内各省区市乃至三国之间在文物保护工作方面的交流、协作,促进这一地区文化遗产管理与保护水平的提升;必将在这一地区兴起文化遗产保护热潮,不仅可以拉近民众与文化遗产之间的距离,更能密切丝绸之路沿线民众间的情感,为古丝绸之路注入新的活力;此外,沿线众多省区市政府乃至企业可借"新丝绸之路"之风,将申遗的成果融入到当地的经济建设之中。可以说,申遗的成功使得丝绸之路沿线各国重新关注这条古代商贸之路,并有望将新的丝绸之路经济带打造成为新的国际性的纽带。

海上丝绸之路的申遗工作也受到了前所未有的关注。记者了解到,相比陆上丝绸之路,海上丝绸之路的概念提出较晚,相关的资料梳理、理论研究等基础工作还有一定差距。近年来,海上丝绸之路相关的文物考察工作不断推进。

2) 文化交流打下民意基础

"一带一路"文化建设已经成为中国对外文化工作的新抓手。在 2015 年文化部驻外文化处(组)及文化中心负责人工作研讨会上,文化部外联局局长谢金英指出,2014年,文化部协调指导新疆、宁夏、甘肃等有关省区市开展了多渠道、多层次、多形式的交流与合作,举办了一系列以"一带一路"为主题的综合性文化交流活动,协调指导西北五省区文化厅成立了"丝绸之路经济带西北五省区文化发展战略联盟",在陕西西安举办了首届"丝绸之路国际艺术节",在福建泉州举办了"海上丝绸之路国际艺术节"。

在由中国文化部、阿拉伯国家联盟秘书处主办的中阿文化部长论坛上,代表们一致认为,文化交流与合作将在中阿"一带一路"建设中起到不可替代的桥梁和引领作用。论坛通过的《北京宣言》可以说是"一带一路"文化交流与合作的一个缩影。中国与阿拉伯国家均属丝绸之路沿线重要国家,中国与阿拉伯国家是建设"一带一路"的天然合作伙伴,中阿共建"一带一路"拥有坚实的民意基础。

2016 年两会期间,全国政协委员、中国文化遗产研究院研究员张廷皓建议应互办文物展览、举办高规格的学术研讨会、开展文化节庆活动,让沿线国家和人民与我们共享当代中国的发展成果,了解中国和平发展的意愿。

3) 文化贸易

"文化具有先天优势,在国际交流、国际贸易中发挥着独特的作用。"亚非拉地区,尤其是"一带一路"沿线国家,在基础建设、资源能源开发等领域,对中国的资金、人员、技术及管理支持有着非常巨大的需求。目前丝绸之路基金主要面向基础设施等方面的建设,以此促进中国与"一带一路"沿线国家更多元的互联互通;但这并不意味着文化、教育等领域要等待渠道铺设好再加入其中,反而应以更加开放的胸怀和更积极的实践主动融入这一战略进程中,无论官方还是民间都应深度参与。

国际旅游是国际文化交流的重要组成部分,目前,旅游业走到了国家布局的前沿。2015 年是"美丽中国——丝绸之路旅游年"。全国政协委员、国家旅游局原局长邵琪伟说,"一带一路"会对旅游业产生极大的影响,推动旅游业总体水平提高,加大和世界相关国家的交流交往。不少沿线省区市文化旅游也搭上了"一带一路"快车,为文化旅游产业发展开拓了新契机。2014 中国西安丝绸之路国际旅游博览会、首届国际丝绸之路旅游发展会议等大型展会显示出了巨大的吸引力。在刚刚结束的柏林国际旅游交易会上,作为唯一开展现场推介会的中国省份,福建凭借海上丝绸之路旅游资源而赢得了极大关注,一共接待来自欧美地区的 200 余家旅游批发代理商。

4) 文化艺术创作如火如荼

考古和大量的事实证明,古代丝绸之路呈现了古代东方与中亚、西亚、南亚、东欧、中欧、西欧和北欧的文化交流成果。作者研究认为"古代丝绸之路"称谓"古代文化交流之路"更为确切。

　　与丝绸之路有关的艺术创作自古以来硕果累累。"一带一路"更为当代艺术家提供了巨大的创作空间和无穷的灵感。

　　中国国家画院发起了"丝绸之路美术创作工程",考察写生团分为海上丝绸之路、陆路丝绸之路、草原丝绸之路三路。为了使创作更具学术性和现实针对性,该院还制定了《"丝绸之路"美术创作选题》,确定了300多个选题作为艺术家创作的选题参考。首届中国新疆国际艺术双年展上的众多艺术作品显示出丝绸之路艺术创作的如火如荼。

　　羊年央视春节晚会上,那英演唱的《丝绸之路》可谓音乐作品中的代表。实际上,以丝绸之路为主题的音乐作品为数不少。目前,中央民族乐团已推出了大型音乐会《丝绸之路》,以琵琶、胡琴、热瓦普、唢呐、扬琴、冬不拉追寻古老而悠久的古丝绸之路音乐足迹。新疆维吾尔自治区、陕西、甘肃均在酝酿推出与丝绸之路有关的音乐、歌舞作品。2015年2月,新疆木卡姆艺术团推出的《丝绸之路乐魂》已经上演。

　　影视纪录片成为展示共建"一带一路"的重要手段。目前,纪录片《丝绸之路经济带》《海上丝绸之路》已经开拍,大型人文纪录片《崛起新丝绸之路》也在筹备当中。作为国内首档丝绸之路专业节目,中央电视台大型人文纪实栏目《新丝绸之路》在央视发现之旅频道首播。该栏目涵盖文化、艺术、航空、高铁、健康、科技等众多门类,将集中展示"一带一路"建设过程中各领域的创新实践。

4.2　"一带一路"对贸易的促进作用

4.2.1　"一带一路"下构筑全球经贸新格局

　　"一带一路"重在基础建设,重在互联互通,而且是对全球开放的系统。欧亚之间的这条通路一旦打通,至少在陆上运输的成本会大幅度降低,那么无疑将使区域之间的贸易有一个非常大的发展空间。

　　"一带一路"正在由战略构想步入全面实施阶段。从未来发展大趋势看,应加快构建自贸区网路,促进双/多边 FTA 或 BIT 协定谈判,落实推动双/多边直接投资政策,并在此基础上建立自由、公平、公正的全球开放性多边贸易和投资体系建设,最终建成"一带一路"和"自贸区"重构的全球经济新格局使"一带一路"成为全球经济大循环的动脉。

　　第一,"一带一路"将形成全球第三大贸易轴心。"一带一路"地区覆盖总人口约46亿(占世界人口的60%多),GDP总量达20万亿美元(大约占全球的1/3)。区域国家经济增长对跨境贸易的依赖程度较高,2000年各国平均外贸依存度为32.6%,2010年提高到33.9%,2012年达到34.5%,远高于同期24.3%的全球平均水平,这说明"一带一路"沿线国家对交通等基础设施更加需要,更加依赖。根据世界银行公布的数据,在 1990—2013 年期间,全球贸易、跨境直接投资年均增长速度为 7.8% 和 9.7%,而"一带一路"65 个相关国家同期的年均增长速度分别达到 13.1% 和 16.5%,几乎是世界平均增长值的 2 倍。尤其是国际金融危机后的 2010—2013 年期间,"一带一路"沿线国家对外贸易、外资净流入年均增长速度分别达到 13.9% 和 6.2%,比全球平均水平高出 4.6 个百分点和 3.4 个百分点。预计未来 10 年,"一带一路"沿线国家出口规模占比有望提升到 1/3 左右,成为中国的主要贸易和投资伙伴。

第二,"一带一路"将构筑新的雁阵模式。雁阵模式的核心是产业转移。从 20 世纪 60 年代到 80 年代,从日本到"亚洲四小龙"再到东盟其他国家,东亚国家和地区通过产业的依次梯度转移,大力发展外向型经济,实现了整个地区的经济腾飞,形成"雁阵模式",其中日本以其先进的工业结构占据了雁阵分工体系的顶层,新兴工业化经济体处于第二梯队,中国及东盟诸国为第三梯队。三个梯队分别以技术密集予高附加值产业、资本技术密集产业、劳动密集型产业为特征。随着中国产业结构升级以及日本经济持续衰退,以日本为首的亚洲产业分工和产业转移模式逐渐被打破,中国将逐步从第三梯队向第二和第一梯队转移。根据劳动力成本和各国自然资源禀赋的相对比较优势,未来 5 年,中国劳动力密集型行业和资本密集型行业有望依次转移到"一带一路"沿线国家,带动沿线国家产业升级和工业化水平提升,构筑成以中国为"一带一路"沿线国家雁首的新雁阵模式,要充分挖掘"一带一路"区域国家经济互补性,建立和健全供应链、产业链和价值链,促进泛亚和亚欧经济一体化。

然而,加强"一带一路"区域贸易投资合作还须克服诸多难题。首先,区域整体发展水平和市场规模较低。根据沿线 57 个主要国家的统计计算结果显示,2013 年人均 GDP 水平低于 1 万美元(世界平均水平是 10 500 美元)的国家有 35 个。这些国家的人口总数达到 39.5 亿人,占全球的 55.33%,但 GDP 仅占全球的 20%;人均 GDP 为 3 862 美元,仅相当于这一区域平均水平的 76.5% 和全球平均水平的 35.7%。

其次,高水平经济一体化建设明显滞后。虽然丝绸之路地区人口众多,距离较近,具有深化彼此之间经济关系的有利条件,但由于经济发展水平差异巨大、地缘政治复杂等原因,缺乏以本地区成员为主,具有广泛代表性的多边自贸和有效合作机制,制约了区域内合作的深度和广度。

第三,区域内贸易占比相对较低。与欧盟、NAFTA 等在区域一体化方面取得实质性进展的地区相比,"一带一路"相关国家面向区域内国家的出口和进口在全部对外贸易中的比重比较低。由于过度依赖于外部市场,受到区域外经济波动冲击的风险较大,同时有可能加剧区域内经济体之间的恶性竞争,压低区域整体的贸易收益水平。

第四,贸易往来存在较多壁垒和障碍。当前,"一带一路"区域国家经贸合作还处于初级阶段。如新欧亚大铁路途经多个国家,轨距不同,换轨操作费时耗力;各国口岸合作机制尚未形成,通行便利化程度不够,物流成本偏高;一些国家的港口设施落后,增加了相互商品和服务流通的困难程度。因此,立足于当前现状,"一带一路"的内涵归纳起来主要是"五通三同";"五通"就是政策沟通、设施联通、贸易畅通、资金融通、民心相通,这"五通"是统一体,缺一不可;"三同"就是利益共同体、命运共同体和责任共同体,三者也是一个整体,不可分割。促进开放型经济新体制的建立,包括基础设施互联互通、能源资源合作、园区和产业投资合作、贸易及成套设备出口等领域,将依托沿线基础设施的互通互联,对沿线贸易和生产要素进行优化配置,"以周边为基础加快实施自由贸易区战略"和"面向全球的高标准自贸区网络"是未来大势所趋。

　　"一带一路"的实质是借用古代丝绸之路的历史符号,以和平发展、合作共赢为时代主题,积极主动地发展与沿线国家的经济合作伙伴关系。在这一思路的推动下,中国与沿线各国在交通基础设施、贸易与投资、能源合作、区域一体化、人民币国际化等领域迎来共创共享的新时代。在中国经济升级的基础上,中国有一部分产能和技术会转移到这些沿线国家,这些国家的经济动力会为中国经济升级产生新的产业结构和新的市场。由此会彻底改变全球经济格局,或者会形成亚洲、非洲、欧洲三个大陆板块联盟起来的全球最大的经济共同体。

4.2.2　沿线各国对"一带一路"的支持

　　作为目前中国唯一的"全天候战略伙伴关系"国家——巴基斯坦,也是第一个参与"一带一路"项目的国家。在论坛上,巴基斯坦驻沪总领事法哈特·艾莎夫人特别介绍了中巴经济走廊项目。中巴经济走廊从新疆的喀什出发,经过红其拉甫口岸,贯穿整个巴基斯坦,到达阿拉伯海沿岸的瓜达尔港,全长约2 700千米,是一条包括公路、铁路、油气和光缆通道在内的贸易走廊。中国政府将中巴经济走廊定位为中国同周边互联互通的旗舰项目,是"一带一路"倡议的重要内容。项目计划2030年竣工,预计总工程费将达到450亿美元。其中,丝绸之路基金首次投资16.5亿美元。瓜达尔港口现在正在有条不紊地建设中。在瓜达尔周边,机场、医院等相应的设施建设也带动起来,预计几年以后,瓜达尔港可以发展得非常完备。

　　"一带一路"有利于促进沿线国家经济繁荣与区域经济的合作。因此,从另一层面上面,能不能得到周边国家的支持将会是一个非常关键的因素。2015年6月1日,中韩自由贸易协定正式签订,韩国有更多的机会跟中国一起把"一带一路"的战略构想发展下去。最近3年间,韩国对中国东部地区的投资有停滞、减少的趋向,但是对中西部地区的投资不断增加。韩国的三星电子、现代汽车、乐天百货等大型企业正在中国中西部地区进行大规模的投资,这也是这些企业看好"一带一路"战略的结果。

　　为了支持"一带一路"建设筹集资金,专门成立了亚洲投资银行,目前,共有57个国家政府参加了亚洲投资银行,2016年1月16日至18日,"亚投行"成立仪式暨理事会和董事会成立大会在北京举行。

4.2.3 "一带一路"促进中国企业"走出去"进入新阶段

在"一带一路"和人民币国际化的背后,涌动的是中国企业的跨国经营,是中国企业的国际化。中国企业在"走出去"拓展规模的时候,应该更加强调市场发展配置资源,从而提升我们企业和国家的竞争力。相比 2003 年开始中国企业主动"走出去"的"单打独斗",目前中国企业"走出去"战略进入到一个新阶段,可以看作是国家战略和企业战略的一种接轨,而且有非常好的结合点。因为"一带一路"本身是一个长期的规划战略,是要分步实施的。目前第一步主要是一些基础设施建设。毫无疑问,在里面牵头的肯定是大企业,而且很多是央企。然后很多的配套商、供应商紧跟其后,这里面包含了很多中小企业。另外,还可以复制中国的成功经验,在国外搞开发区。这些开发区建立起来以后,自然也会吸引中国的中小企业投入其中。在"一带一路"大的战略当中,中小企业确实有很多机会,关键的一点是要进行创新。

中国企业"走出去"除了可带动产品的出口、技术的出口外,还可以带动劳务输出以及对外的投资。这样把金融机构以及各种各样的投资机构联系起来,形成合力,共同投资"一带一路"当中的一些项目。中国企业走出国门是中国战略发展的方向,随着中国进入老年化社会和国内工资的增长,企业走出国门既是企业自身发展的需要,也是国家长期发展的需要。

4.2.4 "一带一路"对全球贸易的促进作用

在古代,丝绸之路和海上丝绸之路的主要作用是实现贸易和文化交流畅通,现在扩大到了"五通"。古代丝绸之路和现代"一带一路"都是为促进世界贸易发展和全球建设,而贸易畅通始终是最主要的,占据基础地位,具有天然优势。

贸易是中国同周边国家联系的基础。2014 年中国进出口实际增长 6.1%,出口实际增长 8.7%,高于预期目标。预计全年中国出口占全球份额达 12.2%左右,继续保持全球第一货物贸易大国地位。

贸易畅通和其他"四通"相互影响、相互作用。"一带一路"是一面旗帜,"五通"是相互影响,全方面合作设计的基础。"五通"中贸易是基础。配合贸易发展,周边国家的政策、道路、货币、民心需要沟通、畅通。而道路是基础设施,政策是外交沟通,货币是人民币国际化,民心是文化交流。通过建立贸易效益机制,实现贸易便利化,带动周边国家发展。

4.2.5 中国在全球贸易合作中的新优势

中国与中亚、东南亚沿线国家的合作领域主要集中在电力电气、建筑材料、交通运输、商贸旅游等方面。中亚、东南亚国家比较突出的需求是基础设施,如道路、铁路,桥梁建设等,而中国恰恰在这些方面具有很大优势。

除了原有的优势,还需要培养新的优势,主要是产品结构全面升级,找出海外需求较大,中国又有竞争力的行业,如高速铁路、高速公路、通信电子、大型工程设备、汽车等。这些领域中国产能强,能满足市场需求。除了优化产品结构,还要走向中高端,研究竞争的新方式方法,从售后服务、竞争品牌附加值和技术方面寻求发展。企业要先在国内走好,再"走出去"或进行海外并购。现在是电子商务时代,网站宣传要做好,以便走向网上订单,形成高效的大数据平台。"一带一路"战略需要加强电子商务的发展,实现贸易的便捷和加强文化的沟通。

4.2.6 "一带一路"探寻全球贸易新支点

"一带一路"是现阶段中国最重要的战略,中国第一次从被动的全球化参与者成为了主动的国家合作模式的创造者。

"一带一路"战略初期的合作对象应主要以中国周边的亚洲发展中国家为主。初期的潜在国家可能主要包括:① 西北线:中亚五国;② 东北线:俄罗斯和蒙古;③ 西南线:巴基斯坦、印度、孟加拉国;④ 南线:东南亚国家。⑤ 美洲线:经俄罗斯西伯利亚,穿越白令海峡,经美、加直达北美。

贸易是核心,基建为先导。"一带一路"合作重点在"五通",贸易畅通是核心,是最重要的。预计未来各国双边贸易额的扩大将是"一带一路"战略中最直接的成果。要扩大贸易就要先搞基建做到互联互通,要搞基建就要先解决钱从哪儿融资的问题,这是"一带一路"战略的推进方式。基础设施互联互通是"一带一路"建设的优先领域,未来基础设施建设的重点将集中在交通基础设施、能源基础设施、通信干线网络建设等三个方面。"一带一路"战略的国际大通道可以分为海路和陆路两部分。海路部分不受地理位置的影响。陆路部分与"一带一路"国家连接的通道主要集中在三个省份:① 新疆向西连通中亚。已建成通车的中国西部出境铁路只有一条,是通过阿拉山口与哈萨克斯坦相连的乌鲁木齐至阿拉山口铁路。② 云南向南连通中南半岛。昆明是规划中的泛亚铁路中三条线路的起始点。③ 内蒙古向北连通蒙古和俄罗斯。内蒙古通过二连浩特、满洲里两个出境口岸连通中蒙俄经济走廊。未来"一带一路"战略国内的贸易支点最有可能集中在海路的四大自贸区(上海、天津、广东、福建)和陆路的新疆(乌鲁木齐、喀什)、云南(昆明)。投资方向上,可以沿着基建(交通设施、油气、通信)、贸易(港口、航运、物流)和区域(新疆、云南、福建)三条主线寻找"一带一路"的投资机会。

随着外贸增长压力持续增大,"一带一路"已经成为新的助推器。商务部发布的《中国对外贸易形势报告(2015 年春季)》显示,2014 年,中国与沿线国家的货物贸易额达到 1.12 万亿美元,占中国货物贸易总额的 26%。初步预计,未来 10 年这一数字有望翻一番,突破 2.5 万亿美元。报告显示,2015 年一季度,全球贸易总体下滑,中国出口虽保持增长势头,但受出口价格大幅下降,部分重要产品出口数量减少的影响,出口降幅较大。2015 年,世界经济将延续温和复苏态势,不稳定不确定因素较多,国际竞争更加激烈。中国外贸特别是出口贸易虽具备增长的基础条件,但形势的严峻性、复杂性并没有根本改变,发达经济体利用科技、人才优势抢占新兴技术前沿,促进"再工业化",开拓国际市场,已取得明显成效。

汇率因素也成为干扰中国外贸增长的原因。一些国家把汇率作为提振出口、刺激经济的重要工具,力推本币贬值,导致人民币被动大幅升值,严重影响了中国出口产品在国际市场的竞争力。2014 年人民币实际有效汇率升值 6.4%,2015 年一季度又升值 4.2%。

在这一背景下,对外投资合作对贸易的带动作用增强,成为中国外贸新的增长点,中国对外投资合作进入了快速发展期。以"一带一路"沿线为例,2014 年,中国企业在沿线国家非金融类对外直接投资达到 125 亿美元,占全国的 12.2%,承包工程完成营业额达到 644 亿美元,占全国的 45.2%。国际产能合作启动实施,将有力地带动大型成套设备及零部件、工程物资等出口。

4.2.7 "一带一路"对全球的贸易贡献

1)"一带一路"沿线国家的经济、贸易发展现状

海关总署 2015 年 1 月 13 日发布的数据显示,2014 年,中国进出口总值 26.43 万亿元人民币,同比增长 2.3%,未达预期目标。其中,出口 14.39 万亿元,增长 4.9%;进口 12.04 万亿元,下降 0.6%;贸易顺差 2.35 万亿元,扩大 45.9%。按美元计价,2014 年,中国进出口总值完成 43 030.38 亿美元,同比增长 3.4%;其中,出口总值 23 427.48 亿美元,同比增长 6.1%;进口总值 19 602.90 亿美元,同比增长 0.4%;贸易顺差创历史新高,达到 3 824.58 亿美元。

海关总署表示,2014 年以来,中国进出口增速处于稳中向好态势。一季度进出口值为 5.9 万亿元,下降 3.8%;二季度 6.5 万亿元,增长 1.7%;三季度 7 万亿元,增长 7.1%;四季度 7 万亿元,增长 4%。其中,出口方面,一季度下降 6.1%,二、三季度分别增长 3.4%、12.7%,四季度增长 8.7%;进口方面,一季度下降 1.3%,二季度基本持平,三季度增长 0.8%,四季度下降 1.6%。

12 月当月,货物进出口总值 4 054.15 亿美元,单月进出口总值首次突破 4 000 亿美元,再创历史新高,同比增长 4.0%。其中,单月出口总值 2 275.14 亿美元,首次月度出口额突破 2 200 亿美元,创历史最高纪录,同比增长 9.7%;单月进口总值 1 779.01 亿美元,同比下降 2.4%;单月贸易顺差 496.13 亿美元。

经季节调整后,12 月进出口总值同比增长 0.6%,其中出口增长 6.6%,进口下降

6.2%;12月进出口总值环比增长0.8%,其中出口增长1.2%,进口增长0.2%。

从贸易方式看,2014年,全国一般贸易总额23 131.95亿美元,同比增长5.3%,占比53.8%;其中,一般贸易出口12 036.82亿美元,增长10.7%,占比51.4%;一般贸易进口11 095.13亿美元,增长0.0%,占比56.6%。同期,加工贸易进出口同比增长2.8%,占32.7%。

2014年,中国机电产品出口8.05万亿元,增长2.6%,占出口总值的比重为56%。同期,纺织品、服装、箱包、鞋类、玩具、家具、塑料制品等7大类劳动密集型产品出口2.98万亿元,增长4%,占20.7%。

2014年,中国消费品进口9 362.7亿元,增长14.9%,明显快于同期中国进口的总体增速,占同期中国进口总值的7.8%。同期,主要大宗商品进口量保持增长,其中进口铁矿石9.3亿吨,增长13.8%;进口原油3.1亿吨,增长9.5%;进口大豆7 139.9万吨,增长12.7%;进口钢材1 443.2万吨,增长2.5%;进口铜482.5万吨,增长7.4%。此外,进口煤炭2.9亿吨,下降10.9%;进口成品油2 999.7万吨,下降24.2%。同期,中国大宗商品进口价格普遍下跌,其中铁矿石进口平均价格下跌23.4%,原油下跌6.1%,煤下跌15.2%,成品油下跌4.6%,大豆下跌6.8%,铜下跌6.1%。

外贸增长来之不易,尽管当前中国出口竞争优势依然存在,但比较成本优势正在发生变化,包括劳动力、融资等经营成本持续上升,资源环境的约束加大,中国传统的产业竞争优势在削弱。

2014年世界经济复苏的步伐缓慢,国际市场需求不振,国内经济下行压力较大。但在这种情况下,中国的对外贸易进出口仍然比2013年增长2.3%(按美元计价增长3.4%)。

目前,中国对外贸易正处于增速换挡期、结构转型期,已从高速增长阶段进入到中高速增长区间。2015年中国外贸增速放缓,除受上年部分月份基数偏高因素影响外,主要是由以下几个方面原因造成的:

世界经济复苏缓慢,无法支撑中国外贸高速增长。2014年全球经济并未迅速回暖,发达经济体明显分化。根据海关总署对近3 000家外贸出口企业的网络问卷调查,2015年下半年有4个月新增出口订单指数下滑,特别是第四季度,连续3个月下滑。

中国外贸进出口的低成本比较优势不断削弱,发达国家对中国制造业投资下降抑制了进出口。当前,尽管中国出口竞争优势依然存在,但比较成本优势正在发生变化,劳动力、融资成本持续上升,资源环境约束加大,中国传统产业竞争优势正在削弱,出口企业成本加大,劳动力不足,部分出口优势产品在国际市场上的份额出现下滑。与此同时,一些发达国家对中国制造业投资降温,这对中国外贸出口特别是加工贸易出口带来一些负面影响。

国际市场大宗商品价格的快速下滑,导致进口值下降。据测算,2015 年因全球大宗商品价格下跌,直接拉低中国进口值增速 3.3 个百分点。但根据欧盟、美国、日本发布的统计数据表明,去年前 10 个月,美国进出口增长 3.3%,日本下降 1.4%,前 9 个月欧盟进出口增长仅 1.1%,由此来看,中国外贸表现在全球主要经济体中还是比较好的。

调整结构、提高质量进展明显。尽管 2015 年外贸增速低于预期,但分析外贸数据可以发现,2014 年中国对外贸易亮点仍然不少,外贸发展在提质量、提效益、优结构方面取得积极进展。

对新兴市场双边贸易比重上升,市场多元化取得积极的进展。2014 年中国在与欧美等传统市场双边贸易保持较好增长态势的基础上,对东盟、非洲、俄罗斯、印度等新兴市场双边贸易增速明显高于总值的增速。2015 年,中国与上述四者的外贸进出口值合计占中国外贸总值的比重为 20.2%,较 2013 年提升了 0.8 个百分点。

一般贸易比重提升,贸易方式更趋合理。2014 年中国一般贸易进出口总值占同期中国外贸进出口总值的比重为 53.8%,较 2013 年提升了 1 个百分点,同期加工贸易所占的比重为 32.7%,与上年基本持平。

民营企业比重在提升,外贸内生动力进一步增强。2014 年中国民营企业进出口值占同期中国进出口总值的比重为 34.5%,提升 1.2 个百分点。外贸自主发展能力继续增强。而同期外商投资企业占比是 46.1%,与 2013 年基本持平。国有企业的进出口值占 17.4%,下滑了 0.6 个百分点。

进出口商品结构不断优化升级。出口方面,2014 年中国的机电产品、传统劳动密集型产品出口稳定增长,说明中国传统优势产品在国际市场上仍保持较高竞争力;进口方面,消费品进口增速明显快于同期中国进口的总体增速,同时国内经济发展所需要的能矿资源,如铁矿石、原油、大豆、铜等主要大宗商品的进口量也都保持增长,说明国内内需市场旺盛。

中国产品在国际市场上的份额继续提升。随着中国外贸转方式、调结构的深入进行,2014 年中国产品在国际市场上的份额进一步提升,吸纳全球商品的比重也在上升。世界贸易组织公布的数据显示,2013 年,中国出口值占全球贸易出口市场份额的11.7%,较 2012 年提升了 0.6 个百分点。2014 年前三个季度,中国出口产品在欧盟、美国和日本的市场份额分别为 17.5%、19.4% 和 21.8%,分别上升 1.1、0.4 和 0.4 个百分点。进口方面,2013 年中国进口值占全球进口的比重为 10.3%,较 2012 年提升0.5 个百分点。2014 年前三个季度,欧盟、美国和日本对我市场出口的依赖程度分别为 9.5%、7.2% 和 18.3%,分别上升 1.2、0.1 和 0.6 个百分点。

目前,中国的对外贸易正处于增速的换挡期和结构的转型期,并已经从高速增长阶段进入到中高速增长的区间。随着中国经济发展进入新常态,中国的对外贸易也进入了以稳增长、调结构、提质量为特征的新常态。

从全球来看,中国在全球贸易中所处的地位稳步提高,国际市场份额不降反增。进口方面,中国吸纳全球商品的比重在上升,主要贸易伙伴对中国市场的依赖程度也在不断加深,中国的对外贸易进口为拉动全球经济的复苏发挥了重要的作用。中国的主要贸易伙伴当中,美国经济已经显示出相对稳固的复苏态势,发展中国家和新兴市场国家经济也将平稳增长,增速将略高于发达经济体。在市场多元化战略的引导下,这些对于稳定中国的外贸出口都将起到积极的作用。从国内方面来看,中国的经济发展仍处在大有可为的战略机遇期,经济发展总体向好的基本面没有改变,将继续保持稳定的增长。在外贸领域,国家出台的支持外贸稳定增长的系列措施,其政策效应还将继续显现,通关改革的红利也将不断释放,这些对推动中国对外贸易的增长都将发挥重要的作用,并且作用还会逐步地加强。随着中国经济发展进入新常态,中国对外贸易发展的质量和效益也会进一步提高。另外,"一带一路"虽然只是一个初步的战略构想,但提出一年来就显示出不菲成果,是中国贸易市场多元化的结果,未来"一带一路"将释放无穷潜力。作为中国长远的战略构想,"一带一路"进入实施阶段后,有望发挥更大的拉动作用,是中国外贸未来增长的重要发力点。

2)"一带一路"对全球经济发展的贡献

中国国家主席习近平在 2014 年 11 月 4 日主持召开中央财经领导小组第八次会议时,阐述了"一带一路"倡议的战略意义及其与中国全面参与国际经济合作和提升全球经济治理能力的关系。他指出:"丝绸之路经济带和 21 世纪海上丝绸之路倡议顺应了时代要求和各国加快发展的愿望,提供了一个包容性巨大的发展平台,具有深厚历史渊源和人文基础,能够把快速发展的中国经济同沿线国家的利益结合起来。要集中力量办好这件大事,秉持亲、诚、惠、容的周边外交理念,近睦远交,使沿线国家对我们更认同、更亲近、更支持。"习近平主席的这一讲话,具有非常重要的战略价值和指导意义,有助于我们认真思考和理清十八大以来在构建开放型经济新格局下"一带一路"倡议与全球经济治理新构想之间的关系。

"一带一路"倡议是中国主动参与国际经济合作的重大战略。改革开放以来,尤其是 2001 年加入 WTO 以来,在全球贸易自由化进程中,中国外向型经济发展取得了巨大成功。但是,2008 年全球金融危机爆发后,中国经济发展的内外部环境发生了明显的变化。

从外部环境来看,金融危机后发达国家经济正处于复苏与调整之中,市场需求疲弱,贸易保护主义上升,既无法继续大规模进口来自新兴国家的商品,也不愿再继续承受来自新兴国家的大规模贸易赤字。同时发达国家开始塑造排他性的、更高标准的全球贸易与投资的新规则,自由开放的全球多边贸易体系正面临被解体的困境,新兴国家和广大发展中国家的比较优势将因此受到极大削弱,其全球市场与投资来源也都会被大幅压缩。

从国内环境来看,中国需要一种新的战略来推动新一轮的经济发展。一方面,过去三十余年,中国的开放战略主要集中在"引进来",但现在中国的劳动力工资随经济的发展不断上涨,劳动密集型产业逐渐向周边低成本国家转移,传统的开放战略受到巨大挑战。另一方面,中国的对外投资增长迅速,近十年来对外直接投资流量年均增速达到41.6%,占全球对外直接投资流量的比重迅速上升。例如,2012年中国对外直接投资流量达到772亿美元,成为继美国、日本之后的全球第三大对外直接投资国,对外投资存量已达5 319亿美元,从2013年开始,中国已经成为对外投资的净投资国。正如十八大报告所指,要加快完善互利共赢、多元平衡、安全高效的开放型经济体系。

习近平主席提出:"一带一路"倡议是中国主动参与国际经济合作的重大战略构想,标志着中国逐步迈入了主动引领全球经济合作和推动全球经济治理变革的新时期。进入21世纪,中国与世界的关系发生了根本性的变化,中国已经成为全球第二经济大国、第一货物贸易大国及第一出口大国、第三投资大国、最大外汇储备拥有国等。中国的经济实力与影响力显著,国内市场容量巨大,资金实力雄厚,在新一轮对外开放过程中,既可以凭借广阔的国内市场吸收新兴国家的商品,也可以为新兴国家提供重要资金来源,逐步有能力满足其外部市场与资金需求。中国作为世界经济的重要引擎之一,为世界经济复苏作出了重要贡献。据国际货币基金组织统计,2014年中国经济对世界经济增长的贡献率为27.8%,是该年度对世界经济增长贡献最大的国家。因此,中国在主动参与全球经济事务的过程中,可以更加主动地提出"中国建议"、"中国方案",使之成为"世界方案"的一部分。

"一带一路"相关议程着眼于为全球经济治理输出公共产品。在全球化进程中,主动参与全球经济治理,包括平台角色、治理议题设置和公共产品提供能力。其中,公共产品提供能力建设是全球经济治理机制的核心内容。首先,从理论上讲,公共产品提供存在"搭便车"的现象,每个国家都试图搭别国的"便车",而不希望其他国家搭自己的便车,这便构成了全球治理中公共产品提供的不足问题。其次,从现有的全球或区域治理平台运行来看,大多数开发性金融机构对发展中国家的议程关注明显不足,严重制约了发展中国家的整体崛起及其对基础设施建设资金的巨大需求。2013年4月7日,中国国家主席习近平在博鳌亚洲论坛2013年年会上发表主旨演讲,首次提出:"中国将加快同周边国家的互联互通建设,积极探讨搭建地区性融资平台,促进区域内经济融合,提高地区竞争力。"同年10月习近平主席出席APEC第21次领导人非正式会议,在雅加达同印度尼西亚总统苏西洛举行会谈表示,为促进本地区互联互通建设和经济一体化进程,中方倡议筹建亚洲基础设施投资银行,愿向包括东盟国家在内的本地区发展中国家基础设施建设提供资金支持。2014年11月8日在北京举行的加强互联互通伙伴关系对话会议上,国家主席习近平主持会议并发表题为《联通引领发展伙伴聚焦合作》的重要讲话,同时宣布中国将出资 400 亿美元成立丝绸之路基金。

"一带一路"倡议把"互联互通"和融资平台的搭建作为重要议程,发起建立亚洲基础设施投资银行和设立丝绸之路基金,顺应了国际区域经济合作发展的潮流,通过为全球治理输出公共产品体现了中国作为负责任大国的作用与地位。建立亚洲基础设施投资银行和设立丝绸之路基金主要有四点意义:一是促进中国与周边国家的互联互通;二是为"一带一路"沿线国家和地区提供资金支持;三是拉动中国经济增长;四是加快中国资本账户开放和人民币国际化进程。对"一带一路"沿线发展中国家的基础设施进行大量投资,不仅能够消除增长瓶颈,促进所在国的经济增长,还会拉动其他国家包括发达国家的出口,给发达国家创造结构改革的空间,是一个双赢的战略。

"一带一路"倡议是对全球经济治理理论的重大贡献。在 2008 年全球金融危机爆发后,面对中国应"担负更多责任"的外在压力和国内经济主体的利益诉求,中国以何种理念、何种战略定位和战略路径参与全球经济治理,在改革和完善全球经济治理体系中担当何种角色和如何发挥作用,既是国际社会的重要关切,也构成了当代中国内政外交政策中的重大理论和实践问题。习近平主席提出"一带一路"战略构想并要求高举和平、发展、合作、共赢的旗帜,秉持亲、诚、惠、容的外交理念,以政策沟通、设施联通、贸易畅通、资金融通、民心相通为主要内容,积极推进"一带一路"建设,与沿线各国共同打造政治互信、经济融合、文化包容的利益共同体、责任共同体和命运共同体,造福沿线国家人民,促进人类文明进步事业。"一带一路"倡议对全球经济治理理论的重大贡献集中体现在以下四个方面:

第一,从全球经济治理的价值来看,"一带一路"倡议顺应了广大发展中国家改革全球经济治理机制的诉求。近年来,面对金融危机后全球经济增长乏力和经济结构失衡,美欧虽然同意加快全球经济治理改革,但不想自动放弃对全球经济治理的控制权和领导权。"一带一路"以亚洲国家为重点方向,通过互联互通为亚洲邻国提供更多公共产品,致力发展亚洲价值、亚洲投资、亚洲市场,联手培育新的经济增长点和竞争优势,很好地体现了发展中国家的利益。"一带一路"以开放多元的特征推进区域合作的进程,并有可能最终成为推动全球贸易投资自由化的一个新途径。

第二,从全球经济治理的规制来看,"一带一路"倡议是对现有全球经济治理规则的补充与完善。"一带一路"相关议题表明,中国是在不改变现有国际规则的情况下,通过发挥自身优势,搞增量改革,并且充分利用现有的国际规则,推动建立亚洲基础设施投资银行和设立丝绸之路基金等,形成与现有多边开发银行相互补充的投融资开发平台,在现行国际经济金融秩序下,共同促进全球,尤其是亚洲区域经济的持续稳定发展。这就很好地避免了历史上常常出现的新兴大国崛起与现存霸权国家和世界体系发生正面对抗和冲突的问题。

第三,从全球经济治理的主体来看,"一带一路"不是一个实体和机制,而是合作发展的理念和倡议。"一带一路"倡议依靠中国与有关国家既有的双、多边机制,借助既有的、行之有效的区域合作平台,借用古代"丝绸之路"的历史符号,高举和平发展的旗帜,主动地发展与沿线国家的经济合作伙伴关系,共同打造政治互信、经济融合、文化包容的利益共同体、命运共同体和责任共同体。

第四,从全球经济治理的效果来看,"一带一路"鼓励向西开放,带动西部开发以及中亚国家、蒙古等内陆国家的开发,向国际社会推行全球化的包容性发展理念。"一带一路"是中国主动向西推广中国优质产能和比较优势产业的战略,将使沿途、沿岸国家首先获益,也将改变历史上中亚等丝绸之路沿途地带只是作为东西方贸易、文化交流的过道而成为发展"洼地"的面貌。这就超越了欧美式全球化所造成的贫富差距、地区发展不平衡的困境,从而有助于推动建立持久和平、共同繁荣的世界。

4.3 高速铁路在"一带一路"的重要性

4.3.1 "一带一路"及中国铁路基础设施建设构想

2013 年 9 月,习近平主席在出访中亚四国时提出了构建"丝绸之路经济带"的倡议;同年 10 月,习近平主席在访问印度尼西亚时提出了共同建设 21 世纪"海上丝绸之路"的建议。"一带一路"战略构想高瞻远瞩、影响深远,对密切中国同中亚、南亚周边国家以及欧亚国家之间的经济贸易关系,深化区域交流合作,统筹国内国际发展,维护周边环境,拓展西部大开发和对外开放空间都具有重大意义。

"一带一路"战略具体包括以下几条线路:

中蒙俄经济带。主要是环渤海、东北地区与俄罗斯、蒙古等国家的交通与能源通道,并向东连接日本和韩国,向西通过俄罗斯连接欧洲。

新亚欧陆桥经济带。通过原来的亚欧大陆桥向西经新疆连接哈萨克及其中亚、西亚、中东欧等国家。

中国—南亚—西亚经济带。通过云南、广西连接巴基斯坦、印度、缅甸、泰国、老挝、柬埔寨、马来西亚、越南、新加坡等国家;

中国—中亚—西亚—中东—欧洲—经济带。通过亚欧陆桥的南线分支连接巴基斯坦、阿富汗、伊朗、土耳其,到达东欧、西欧和北欧等国家。

中国—西伯利亚—白令海峡—美洲经济带。从中国东北出发经西伯利亚、白令海峡到达美洲。

环太平洋国家经济带。分别由环渤海、长三角、海峡西岸、珠三角、北部湾等地区的港口、滨海地带和岛屿共同连接太平洋、印度洋等沿岸国家或地区,并与美国的 TTP 国家对接。

从"一带一路"战略构想中可以看出,"一带"即"丝绸之路经济带"的核心任务是发展经济,逐步提升国际经济。建设丝绸之路经济带关键是互联互通,如果将"一带一路"比喻为亚洲和全球经济、贸易、文化交流腾飞的两只翅膀(陆上"一带一路"和海上"一带一路"),那么互联互通就是两只翅膀的血脉经络。对此,习近平主席表示,要以交通基础设施为突破,实现亚洲互联互通的早期收获,优先部署中国同邻国的铁路、公路项目。目前,上海合作组织正在协商交通便利化协定,尽快签署并落实这一文件将打通中国太平洋沿岸连云港到波罗的海的运输大通道。在此基础上,中国将与沿途各方积极探讨完善跨境交通基础设施,逐步形成连接东南亚、西亚、南亚的交通运输网络,为各国经济发展和人员往来提供便利。中国高铁近年来的建设发展有目共睹,充分利用中国的高铁优势,建构连接丝绸之路经济带的交通运输网络,将有利于促进国家丝绸之路经济带战略构想的早日实现。

2014年,习近平主席在APEC峰会加强互联互通伙伴关系对话会上提出,中国将出资400亿美元成立丝绸之路基金以强化基础建设,其中以建设铁路为首要,这势必将对铁路的发展带来巨大的影响,推动铁路基建产业链。2014年8月,习近平主席出访蒙古国时,就曾幽默地表示"欢迎大家搭乘中国发展的列车,搭快车也好,搭便车也好,中国都欢迎,正所谓'独行快,众行远'"。2014年11月,中国国家发改委先后批复了16条铁路的基建项目,超过1万千米,横贯亚欧大陆桥,从而推进了欧亚大陆铁路建设高峰。这"一搭一建"将有力推动中国铁路"大放异彩"。届时,中国向北可与俄罗斯、向东可与韩国和日本、向西可与西欧、向南可与北非的交通线及管道连接。中国高铁在推进丝绸之路经济带的作用将得到充分体现。

4.3.2　中国高铁"走出去"战略与"一带一路"建设的基础

中国铁路一直以来都有关于建设洲际高铁的全球设想。洲际高速铁路是中国高铁"走出去"战略的一步大棋,也是中国作为负责任的大国,为促进全球经济、贸易、文化交流的战略计划,意在通过铁路这一陆上交通连接世界各个大陆,并通过海上交通线在亚太地区与TTP连接。目前已经分别从新疆和东北出发,建设两条洲际高铁连通欧洲;从昆明出发,建设一条高铁贯通东南亚诸国直达新加坡,这是中国高铁"走出去"的三大战略方向。而在更远的未来,中方有意与俄加美合作,建设一条横跨白令海峡,长达上万千米的高铁,连接亚美两个大洲。

中美经济贸易相互依赖度很高,中国与南美经济贸易相互依赖度也很高,中国希望高铁从中国出发,早日经北美到达南美,并强烈希望通过高铁在亚太地区与美国主导的TTP连接,为全球经济、贸易发展、文化交流打下良好的基础。

欧亚高铁。线路:从伦敦出发,经巴黎、柏林、华沙、基辅,过莫斯科后分成两支,一支入哈萨克斯坦,另一支遥指远东的哈巴罗夫斯克,之后进入中国境内的满洲里。进程:国内段已经开工,境外线路仍在谈判。

中亚高铁。线路:起点是乌鲁木齐,经由哈萨克斯坦、乌兹别克斯坦、土库曼斯坦、伊朗、土耳其等国家,最终到达德国。进程:国内段正在推进,境外线路部分在建。跟欧亚高铁的状况相似,中亚高铁目前也未完全谈妥。

泛亚高铁。线路:纵贯东南亚的泛亚高铁将从昆明出发,依次经由越南、柬埔寨、泰国、马来西亚,抵达新加坡。进程:2014年6月开工,从云南西部钻山建一条长约30千米的隧道通往缅甸,再从缅甸向东,伸出一条支线去往泰国,另一条主线则经由老挝、越南、马来西亚通往新加坡。这条高铁线将成为中国通往东南亚诸国的一条便捷通道。

在"一带一路"经济带中要互联互通的东亚、欧洲、俄罗斯、中东这四大板块在亚欧经济一体化进程中是相互依存的作用。依托亚欧高铁和中亚高铁建设丝绸之路经济带,东亚到欧洲成为经济大走廊,有利于增进沿线国家之间的相互交流与合作,促进文化的交融。

中国与东南亚国家的交流源远流长。历史上,中国人开辟了海上丝绸之路。自秦汉以来的两千多年,海上丝绸之路始终是东西方商贸流通、人员往来、文化交融的重要海上通道,对中国和沿线各国的经济、社会发展产生了深远影响。如今,中国与东盟之间已经存在中国—东盟博览会(CAEXPO)、中国—东盟自贸区(CAFTA)等多个合作平台。泛亚高铁的建设将成为与海上丝绸之路并行的一条与东南亚国家沟通的交流渠道。中国高铁"走出去"战略与"一带一路"建设理念不谋而合,洲际高铁作为连接中外的桥梁,将为"一带一路"的实现提供新的保障。

4.3.3 中国高铁"走出去",有利于促进"一带一路"建设

实现互联互通,道路联通是保障,而铁路将是重中之重。铁路在打通渠道,实现资源、人才、市场互动交流上有足够的先例可循,其强势带动各行业、各地区协调发展的前景也被世人公认,所以铁路势必为实现"互联互通"的美好蓝图搭建最稳固的桥梁,并让这一天加速到来。下面以中国高铁促进东盟内外的陆路互联互通为例进行说明。

首先,高铁是东盟铁路升级换代和区域互联互通的最佳选项。东盟整体经济在近十年中取得了令人瞩目的成就,不仅整体发展速度一直名列世界前茅,同时在东盟经济共同体的目标要求下,区内双边、多边贸易逐年递增,人员交流频繁。但由于历史和经济欠发达等原因,东南亚国家的铁路通车里程有限且技术设备老旧落后,其中陆地面积近200万平方千米、人口2.5亿的印尼,铁路通车里程不到1万千米,平均每人铁路0.04米。因此陆路交通的缺失仍然是阻碍东盟互联互通和区域经济整体发展的瓶颈,而中国高铁可在陆地上架构铁路交通网的优势能够极大促进东盟内外的陆路互联互通。例如,如果泰国曼谷和清迈之间建成高铁,那么678千米路程所需时间将会从目前的11个小时缩短到3个小时,经济效益显而易见。另外,东盟10国中有7个国

家陆路相连,北面连中国,西可由孟加拉进入印度,南面跨狭窄海峡可到印尼巴厘岛,铁路在东盟陆路交通中的发展潜力巨大。泛亚铁路从 20 世纪 60 年代开始酝酿,至今已有半个世纪,一旦建成通车,新加坡游客到中国昆明只需要 10 多个小时。一条铁路就是一条经济发展走廊,而快速通畅的高铁也将为东南亚国家和中国西南部地区带来共同的发展机遇和巨大的经济效益,同时也能促进中国西南部和东盟国家贫困地区脱贫工作的开展。

其次,中国高铁巨大的运输能力,将把中国—东盟战略伙伴关系以及中国—东盟自贸区带进一个崭新的新时代。中国—东盟自贸区是世界上最大的发展中国家自由贸易区。自 2003 年确定建立战略伙伴关系以来,中国与东盟的合作步入快车道,双方经贸合作成效显著,双边贸易快速发展,双向投资和旅游迅速增加,在农业、能源、基础设施、制造和加工业等领域的合作不断加强。2013 年,中国与东盟的贸易额达到 4 436 亿美元;2014 年 1～6 月,中国与东盟贸易额达到 2 206.9 亿美元,同比增长 4.8%;截至 2014 年 6 月底,中国与东盟双向累计投资总规模近 1200 亿美元;中国企业累计在东盟国家签订承包工程合同金额超过 1 800 亿美元,已经完成营业额超过 1 250 亿美元。

目前,中国是东盟的第一大贸易伙伴,东盟是中国第三大贸易伙伴、第四大出口市场和第二大进口来源地。2013 年 9 月,李克强总理在第十届中国—东盟博览会开幕式上提出打造升级版的中国东盟自贸区,具体指标包括:双边贸易额 2020 年力争达到 1 万亿美元,今后 8 年新增双向投资 1 500 亿美元,2016 年前往东盟各国的中国游客预计达到 1 400 万人次。前往东盟各国的中国游客达到 1 400 万人次是需要强大的运输能力的,即平均每天单向运输要达到 7.67 万人次,如果全部用高铁来运输,每列高铁运输 1 000 人,每天从中国运输到东盟要发送 76 列高铁列车,同时,东盟也要发送 76 列高铁列车到中国,因此,达到上述 1 400 万人次规划目标最重要的前提条件之一是互联互通,而中国高铁完全有能力担当主力。

最后,中国高铁的技术优势、成本优势以及较高的安全系数,促使它能在平等互利的基础上为东盟带来世界最新的铁路科技,并拉动相关产业升级换代。长达百年的全寿命使用年限,是铁路成为社会经济运行大动脉的优势之一。从 20 世纪 90 年代开始,高铁在安全、快捷、节能、环保等诸多方面的竞争优势凸显,并吸引越来越多的国家陆续加入高铁大发展的行列,目前已经或正在进行高铁建设的国家共 16 个,其中大部分是经济发达或较发达国家。目前,中国高铁在工程建造、高速列车、列车控制、客站建设、系统集成、运营管理等领域掌握了核心技术,形成了具有自主知识产权的核心技术体系,成为世界上高铁系统技术最全、集成能力最强、建设成本最低、运营里程最长、运行速度最快、在建规模最大的国家。中国高铁的试验列车已经跑出 605 千米的最高时速。作为现代高新科技汇总结晶的中国高铁,其项目建设不仅能大幅度提高交通运输能力,同时具有强大的产业拉动能力。按照高铁每投入 1 元就会带动其他产业 10 倍投资测算,东盟区域内的高铁建设投资至少需要 500 亿美元,那么带动其他产业的总投资可望达到 5 000 亿美元。而东盟高铁网建成后,在方便人流物流的同时,将为扩大内需提供运输支撑,带动相关产业转型升级,带动铁路沿线地区的经济社会发展。中国高铁所具有的独特优势使得它能够成为实现国家"一带一路"互联互通国际战略的最佳选项,必将在促进"一带一路"发展战略上发挥重要作用,促进"一带一路"战略构想的早日实现。

4.3.4　中国高铁促进"一带一路"建设初显成效

2014 年中国高铁在国际上连续三次华丽亮相:一是中国高铁的第一个"国际作品"——土耳其首都安卡拉和最大城市伊斯坦布尔高速铁路的二期工程于 7 月 25 日顺利通车。工程全长 158 千米,合同金额 12.7 亿美元,设计时速 250 千米。正式通车后的安伊高铁,预计每日往返客流量将由目前的 4 000 人次增加至 25 000 人次以上,单程耗时由目前的 10 小时缩短至 3.5 小时。安伊高铁二期是中国企业在海外建成的第一条高铁,鉴于土耳其是准欧盟成员国和新兴经济体,完全采用欧洲标准和规范建设,起点高、难度大,对中国高铁进一步"走出去"具有重要示范作用。同时该项目也是中土两国深化经贸合作的标志性成果,更是"一带一路"建设的早期收获成果。建成通车后的安伊高铁,其工程的技术含量、施工质量、建设速度及成本,受到土耳其领导人和老百姓的普遍赞扬。二是 2014 年 11 月,中国与尼日利亚签署了一份价值达 119.7 亿美元,全长 860 英里(1 英里=1.609 3 千米)的铁路建设合同。尼日利亚沿海铁路项目的正式签署,标志着中国对外工程承包史上单体合同金额最大项目取得实质性进展。尼日利亚近 10 年来保持着年均 6.8%的经济增速,已跃居非洲第一大经济体,此次签约的沿海铁路西起尼日利亚"经济首都"拉各斯,东至卡拉巴,横跨拉各斯州、三角洲、巴耶萨州、阿夸伊博州、十字河州等沿海地区的 10 个州,贯穿整个尼日尔三角洲产油区,全长折算单线里程达 1 402 千米,全线设车站 22 座,设计时速 120 千米。该项目将为尼日利亚提供近 5 万个直接就业机会,15 万个间接就业机会,运营期间还将提供 2 万至 3 万个固定就业岗位。尼日利亚沿海铁路将全线采用中国铁路技术标准,从而带动施工机械、机车车辆、钢材、机电产品等价值接近 40 亿美元的中国装备出口。这个互利共赢的大项目将有力地促进中尼双方经济发展。尼日利亚沿海铁路是尼日利亚"三纵四横"国家铁路干线网规划以及西非共同体"互联互通"铁路网的主要组成部分,建成后,将对加快区域发展和经济增长发挥引擎作用,对于建设非洲沿海经济走廊具有重要战略意义。三是 2014 年 7 月,习近平主席在拉美之行中,与秘鲁、巴西两国元首达成共识,将合作修建全长 5 000 千米,横跨南美洲大陆,连接大西洋和太平洋的"两洋铁路",其中 2 000 千米铁路线基本是既有线路,需要新建大约 3 000 千米铁路,该项目预算可能需要 600 亿美元。"两洋铁路"一旦建成,将是拉美历史上第一条横穿南美大陆的铁路线,将成为拉美互联互通网络的主干,将拉动拉美国家甚至整个区域的物流发展,对区域甚至国际的经济发展都十分有利,因此意义非凡,堪比历史上的巴拿马运河。中国高铁在国际上的三次华丽亮相不仅展示了走出国门的中国高铁的实力和水平,更彰显了中国高铁"走出去"的决心。目前,中国高铁"走出去"在促进"一带一路"互联互通上已经初见成效。在东南亚方面,2014 年 12 月 19 日,李克强总理在曼谷会见泰国总理巴育,两国总理共同签署《中泰铁路合作谅解备忘录》,拟建设的中泰铁路连接泰国北部的廊开和南部港口马普达普,总长 800 多千米,是泰国首条标准轨铁路,将全部使用中国的技术、标准和装备建设。中泰铁路的建成将有利提升本地区基础设施建设水平,加快区域间的互联互通,更好实现物畅其流,更好地便利人员往来。据悉,泰国已经批准了连接中国的铁路项目,计划建设两条高速铁路。此外,由中国铁建、铁三院和南车青岛组成的财团,正积极参与马来西亚吉隆坡至新加坡高铁项目的国际招标,如果获得吉隆坡至新加坡的高铁建设合同,将极大推进中国泛亚铁路的建设。按照规划,泛亚铁路包括中东西三条线路,中路从中国云南的昆明出发,经过景洪、磨憨、老挝首都万象,到达泰国首都曼谷;东路从昆明出发,经河内、胡志明市、金边到曼谷;西路从昆明出发,经瑞丽、仰光到曼谷。东、中、西三线在泰国曼谷交会后,经吉隆坡直达终点新加坡。中国北车表示,除了基建项目之外,中国铁路装备企业早已在新加坡、马来西亚和印度尼西亚等地深耕多时。2014 年 5 月 12 日,马来西亚公共陆路交通委员会主席丹斯里·赛义德·哈米德率领的马来西亚代表团访问中国北车,体验"北车制造"京津城际动车组,此行目的就是考察中国高铁,并希望在兴建的新马高铁上引进中国高速动车组。新马高铁计划将于 2020 年建成,全长 354 千米。早在 2003 年 12 月 15 日,中国北车大连机辆公司就获得马来西亚 20 台电传动干线内燃机车的合同,这是中国交流传动内燃机车首次进入国际市场。2010 年 3 月 26 日,中国北车唐车公司获得马来西亚 20 列混合动力有轨电车的合同。2014 年 10 月底,中国北车长客股份公司又在马来西亚机场线的轻轨车辆招标中胜出。

新加坡《联合早报》2015 年 12 月 16 日以"投标在即,中日布局竞争新隆高铁"为题报道称,中国驻马来西亚外交官近日表示,中方将为高铁项目提供"最佳财务方案"。日本政府 15 日也表态,支持该国企业争取这笔生意。《联合早报》15 日称,大马陆路公共交通委员会(简称陆交会)主席赛哈密日前表示,陆交会与新加坡陆路交通管理局已通过信息征询书的方式咨询市场意见,并收到有意参与工程的超过 200 家企业的回应,将邀请其中 14 家参与意见讨论。他表示,中国已经表明参与工程的强烈意愿。赛哈密的上述表态是在由中国铁路总公司等举办的"中国高速铁路展暨技术研讨会"上作出的。据媒体记者了解,中国高铁展 2016 年在吉隆坡会展中心举办。一名生活在马来西亚多年的媒体人对媒体表示,中国的高铁对于当地人来说比较新鲜。目前在大马市民中最普及的长途交通方式是巴士,铁路交通覆盖的范围没有公路交通广。

新隆高铁项目预计耗资 120 亿美元,是马来西亚总理纳吉布和新加坡总理李显龙 2015 年宣布的计划。该线路长约 330 千米,预计在 2020 年左右完成,届时吉隆坡到新加坡的铁路交通只需 90 分钟,目前这段路程需花费 6、7 个小时。《联合早报》称,吉隆坡终点站已确定建在大吉隆坡区的新街场,裕廊东是新加坡的终点站。马来西亚《星洲日报》称,新隆高铁的时速可达 350 千米,每小时发一班车。《日本经济新闻》称,竞标日期尚未确定,新马两国可能在年内制定全新的时间表。

马来西亚《南洋商报》2015 年 12 月 16 日报道称,该高铁计划即将开展,虽然大马和新加坡尚未就合作达成协议,但项目争夺战已趋于激烈。中方显得志在必得,中国高铁技术高居世界领先水平,速度快,而且安全可靠,建造费用较低,能够提供最佳的财务方案。《联合早报》援引赛哈密的话称,马来西亚已有近八成的铁路项目交由中国负责。中国在东南亚的铁路合作将有力推动泛亚铁路建设,也将加强中国一些欠发达的内陆省份与东南亚国家的经贸往来和互联互通,促进双方的共同发展。

除了东南亚之外,中国与中亚、西亚和印度的铁路合作,也多有收获。据悉,伊朗国家铁路公司副总裁迈斯欧德·纳赛尔·奥扎达尼 2014 年 12 月 14 日表示,2015 年夏天伊朗、阿富汗到塔吉克斯坦的铁路将全线贯通。这条铁路线全长 392 千米,将把伊朗、阿富汗、塔吉克斯坦、吉尔吉斯斯坦和中国连接起来,将增加这些国家之间的贸易额、提高出口量以及减少过境运费等。同时这条铁路线将经过吉尔吉斯斯坦境内与中国铁路接轨。纳赛尔·奥扎达尼说:中国经吉尔吉斯斯坦、塔吉克斯坦和阿富汗等国与伊朗接轨的铁路文件是在塔吉克斯坦首都杜尚别市签署的。中印之间的合作进入一个更为实质的阶段。2014 年 9 月 18 日,在习近平主席访印期间,交通运输部副部长、国家铁路局局长陆东福与印度铁路委员会主席阿鲁南德拉·库玛尔在中印两国领导人的共同见证下,代表双方政府签署了中印铁路合作备忘录和行动计划。2014 年 12 月 15 日,第一期印度重载铁路高层管理人员研修班在北京交通大学开班,迈出了中印合作的重要一步。2015 年中国铁路总公司、国家铁路局把服务国家"一带一路"战略,推进铁路对外交流合作作为年度工作的一个重要内容,积极深化落实中蒙、中印已签署的铁路合作项目;积极参与推进中俄高铁合作和中老、中泰、中巴、中哈等铁路合作项目,促进中国与周边国家铁路互联互通建设。可以预见,随着中国高铁"走出去"步伐的加快,它对"一带一路"建设的促进作用将会得到明显体现。在多位中国轨道交通业内人士看来,"一带一路"区域是中国铁路装备走向世界的起点。在新格局下,不仅"21 世纪海上丝绸之路"新囊括的国家和地区对铁路交通有巨量需求,"丝绸之路经济带"所涵盖的地区的铁路也处于待新建阶段或待更新阶段。在互联互通、"一带一路"、"亚洲基础设施投资银行"、"400 亿美元丝绸之路基金"等战略措施下,中国高铁"走出去"的前景广阔,将发挥其对实现"一带一路"战略构想的巨大促进作用。

东盟是中国计划实现"一带一路"的重点地区,在东盟建设高速铁路是实现东盟"一带一路"计划的重要部分,中国有能力有决心为东南亚"一带一路"建设作出贡献。

英国《金融时报》刊登了一篇很有意思的文章,题为《中国的大博弈:通往新帝国之路》。文章讲的是中国的"新丝绸之路"计划——"一条现代版的古贸易路线"——以及它是如何成为习近平领导下的中国的标志性外交政策。

美国《福布斯》双周刊网站 2015 年 1 月 15 日文章称,"新丝绸之路"由两条路线组成,又被称为"一带一路"。陆上路线名为"丝绸之路经济带",连接中亚、俄罗斯和欧洲。海上路线叫"21 世纪海上丝绸之路",途经西太平洋和印度洋。

英国《金融时报》的文章将"一带一路"与二战后美国主导的马歇尔计划相提并论"如果只看中国承诺的表面总额,'新丝绸之路'将成为继美国主导的重建战后欧洲的马歇尔计划之后规模最大的经济外交项目,覆盖总人口逾 30 亿的数十个国家。"

事实上,如果取得成功,"新丝绸之路"计划将给中国带来三重胜利,也将成为地球上规模最大的经济发展计划。

首先,最重要的是,经过数十年的高速增长,中国正在国境以外寻找新的投资和贸易机会。中国与中亚五国的贸易额近年来迅速增长。中国现在希望打造通往这些国家的道路和管线,以铺平贸易通道并获得更多资源。这些基础设施项目将有助于吸收中国钢铁业和制造业的过剩产能,抵消国内的经济减速。

其次,中国西部历来受到民族紧张关系的困扰。"坐拥中国最大的一些能源储备且对丝绸之路项目至关重要"的新疆近年来发生了多起严重的暴力事件。中国希望经济发展能平息当地的不稳定。"新丝绸之路"计划可能成为解决当地民族冲突的银弹。

最后,"新丝绸之路"将有助于提升中国的软实力,在亚洲确立更大的势力范围。中国的战略专家认为,经济发展将使中国、巴基斯坦、阿富汗和中亚的激进伊斯兰主义丧失吸引力。在美国陷入阿富汗、伊拉克以及叙利亚的战争无法脱身之际,中国将会成为一个承诺给该地区带来经济繁荣的角色。

马歇尔计划除经济建设外,造成了冷战,而中国"新丝绸之路"除帮助世界各国经济发展外,还将给世界各国经济带来繁荣的,这是有本质不同的。

"一带一路"除了上述对中国有三大好处,对世界也有三大好处。

一是,世界经济正处于 1998 年金融风暴后的复苏期,"一带一路"在建设期间,为沿线各国经济增长创造新增长点,同时为世界各国带来新的就业机会建设完成以后,可以新增很多就业岗位,有利于促进世界经济加速发展,促进各国经济、贸易、文化交流的发展。

二是,有利于世界不同文化、不同民族的交流,有利于融合各种文化,成为世界各国人民方便快捷的交流工具,方便各国人民的旅游,提高各国人民经济发展水平、生活质量,提高沿线各国人民的文化素质,特别是中东各国人民文化素质,促进中东各国人民与世界各国人民交流。贫穷、落后、文化隔阂是产生恐怖主义的根源,"一带一路"建设是用和平和发展的方法,从根本上消除恐怖主义产生的根源,因此,"一带一路"建设也是全球反恐的需要。

三是,有利于各国人民来往,加深各国人民间的了解,消除不同民族、不同文化、不同宗教信仰人民间的误会,建设全球理想社会。

4.3.5　中国高铁建设对世界经济发展的促进作用

计划中的欧亚高铁将经过法国、德国、波兰、乌克兰、哈萨克斯坦等国家,最后入境中国。欧亚高铁的受益者包括所有沿线国家。哈萨克斯坦对欧亚高铁关注度最高,哈萨克斯坦希望通过高铁实现欧亚大陆经济一体化,盘活沿线经济。哈萨克斯坦总统纳扎尔巴耶夫在访问中国的日程中,不仅专门听取了中国高铁专家对未来高速蓝图的介绍,还专程体验了时速350千米的京津高铁。由北京至莫斯科的7 000千米高铁,有望成为欧亚高铁的先导。俄罗斯主流民意希望尽快修成京莫高铁,因为俄罗斯经济已经离不开中国这个大市场。截止到2013年末,中国国内高速铁路总营业里程达到1.5万千米,成为世界上高速铁路投产运营里程最长、在建规模最大的国家。香港媒体发表文章称,中国四大跨境高铁线,如果能够在20年内建成,建设中和建设后均可为中国增加大量工作岗位,并带动与周边国家贸易跨越式发展,成为中国经济新增长点,也可促使世界经济出现新景观。

中国正筹划的"高铁出口"包括四大方向:由北京出发直达莫斯科,进入欧洲各国的欧亚高铁,总长超过4万千米;从新疆乌鲁木齐出发,经中亚到达德国的中亚线,总长约2万千米;从昆明出发,连接东南亚国家,抵达新加坡的泛亚铁路线,总长为1.46万千米;洽商中的"中俄加美跨国高铁",经西伯利亚,穿白令海峡、阿拉斯加,跨加拿大后到美国。四大工程之浩大、影响之深远,前所未有。四线建设过程中,将大大拉动高铁相关产业,完工后的高铁,则将开创沿线贸易新格局,最终或改写世界经济版图。

中国高铁运营里程已经超过1.5万千米,是发展最快、规模最大、技术最成熟的国家,且经历了最大南北温差考验,千米造价为0.33亿美元,比日本、德国的0.5亿美元便宜得多,在国际市场已经形成绝对竞争力。有超过100个国家元首、政要和专家团专程到中国搭乘北京到天津时速350千米高铁,体验中国高铁的无穷魅力,显示其中的吸引力非同小可。

中国的高铁行业经历了"引进技术—中国制造—中国创造"的跨越式发展,截至目前,高铁已经成为中国在全球竞争中的一张"王牌"。国家主席习近平、国务院总理李克强在出访中,也多次积极推销中国的高铁技术,鼓励对方在高铁领域与中方合作,为中国高铁出口注入了一剂"强心针"。这里面就包括了中国与巴西合作的"两洋铁路"

及与俄罗斯合作的欧亚高铁等。借助中国领导人在国际上的大力推广,"中国高铁"这一品牌在世界上的认知度正在逐步提升,而凭借着中国高铁技术的强大实力和运营经验的丰富,中国未来还有望参与墨西哥、委内瑞拉、俄罗斯、柬埔寨等国家的高铁建设。相关统计显示,目前已经跟中国有战略合作协议或潜在合作意向的高铁计划累计达3.47万千米,占全球高铁建设计划规模的37.2%。其中,中国政府主导的"一带一路"涉及高铁建设规模达到2.63万千米,占全球高铁建设计划规模的28.3%,占中国有望参与海外高铁总里程的76%,项目主要集中在俄罗斯、泰国、柬埔寨及东南亚地区其他国家。伴随"一带一路"战略的实施,高铁"出海"将在政策、资金及资源上得到全面保障,相关项目有望加速推进,高铁作为最具代表性的基建设施,将实现快速发展。此外,种种迹象也表明,高铁"出海"在加速。2016年4月22日,中国与印尼签订约60亿美元的高铁大单。4月29日,据路透社报道,中国最大的两家铁路车辆制造商正在与加拿大庞巴迪公司讨论控股后者铁路部门的可能性。5月8日,在中国和俄罗斯的联合声明中,中俄两国签署了32项合作项目,涉及金额达250亿美元,其中,莫斯科到喀山的高铁修建协议将投资197亿美元。

4.3.6　未来10年世界高铁发展的预测

近年来,中国开启了"高铁外交"的进程,作为外交政策,中国把东南亚、中亚国家等邻国以及部分欧洲国家作为高铁推销的对象,构建以中国为起点的高速铁路网,扩大对周边国家的影响。目前,中国已经和50多个国家和地区建立起了高速铁路合作关系,总合同额为260亿美元。

前瞻产业研究院《2013—2017年中国高铁行业深度调研与投资战略规划分析报告》数据显示,未来10年,世界高铁的建设速度将加快,新增里程将达到1万千米,如果按照每千米3亿元的造价计算,海外高铁基建市场的价值约为3万亿元,高铁设备的市场价值将达到6 000亿元左右,将为中国铁路装备提供较好的出口市场空间。目前中国是高铁发展最快的国家。到2015年底,高铁运营里程达到16 000千米,仍有1万千米在建。从技术水平来看,经过近10年的消化吸收再创新,中国已经具备了规模化的整车生产能力,国产化率为90%,并且掌握了牵引系统、网络控制等高铁制造技术,中国高铁技术为中国在国内和国际大建高铁提供了技术保障。

目前中国的铁路装备已经出口到三十多个国家,从全球轨道交通装备行业的竞争格局看,前五大制造商分别为庞巴迪、西门子、阿尔斯通、中国南车、中国北车,市场占有率合计为50%以上。国际前三大制造商的铁路装备业务,主要集中在西欧和北美市场,中国南、北车依托发展较快的国内市场(图4.4),凭借其在技术水平、综合成本、交货周期等方面的竞争优势,将在"十二五"后期,成为全球最大的两家轨道交通装备制造商。

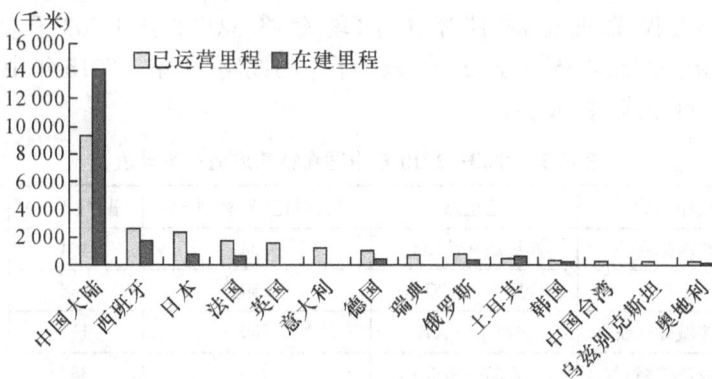

图 4.4 2012 年全球高铁运营里程前 15 位国家和地区

综合来看,中国高铁具有较强的整车生产能力,并且成本低廉,在国际竞争中具有明显的优势;但由于缺乏经验,在核心零部件的生产和工程总包能力上略显不足。未来随着"高铁外交"的推进,中国将更多地参与到海外高铁项目建设中,并将通过项目建设经验的积累,中国高铁的综合竞争力将获得进一步提升。

4.3.7 中国高铁的成本优势

李克强总理在访问泰国期间,曾亲自向泰国总理英拉推介中国的高铁产品:"中国高铁技术先进,安全可靠,成本具有竞争优势,希望中泰加强铁路合作。"目前中国已经与包括美国、巴西、白俄罗斯和泰国在内的多个国家建立高铁合作关系。据媒体报道,截至2010 年底,中国已和 50 多个国家和地区建立了高速铁路合作关系,总合同额达 260 亿美元。据了解,中国高铁走出去分两个层次:一是车辆装备的出口;二是高铁系统的出口,即除了设备外,还负责整条铁路的铺设。长期以来,中国出口货物数量巨大,但附加值并不高,而高铁作为一种资金、技术密集型的出口产品,能够树立中国在高科技领域的品牌。

中国高铁能在短短几年间驶出国门,主要源于三大优势。首先是性价比,一份研究报告显示,国外建设高铁每千米成本为 0.5 亿美元,而中国只有 0.33 亿美元;其次是技术;最后是安全性。中国高铁经过这些年的发展,至少已实现了 70% 的国产化率,相关的专利问题也得以解决。更重要的是,中国高铁运营里程数差不多是其他所有国家里程数的总和,运营发展规模和积累的经验难以被别国超越。同时,在寒冷条件下的高铁建设方面,中国也积累了经验。从整体形势来看,中国高铁出口积极向好,颇受国际市场欢迎。

据中国轨道交通网统计,截止 2015 年底,中国高速铁路运营线路共计 71 条(段),运营总里程达 2.36 万千米,位居世界第 1 位。其中,2015 年新增运营线路共计 18 条(段),新增运营里程 4 407 千米(表 4.2),新增车站 165 座,估算投资额合计约 4 151亿元。其中合福、哈齐、沈丹、吉图珲、丹大、成渝、津保、海南西环高铁等 8 条线路,总里程 2803 千米;另有兰渝铁路重庆北至渭沱段、沪昆高铁新晃西至贵阳北段、郑焦铁路、京津城际铁路延伸线、宁安高铁、南昆客专南百段、金丽温铁路、赣瑞龙铁路、牡绥铁路扩能改造工程、郑机城际铁路等10条(段)铁路,总里程达1 603千米。其中时速300～350千米的线路4条、时速200～250千米的线路14条。2015年中国高铁建成通车里程4 408千米(表4.3)。

表4.2　2003—2010年中国高铁建成通车统计表

序号	线路名称	起止点	设计时速(千米/小时)	里程(千米)	运营时间
1	秦沈城际高铁	秦皇岛—沈阳北	200	404	2003.10.12
2	合宁高铁	合肥南—南京南	250	166	2008.04.18
3	京津城际高铁	北京南—天津	250	119	2009.08.01
4	胶济铁路	青岛—济南	250	363	2008.12.20
5	石太铁路	石家庄—太原	250	225	2009.04.01
6	合武高铁	合肥—武汉	250	357	2009.04.01
7	达成铁路	达州—成都	200	374	2009.07.07
8	甬台温铁路	宁—台—温	250	283	2009.09.28
9	温福铁路	温州—福州	250	298	2009.09.28
10	武广高铁	武汉—广州	350	1069	2009.12.26
11	郑西高铁	郑州—西安	350	485	2009.12.26
12	福厦高铁	福州—厦门	250	273	2010.04.26
13	成灌城际铁路	成都—青城山	200	65	2010.05.01
14	泸宁城际铁路	上海—南京	350	301	2010.07.01
15	昌九城际铁路	九江—南昌西	250	132	2010.09.20
16	沪杭城际铁路	上海—杭州	350	160	2010.10.26
17	宜万铁路	宜昌东—万州	250	377	2010.12.22
18	长吉城际铁路	长春—吉林	250	96	2010.12.30
19	海南东环铁路	海口—三亚	250	308	2010.12.30
2003—2010年8年时间建成的高铁				5 855(731.8千米/年)	

如图4.5是2003—2015年各年度的最新统计结果图所示。

表4.3　2015年中国高铁建成通车统计表

序号	线路名称	起止点	设计时速(千米/小时)	里程(千米)	运营时间
1	兰渝高铁重庆北渭沱段	重庆北—渭沱	200	71	2015.01.01
2	沪昆高铁新晃西贵阳北段	新晃西—贵阳北	300	286	2015.06.18
3	郑焦铁路	郑州—焦作	250	78	2015.06.26
4	合福高铁	合肥南—福州	350	850	2015.06.28
5	哈齐高铁	哈尔滨—齐齐哈尔南	250	282	2015.08.17
6	沈丹高铁	沈阳南—丹东	250	208	2015.09.01

序号	线路名称	起止点	设计时速(千米/小时)	里程(千米)	运营时间
7	吉图珲高铁	吉林—图门—珲春	250	361	2015.09.20
8	京津城际高铁延伸线	天津—于家堡	350	45	2015.09.20
9	宁安高铁	南京南—安庆	250	258	2015.12.06
10	南昆客专南百色段	南宁—百色	250	223	2015.12.11
11	丹大快速铁路	丹东—大连	200	292	2015.12.17
12	成渝高铁	成都东—重庆	300—350	308	2015.12.26
13	金丽温铁路	金华—温州南	200	188	2015.12.26
14	赣瑞龙铁路	赣州—龙岩	200	273	2015.12.26
15	津保铁路	天津—保定	200—250	158	2015.12.28
16	牡缓铁路	牡丹江—缓流芬河	200	139	2015.12.28
17	海南西环高铁	海口—三亚	200	345	2015.12.30
18	郑机城际铁路	郑州东—新郑机场	200	43	2015.12.31
2015 年建成高铁				4 408 km	

　　在表 4.2 中 2003—2010 年中国高铁建成通车 5855 千米,用了 8 年时间,在表 4.3 中 2015 年中国高铁建成通车 4 408 千米,2015 年建设速度是 2003—2010 年速度的 6 倍多。结合以往中国轨道交通网(www.rail-transit.com)对高速铁路新增运营里程和累积运营里程的统计。由图 4.5 可见,2003—2015 年有开通运营高速铁路的 9 年里(2003 年秦沈客运专线建成通车后,一直到 2007 年,中国均无高速铁路开通运营),2015 年共开通了 18 条(段)高速铁路,居 9 年内第 1 位;新增运营总里程 4 407 千米,仅次于 2014 年新增运营里程 5 569 千米,位列第 2 位。其中海南西环铁路的开通,标志着全球第 1 条环岛高铁全线贯通运营,旅客乘高铁环游海南岛成为现实。

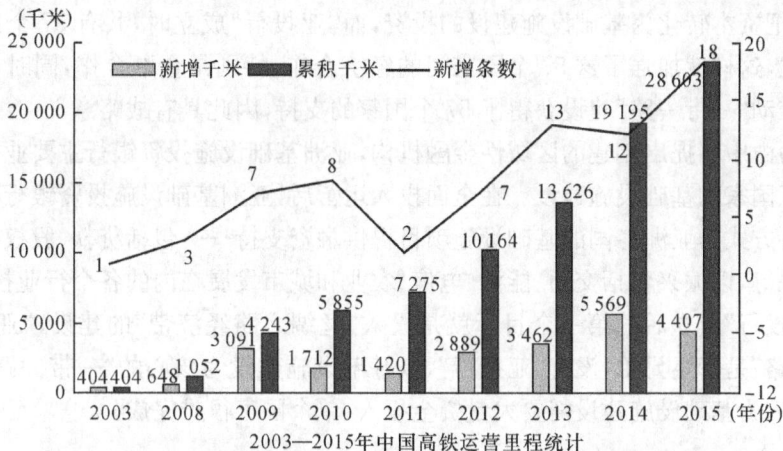

2003—2015年中国高铁运营里程统计

图 4.5　2003—2015 年各年度的最新统计结果图所示

4.4　"亚投行"对"一带一路"的重要意义

4.4.1　亚洲基础设施投资银行设立的战略意义

亚洲经济占全球经济总量的 1/3,是当今世界最具经济活力和增长潜力的地区,拥有全球六成人口。但因建设资金有限,一些国家铁路、公路、桥梁、港口、机场和通讯等基础建设严重不足,这在一定程度上限制了这个区域的经济发展。而各国要想维持现有经济增长水平,内部基础设施投资至少需要 8 万亿美元,平均每年需投资 8 000 亿美元。其中,68%用于新增基础设施的投资,32%是维护或维修现有基础设施所需资金。现有的多边机构并不能提供如此巨额的资金,亚洲开发银行和世界银行每年能够提供给亚洲国家的资金大概只有 200 亿美元,根本不能满足资金的需求。由于基础设施投资的资金需求量大、实施的周期很长、收入流不确定等的因素,私人部门大量投资于基础设施的项目是有难度的。

亚洲基础设施投资银行(Asian Infrastructure Investment Bank,亚投行,AIIB)是一个由多国政府组织的亚洲区域多边开发机构,重点支持基础设施建设,宗旨在促进亚洲区域的建设互联互通化和经济一体化的进程,并且加强中国及其他亚洲国家和地区的合作。总部设在北京。法定资本 1 000 亿美元。

中国已成为世界第三大对外投资国,中国对外投资 2012 年同比增长 17.6%,创下了 878 亿美元的新高。而且,经过 30 多年的发展和积累,中国在基础设施装备制造方面已经形成完整的产业链,同时在公路、桥梁、隧道、铁路等方面的工程建造能力在世界上也已经是首屈一指,中国基础设施建设的相关产业期望能更快地走向国际。但亚洲经济体之间难以利用各自所具备的高额资本存量优势,缺乏有效的多边合作机制,缺乏把资本转化为基础设施建设的投资,而"亚投行"成立时,共有 57 个国家共同投资成立,这样就加强了这 57 个国家间的经济合作,特别是金融合作,同时也说明中国政府推动"一带一路"建设获得了 57 个国家的支持,因此具有战略意义。

作为由中国提出创建的区域性金融机构,亚洲基础设施投资银行主要业务是援助亚太地区国家的基础设施建设。在全面投入运营后,亚洲基础设施投资银行将运用一系列支持方式为亚洲各国的基础设施项目提供融资支持——包括贷款、股权投资以及提供担保等,以振兴包括交通、能源、电信、农业和城市发展在内的各个行业投资。

"亚投行"成立后的第一个目标就是投入"丝绸之路经济带"的建设,"亚投行"和"一带一路"是孪生兄弟,没有"亚投行",以基础设施建设为核心的"一带一路"推动无法实施,因为基础设施建设需要大量资金投入,单个国家很难完成。

4.4.2 亚投行是"一带一路"战略的重要支柱

亚投行是一个多国政府组成的亚洲区域多边开发机构,按照多边开发银行的模式和原则运营,重点支持亚洲地区基础设施建设,这一点与"一带一路"战略高度契合。"亚投行"将致力于促进亚洲地区基础设施建设和互联互通,其中包括"一带一路"沿线和"亚投行"成员国的相关基础设施建设项目。如果说"一带一路"是战略目标,那么,"亚投行"就是战略手段,为"一带一路"战略提供金融支持。

基于全球经济整体低迷和中国深化改革和扩大对外开放的新趋势,国家主席习近平提出了"一带一路"的战略构想和合作倡议,强调相关各国要打造互利共赢的"利益共同体"和共同发展繁荣的"命运共同体"。"一带一路"是世界上跨度最长的经济走廊,牵连起亚太、非洲、欧洲等多个经济圈,沿线大多是新兴经济体和发展中国家,总人口约44亿,经济总量约21万亿美元,分别约占全球的63%和29%,是当前世界上最具发展潜力的经济带。而基础设施互联互通是"一带一路"建设的优先领域。

中国提出在尊重相关国家主权和安全关切的基础上,沿线国家还需加强基础设施建设规划、技术标准体系的对接,共同推进国际骨干道的建设,逐步形成连接亚洲各次区域以及亚欧非之间的基础设施网络。但"一带一路"基础设施建设存在巨大资金缺口。亚洲开发银行曾经做出测算,从2010年到2020年这10年间,亚太地区基础设施建设投资需要8万亿美元,而亚开行每年提供的基础设施项目贷款仅为100亿美元。建立"亚投行"的目的之一就是为了吸引全球资金,弥补这一缺口。

在"亚投行"签署备忘录之初,东南亚13国、南亚三国和中亚三国便提交书面确认函,成为意向创始成员国。同时,这些国家也是中国提出的"一带一路"战略的优先推动区域。随后,英国等西方传统金融业强国的加入,令亚投行更加具有代表性和多元性,也大大提高了"一带一路"战略的可信度和可行度。"亚投行"的建立不仅可以填补"一带一路"建设的资金需求,更将提供成熟优质的金融服务,提高资本在亚洲的利用效率,吸引全球资本流向亚洲。长期以来冲击亚洲国家经济安全的主要原因是资本外流,当前,亚洲发展中国家也正面临美欧在后经济危机时期为恢复增长而采取刺激政策的溢出风险。"一带一路"战略的终点站并非周边国家,吸引欧洲国家的主动对接意义非凡。英国等金融强国积极加入"亚投行"是看中了"一带一路"战略互利共赢的理念;而借鉴、吸纳金融强国的经验,能改善"亚投行"的治理结构,能令中国金融服务更加成熟。

目前,亚太地区是世界经济增长的火车头,在全球投资、贸易及区域合作方面非常活跃。同时,亚太地区的基础设施投融资需求巨大。"亚投行"的成立及运作恰逢时机,将为亚太地区的长远发展提供资金支持,对世界经济增长也具有积极作用。亚洲是全球经济增长的重要引擎。亚洲经济的持续发展和区域经济一体化的推进,需要做好基础设施建设和互联互通这篇大文章,使域内贸易、投资、人员、信息流动更加通畅。

中国发起设立"亚投行",旨在拓宽融资渠道,扩大总需求,改善总供给,以自身发展成就回馈和带动地区共同发展,促进世界经济复苏。

"亚投行"的成立是完善全球金融秩序的重要一步,补充了世界银行及亚开行的不足,以新兴市场利益为主,在区域经济发展中,将扮演更积极的角色,更符合区域经济基建的需求,也将对建立"一带一路"经济圈起到积极作用。亚洲经济目前面临结构转型,产业提升需要大力发展基建,融资需求巨大。"亚投行"将与其他国际机构合作,共享资源,推动国际经济领域的公私合作,促进互联互通及经济一体化发展,在推动区域基础设施改善、提升互联互通水平上将发挥推进器作用。

一是推动"一带一路"倡议同各国发展战略相对接,支持开展基础设施等建设,按照共商共建共享原则,促进区域和次区域经济合作。"亚投行"与亚洲开发银行等机构互为补充,并行不悖,欢迎其他多边开发机构共同参与,齐心发力,把合作的蛋糕做大。二是积极推进国际产能合作,以有效供给拉动有效需求。针对发展中成员工业化、城镇化发展需求,提供成本低、技术水平高、节能环保的解决方案、装备产品和融资支持。积极探索开展包括第三方合作在内的多样化合作模式,提高各国自主发展能力,促进产业链、价值链深度融合。三是创新合作模式,推动多样化合作包容共进。注重同发展伙伴相配合,同各国各界做好沟通,为南南合作和南北对话提供新的平台和机遇,实现发展效益最大化。

4.4.3 "亚投行"是世界经济发展的新引擎

1) 创设"亚投行"具有划时代的重要意义

二战后,世界范围经济快速发展,产业不断升级,以美、英、法、德为代表的一批西方资本主义国家,通过工业革命先后进入了发达国家的行列,并着手建立国际金融体系,推进全球经济一体化,在自身快速发展的同时,掌握了政治、经济、科技等多个领域的主导地位。

进入 20 世纪末期,随着资本主义国家发展动力的普遍减弱,各方面矛盾逐步显现,利益冲突不断升级。石油危机、金融危机、恐怖主义、环境污染等一系列问题在世界范围产生了广泛的影响,导致全球经济增长明显放缓,部分发达国家甚至出现了经济衰退的现象。而同一时期,以中国、印度等为代表的新兴发展中国家持续保持较高的经济增长速度,逐步形成了拉动世界经济增长新的力量,被西方媒体称为"亚洲奇迹"。伴随着亚洲地区的快速崛起,众多国家的经济发展出现了强烈的基础设施投资需求。据亚洲开发银行测算,未来 10 年,亚洲地区基础设施的融资缺口巨大,需要至少 8 万亿美元基础设施资金,才能支撑目前经济增长的水平。而由于战后全球经济金融秩序长期受到西方资本主义国家把控,亚洲各国在国际舞台的话语权不足,一部分国家的发展需要得不到有效满足,一定程度上制约了亚洲地区的发展速度,这就为"亚投行"的建立提供了充分的现实基础。作为目前全球经济增长潜力最大的地区,设立区域性投资银行,通过多种投融资手段解决大规模基础设施建设必需的资金来源问题,是有效疏导、化解全球流动资本,推动资本向生产力转化,压缩全球经济泡沫,使虚拟经济和实体经济从不对称恢复成对称,促进全球金融体制改革,消除全球金融危机根源的重要途径,也是推进亚洲区域经济乃至全球经济一体化的重要举措。

2)"亚投行"将推进亚洲国家合作

"亚投行"在推进亚洲地区基础设施建设和助力经济发展的同时,还将一种大局思维融入亚洲国家之间,对地区关系产生积极的正向影响。相关国家在"亚投行"平台下进行密切的协商合作,虽然摩擦和争议仍不可避免,但可开展广泛协商,有助于各成员国之间增进互信,增强信心,有助于各成员国之间乃至亚洲地区合作的有效开展。

3)"亚投行"将有效推动世界经济格局向多极化发展

站在全球经济一体化的视角分析,近期全球性失衡最主要表现在美欧等国的账户赤字不断扩大,以中国为代表的新兴国家与石油输出国经常性账户盈余不断扩大,双方形成了不可调和的先天矛盾。这一问题无法从发达国家内部解决,需要从新兴国家自身出发,逐渐实现资本自主输出,推动全球经济再平衡。"亚投行"的产生,可推动亚洲基础设施的投资,推动亚洲的经济增长,更能在投融资体制改革方面发挥更大作用,以增强全球经济的稳定性。曾担任世界银行高级副行长的林毅夫教授提出了大规模全球基础设施建设计划,他认为基础设施建设是超越凯恩斯主义的一个动向,可实现发展中国家和发达国家共赢的目标。通过"亚投行"进行基础投资建设,短期内,亚洲发展中国家在基础设施建设上将得到更多资金,欧洲各国在经济和贸易上可有新的增长点,满足了世界经济的现实需求。从长远上看,"亚投行"的成立符合全球体系演变的进程,其致力打造的多赢格局也是世界经济发展的必然趋势。

4)"亚投行"发展可能面临的问题和建议

"亚投行"面对着前所未有的历史机遇,但是同样面临着来自各方的挑战。在未来的发展中,需要认真总结现有政府间组织取得的成功经验,把握好自身发展的正确路线,处理好可能影响机构建设的重点问题,带领各成员国取得发展的现实成果。

要正确处理中国和各成员国的利益关系。各成员国加入"亚投行"这一机构无疑是从本国利益出发做出的决定,各国资源禀赋不同,发展水平也同样存在差异,这就决定了各成员国之间的利益诉求存在先天差异。过去的35年,在一定程度上,中国可以说是现有世界经济体系的受益者,但随着国力的增强和海外利益的扩张,中国比以前更需要于一个有利于全球化的经济体系,来保障和推动自身的发展。建立"亚投行"这样的国际金融机构一方面是中国自身发展需求的体现,同样也是对现有世界经济体系的丰富和发展。在中国和"亚投行"各成员国的共同努力下,亚洲经济将继续迸发出新的活力,也将为世界经济发展做出更大的贡献。

在基础设施建设方面,中国掌握丰富的经验和先进的技术,因此,"亚投行"的设立可以使中国为亚洲国家的基础设施建设提供优秀的服务,促进中国硬件资本和软件资本的充分利用,与亚洲其他新兴经济体一起为亚洲发展发挥作用,促进世界经济格局的平衡和完善,推动世界经济的可持续发展。

"亚投行"的设立会在一定程度上给亚洲开发银行和世界银行带来发展压力,但是在业务重点上,"亚投行"与其他国际性银行仍存在很大差别,与其说它们之间存在竞争,倒不如说它们是合作共赢的关系。"亚投行"的设立在一定程度上可以帮助现有的开放性银行解决资金不足、业务覆盖范围小的问题,其顺利运营虽然会给美国主导的国际货币体系带来挑战,却也有利于促进其改革发展,使其更加适应世界政治经济多极化和货币金融体系多元化的发展需要。因此,"亚投行"的设立对世界经济格局的合理化发展是有很大帮助的。中国倡导设立的"亚投行"对中国乃至世界经济的发展都具有里程碑意义,它帮助发展中国家解决了基础设施建设的资金问题,撼动了以发达国家为主导的世界经济发展体系,为更合理更科学的世界经济格局的建立,创造了条件,充分体现了中国是一个负责任的大国。

4.4.4 "亚投行"和"一带一路"是世界各国的共同需要

"一带一路"横跨亚欧,是促进沿线各国互联互通、实现贸易和投资便利化的"新丝绸之路"。对中国来说,西部内陆将成为对外开放的前沿,有助于最贫穷地区缩小与东部沿海发达地区的差距,实现区域均衡发展。在区域范围内,通过基础设施投资,进行要素和资源整合,提升各国竞争优势,形成包括贸易、国际物流、产业加工、商贸服务的国际贸易产业链,最终可能发展成为亚欧共同经济带,可能会改变世界经济的现有格局。

加入"亚投行"建设和"一带一路"的国家的共同利益在于走出衰退,加快复苏,整合资源,实现共同发展。2008年金融危机尚未结束,事实证明,每个国家或区域仅靠自身力量难以走出危机,必须各国联手,合作共赢才能实现世界经济的真正复苏。亚洲等发展中国家的基础设施落后,"亚投行"和"一带一路"可以满足其巨大的资金需求,达到吸引外资、更新设备、引进技术和开发资源的目的。发达国家有着先进的技术和设施,但缺乏资金,"亚投行"和"一带一路"可以提供资金。中国的困境在于产能过剩,巨额的外汇储备成为包袱,希望通过"亚投行"和"一带一路"进行产业转移、资本输出,让外汇储备变成外汇资本,提高其投资效益。由上述分析可见,各国都需要一个进行资源整合的平台,而"亚投行"和"一带一路"将成为最好的平台,各国将在这个平台上寻找利益的交汇点,实现各方利益。

"亚投行"作为"一带一路"的投融资平台,能够帮助"一带一路"不断深化互联互通建设,提高"一带一路"区域的投资能力,分散投资风险,平衡多个国家在该地区的利益,这将帮助拉动这些国家的经济复苏,对于全球经济的可持续发展非常重要,也必然带来全球经济格局的深刻调整。

5   "一带一路"与文化交流、贸易发展的关系

  德国学者魏格纳在1910年提出了地球板块漂移理论,又称全球板块漂移构造理论,其内容是地壳是由板块构造的。所谓板块指的是岩石圈板块,包括整个地壳和莫霍面以下的上地幔顶部,也就是说地壳和软流圈以上的地幔顶部。新全球构造理论认为,不论大陆壳或大洋壳都曾发生并还在继续发生大规模水平运动,但这种水平运动并不像大陆漂移说所设想的,发生在硅铝层和硅镁层之间,而是岩石圈板块在整个地幔软流层上像传送带那样移动着,大陆只是传送带上的"乘客"。

  魏格纳,德国人,1880年出生于柏林,是位天文学博士。正是这个人有力地撼动了传统地质学基础,那么主要是作为气象学家的他怎么会提出大陆漂移的设想呢? 他在《海陆的起源》一书中是这样叙述的:"大陆漂移的想法是我于1910年最初得到的。有一次,我在阅读世界地图时,曾被大西洋两岸的相似性所吸引,但当时我也随即丢开,并不认为具有什么重大意义。1911年秋,在一个偶然的机会里,我从一个论文集中看到了这样的话:根据古生物的证据,巴西与非洲间曾经有过陆地相连接,这是我过去所不知道的。这段文字记载促使我对这个问题在大地测量学与古生物学的范围内从事仓促的研究,并得出重要的肯定的论证,由此我就深信我的想法是基本正确的。"1912年魏格纳首次公布了自己的研究成果。

  美洲、欧洲、非洲、格陵兰的拼合大陆漂移假说发端于大陆几何形状的可匹配性。而后,魏格纳从地质学、生物学和古生物学、古气候学等方面对它进行了大量卓越的论证,从而使其确定为地质学中的一个科学假说。但在当时,却遭到大多数学者的非难和反对,渐渐地被遗忘了。

  随后不同国家、不同学者又进行了大量研究,只有魏格纳的大陆漂移学说能较为圆满地解释他们的成果。布莱克特与郎克恩两个古地磁研究小组从完全不同的出发点进行研究,殊途同归,得到了几乎完全一致的结论:大陆发生过漂移,最终认可了地球板块漂移理论。图5.1是世界地界,从图中的大陆轮廓明显的能看出来,各大洲是从一块古大陆分离出来的。

  根据地球板块漂移理论,地球陆地本来是连接在一块的,但随着板块的漂移,形成了七大洲、五大洋。

  建设"一带一路",就是要将地球各板块连接起来,使地球村村民来往和贸易,促进世界各国的发展,方便世界各国人民交流,促进全球人民的团结,建设和谐世界,消除

恐怖主义,使全球人民共同富裕,幸福而多彩的生活。

图5.1　世界地图

　　很多学者研究认为"一带一路"建设是区域性的,但实际上"一带一路"建设是全球性的。

　　《礼记·中庸》:"今天下,车同轨,书同文。"《晋纪总论》:"太康之中,天下书同文,车同轨,牛马被野,馀粮栖亩,行旅草舍,外闾不闭,民相遇者如亲,其匮乏者,取资於道路,故于时有'天下无穷人'之谚。"

　　可见,中国人在晋朝就设想天下太平,人民安康生活,文化融合,衣食住行方便,天下人民相遇就像亲友相遇一样,天下无穷人的理想社会。天下没有了穷人,也就消除恐怕主义的根源。"一带一路"是符合中国人古代文化思想的。

　　在中国历史上,像汉武大帝这样的伟大君王,考虑战略性问题从来都是从全球利益出发,而非局限于自己国内发展。中国主席习近平是具有雄才大略的领导人,提出的"一带一路"发展,也是从全球战略发展、人类共同发展角度出发的。因此"一带一路"建设是全球性的。图5.2是"一带一路"全球性主线建设方案示意图。

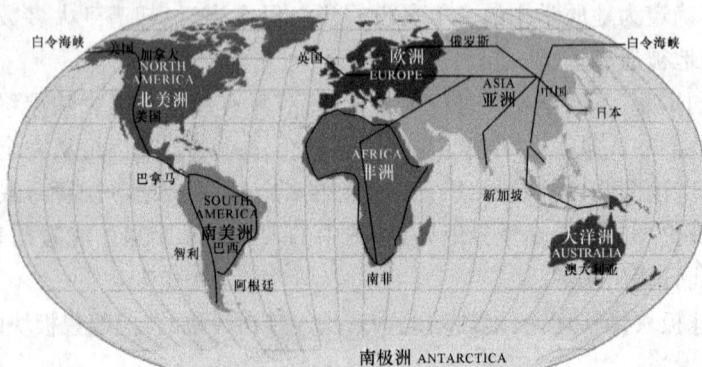

图5.2　"一带一路"全球性主线建设方案示意图

5.1 建设"一带一路",促进全球贸易及文化交流

5.1.1 "一带一路"与文化交流

1) 文化交流的历史背景

古代丝绸之路是 2 000 多年前开始的欧亚非的商贸之路、文化之路、友谊之路、和平之路。古丝绸之路是古代不同文化风俗、不同宗教信仰、不同肤色人民的交流友谊之路、共建美好世界之路。在古代丝绸之路的引领下,世界开始认识中国,中国开始认识世界。古代丝绸之路推动了东西方思想交流、文化交融,贸易交往发展,东西方思想交流、文化交融,贸易交往推动了古代丝绸之路。

举世闻名的丝绸之路分辽阔的陆路和汪洋的海路两类。其中陆路有穿越戈壁绿洲的西域丝绸之路(西域是我国古代对新疆以及中亚地区的统称。这块地方面积广大,自古就是东西方商贸主道,更是宗教文化交流通道),跨越北方沙漠和草原的草原丝绸之路,在巍峨的崇山峻岭中交错的西南丝绸之路。西域丝绸之路和草原丝绸之路是古代东西文化交流史上的里程碑,它基本上经历了我国历史上的两汉、魏、晋、南北朝、隋、唐、宋、元、明、清等朝代和匈奴汗国、鲜卑汗国、柔然汗国、突厥汗国、吐蕃、回鹘汗国、准噶尔汗国等北方民族草原汗国时期。关于丝绸之路,中国学者武伯纶先生在《传播友谊的丝绸之路》一书中说:中国在汉唐时期,形成了一条从当时的首都长安一直通往中亚、南亚、西南亚以至欧洲的交通大道。它对于建立各国人民的友谊和沟通商业贸易,曾经发挥过重要作用。由于当时的输出物中,大量的是中国独有的丝绸,后来欧洲人便把这条道路称为"丝绸之路"。

随着"丝绸之路"上贸易往来的增多,东西方文明也聚焦交会在"丝绸之路",相互影响渗透,并由此产生了五彩斑斓的文化成果。西方的音乐、舞蹈、绘画、雕塑、建筑等艺术向东传播,对中国文化和宗教的发展均产生了深远影响;东方的天文、历算、医药等科技知识向西传播,对西方的科学技术产生了促进作用。此外,佛教、景教、摩尼教、伊斯兰教等宗教,也沿着丝绸之路陆续传入西域与中原。因此,"丝绸之路"也是各种宗教交流、融合、共存之路。

2) 文化交流的时代背景

古代中国对外交往有两大出口,一是在陆上,一是在海上。古代东西方文化的交流互动,就是通过陆上丝绸之路和海上丝绸之路进行的。经由丝绸之路,中国与亚洲、非洲、欧洲各国互动与交流,人员互访,共享信息,开展了繁盛的跨国商贸与文化活动,共同推进了人类文明的发展进程。当今,世界经济、贸易、文化交流又站在一个崭新的战略发展的关口,为了顺应和平、发展、合作的共同追求,"一带一路"也被赋予新的丰富内涵和深远意义。"一带一路"除了是经贸重要的纽带,也是文化交流、人文交流、文

明相互交融重要的纽带。"一带一路"将传承传统文化,将创新时代文化,是共建人类文明,建设和谐世界的基础工程,将充分发挥连接不同文明的纽带作用。

"一带一路"是当前世界经济发展、国际贸易、文化交流的基础,是世界经济发展之路、国际贸易之路、文化交流之路、友谊传播之路、和平发展之路。"一带一路"传承了几千年前丝绸之路的精神,将在文明交流中写下历史篇章。将是现在世界上不同文化风俗、不同宗教信仰、不同肤色人民交流友谊、共建美好世界之路。"一带一路"更是中国儒家思想下的反恐之路,因为只有世界经济发展了,人民生活水平提高了,世界各种文化融合了,恐怖主义才能从根本上消除。

3)古丝绸之路是人类的共同文化遗产

中国与吉尔吉斯斯坦、哈萨克斯坦联合申请的"丝绸之路:长安—天山廊道路网"入选《世界遗产名录》。此次申遗成功为沿线地区带来的发展动力将不可估量。它必将推动国内各省区市乃至三国之间在文物保护工作方面的交流、协作,促进这一地区文化遗产管理与保护水平的提升,必将在这一地区兴起文化遗产保护热潮,不仅可以拉近民众与文化遗产之间的距离,更能密切丝绸之路沿线民众间的情感,为古丝绸之路注入新的活力。申遗的成果也被融入到当地的经济建设之中。可以说,申遗的成功使得丝绸之路沿线各国重新关注这条古代商贸之路,为丝绸之路经济带成为国际纽带打下了新的铺垫。古代"丝绸之路"不仅是中国、吉尔吉斯斯坦、哈萨克斯坦等国家的文化遗产,也是沿线数十个国家的共同文化遗产,是人类文化的共同遗产。

4)"一带一路"文化建设是民心所向

"一带一路"文化建设已经成为中国对外文化交流工作的重点。2014年,文化部已与新疆、宁夏、甘肃等有关省区市开展了多渠道、多层次、多形式的交流与合作,举办了一系列以"一带一路"为主题的综合性文化交流活动,协调指导西北五省区文化厅成立了"丝绸之路经济带西北五省区文化发展战略联盟",在陕西西安举办了首届"丝绸之路国际艺术节",在福建泉州举办了"海上丝绸之路国际艺术节"。

中国文化部、阿拉伯国家联盟秘书处主办了中阿文化部长论坛,论坛上代表一致认为,中国与阿拉伯国家均属丝绸之路沿线重要国家,是建设"一带一路"的天然合作伙伴关系,中阿共建"一带一路"拥有坚实的民意基础。

文化的影响力超越时空、跨越国界,文化交流是民心工程、未来工程。"一带一路"战略构想涉及几十个国家数十亿人口,这些国家在历史上创造出了形态不同、风格各异的文明形态,是人类文明宝库的重要组成部分。不同文明之间的交流互鉴,是当今世界文化发展繁荣的主要渠道,也是世界文明日益多元、相互包容的时代标签。国之交在于民相亲,民相亲在于心相通。文化传承与创新是各国经济贸易合作的"软"支撑。"一带一路"沿线各国历史文化宗教不同,只有通过交流与合作,才能让各国人民产生共同语言,增强相互信任,加深彼此感情。而"一带一路"是沿线国家不同文化深入交融的融合剂。据文化部资料,这些年来,我国与沿线沿途国家的文化交流形式越来越新、内容越来越多、规模越来越大、影响越来越广。比如,我国与沿线大部分国家都签署了政府间文化交流合作协定及执行计划,与不少沿线国家都互办过文化年、艺术节、电影周和旅游推介活动等,近几年在不同国家还多次举办了以"丝绸之路"为主题的文化交流与合作项目。这些是基础,也是我们走向未来的开始。我们要立足现有基础,打造新模式,探索新机制,深入开展与沿线国家的文化艺术、科学教育、体育旅游、地方合作等合作,密切中国人民同沿线各国人民的友好感情,夯实我国同这些国家合作的民意基础和社会基础。我们要充分发掘沿线国家深厚的文化底蕴,继承和弘扬"丝绸之路"这一具有广泛亲和力和历史感召力的文化符号,积极发挥文化交流与合作的作用,共同促进不同文明的共同发展。

5)"一带一路"文化建设与艺术创作

中国及沿线国家与"丝绸之路"有关的艺术创作自古以来硕果累累,"一带一路"更为当代艺术家提供了巨大的创作空间和无穷的灵感。

中国国家画院发起了"丝绸之路美术创作工程",考察写生团分为海上丝绸之路、陆路丝绸之路、草原丝绸之路三路。为了使创作更具学术性和现实针对性,该院还制定了"'丝绸之路'美术创作选题",确定了300多个选题作为艺术家创作的选题参考。首届中国新疆国际艺术双年展上的众多艺术作品显示出丝绸之路艺术创作的如火如荼。

2015年央视春节晚会上,那英演唱的《丝绸之路》可谓音乐作品的个中代表。实际上,以丝绸之路为主题的音乐作品为数不少。目前,中央民族乐团已推出了大型音乐会《丝绸之路》,以琵琶、胡琴、热瓦普、唢呐、扬琴、冬不拉追寻古老而悠久的古丝绸之路音乐足迹。新疆维吾尔自治区、陕西、甘肃均在酝酿推出与丝绸之路有关的音乐、歌舞作品。2月,新疆木卡姆艺术团推出的《丝绸之路乐魂》已经上演。

影视纪录片也成为展示共建"一带一路"的重要手段。目前,纪录片《丝绸之路经济带》、《海上丝绸之路》已经开拍,大型人文纪录片《崛起新丝绸之路》也在筹备当中。3月12日,作为国内首档丝绸之路专业节目,中央电视台大型人文纪实栏目《新丝绸之路》在央视发现之旅频道首播。该栏目涵盖文化、艺术、航空、高铁、健康、科技等众多门类,将集中展示"一带一路"建设过程中各领域的创新实践。

在建设"一带一路"的进程中,应当坚持文化先行,树立文化引领经济的高度自觉,推动传统文化的传承与现代文化的创新,通过进一步深化与沿线国家的文化交流与合作,促进区域合作,实现共同发展。

6)"一带一路"带动文化产业

中国全国超过20个省区市上报了"一带一路"有关规划项目,其中不少项目涉及文化产业与文化贸易领域。如中国浙江省于近期上报了将继续推进实施浙江—吉尔吉斯斯坦德隆电视台文化贸易平台作为"一带一路"建设工作重点项目,并将进一步开展沿线国家各类文化贸易促进活动,以促进该省文化企业对沿线国家的境外投资并购。

北京第二外国语学院国家文化发展国际战略研究院常务副院长李嘉珊教授表示："文化具有先天优势,在国际交流、国际贸易中发挥着独特的作用。"

旅游业走在了国家布局的前沿。2015 年是"美丽中国——丝绸之路旅游年"。全国政协委员、国家旅游局原局长邵琪伟说,"一带一路"会对中国旅游业产生极大的影响,推动旅游业总体水平提高,加大和世界相关国家的交流交往。沿线不少省区市文化旅游已搭上"一带一路"快车,为文化旅游产业发展开拓了新契机。2014 中国西安丝绸之路国际旅游博览会、首届国际丝绸之路旅游发展会议等大型展会显示出了巨大的吸引力。在刚刚结束的柏林国际旅游交易会上,作为唯一开展现场推介会的中国省份福建凭借海上丝绸之路旅游资源而赢得了极大关注,共接待来自欧美地区的 200 余家旅游批发代理商。

"一带一路"的建设作用不仅体现对沿线各国的经济建设、贸易合作上,其内涵早已超越了经济纽带的狭隘范畴,覆盖文化、教育、科技、旅游等广泛领域。"一带一路"建设架起了亚欧文化交流的桥梁,将有力增进中欧之间的相互理解与合作,其不仅是商贸之路,也是文化之路。文化交流以其独特的"软实力",将促进不同文化的融合,推动东西方贸易和投资的合作。应通过文化艺术展示和交流,增强"一带一路"沿线各国之间的相互联系与理解。远期"一带一路"更是全球经济建设、贸易合作、文化交流、教育、科技、旅游等广泛领域的共同桥梁。

5.1.2 "一带一路"与国际贸易

1) "一带一路"战略构想

"一带一路"是在古丝绸之路概念基础上形成的一个新的经济发展区域,东边牵着亚太经济圈,西边系着发达的欧洲经济圈,沿线包含 40 多个国家、100 多个城市,涉及近 30 亿人口,被认为是"世界上最长、最具有发展潜力的经济大走廊"的经济走廊。"一带一路"战略的提出将改变世界经济版图,连接"两陆两洋"(欧亚大陆、太平洋与印度洋),成为欧亚双向联动发展的重要纽带。

"一带一路"主线东起日本,经朝鲜海峡隧道、韩国、朝鲜、中国、俄罗斯,西至鹿特丹,南北两线途经阿克斗亚、切利诺格勒、彼罗巴甫洛夫斯克纳,再经莫斯科、布列斯特、华沙、柏林、阿雷西、伊列次克、布良斯克、布列斯特、布达佩斯等国家和重要城市,在环太平洋地区与美国计划的 TPP 对接,对环太平洋经济圈的协调发展起到重要作用,也使中国与世界大市场的距离更近,对扩大亚太地区与欧洲的经贸合作及促进全球各国经贸、文化交流等各方面的发展都具有重要意义。

"一带一路"主要是基础建设。一是在交通建设方面,将完善铁路系统,建设新高铁系统,统一铁路标准,完善公路交通,建设新的高速公路系统,打通经济带沿线陆上运输要道,最大程度缩短和降低亚欧国家和地区间的贸易运输距离和贸易成本,使之成为亚欧国家和地区间贸易运输快速、简便、廉价和安全的最佳路径,形成连接东亚与西欧,贯通中亚、东欧,辐射东南亚、南亚、西亚、南欧的联动发展的网络。二是在信息和网络建设方面,加强 4G 网络建设速度,将无线网络全面覆盖到有人区域。三是加强文化领域基础设施建设,提高沿线人民文化素质和生活水平,促使各国各民族、各种宗教文化相互交流、相互融合,同时保持各种文化、宗教的独立性。

2)"一带一路"将成为沟通"一带一路"沿线国家发展的主动脉

通过对"一带一路"经济区域内主要贸易通道的分析,"一带一路"运输相比于其他通道的优势主要体现在:

第一,从日本、韩国至欧洲,通过新亚欧工程,陆路全程仅为 12 000 千米,比西伯利亚工程缩短了 2 000 千米运距,比绕道印度洋和苏伊士运河的水运距离缩短了 10 000 千米。

第二,它使东北亚、东南亚与中亚的货运距离大幅度减少,日本、韩国至中亚五国,通过西伯利亚和新亚欧,海上距离相近,陆上距离相差很大。

第三,由于运距缩短,在运输时间和运费上将比西伯利亚大陆桥有所减少,更有利于同海运竞争。

第四,新亚欧工程的东端桥头堡自然条件好,位置适中,气候温和,一年四季可不间断地作业,而东方港和海参崴港每年都有漫长的冰冻期。

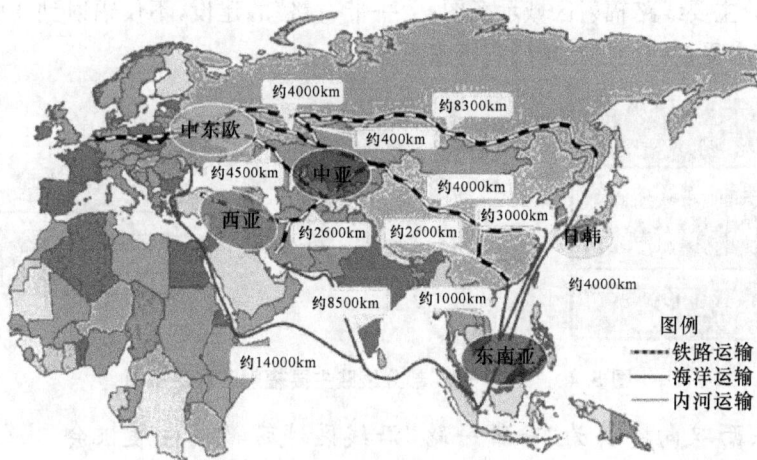

图 5.3　"一带一路"部分线路图示意图

第五,基于高铁的"一带一路"比其他运输方式快捷。图 5.3 是"一带一路"部分线路示意图。从日本、韩国至欧洲,高铁全程仅为 12 000 千米,按高铁 300 千米/小时计算,最快仅需要 40 小时,比飞机都快,因为,铁路可直达工厂里面。据《21 世纪经济报道》记者赵忆宁 1 月 16 日报道,中国南车集团制造的 CIT500 型高铁试验列车在 2014 年 1 月,其试验速度达到了 605 千米/小时,打破了法国高速列车 TGV 在 2007 年 4 月 3 日创造的 574.8 千米/小时的世界纪录。不出几年,高铁运行速度可达到 600 千米/小时。如果从日本、韩国至欧洲建设一条运行速度为 600 千米/小时的高铁,则从日本、韩国至欧洲只要 20 个小时。

目前"一带一路"中段部分路段存在宽窄不同轨情况,大大增加了换装成本和延长了运输时间,再加上沿线国家关税机制复杂,标准化程度低,严重降低了贸易效率。这些原因导致"一带一路"的优势条件并没有发挥出来。

"一带一路"建设中的高铁是采用 1 435 毫米国际标准轨距,这样就减少了运货时间。同时,随着各国逐步加入关贸协定,税率也会统一。随着"一带一路"同轨化建设的完成和沿线国家贸易机制的国际化,"一带一路"成为亚欧间贸易主动脉的趋势毋庸置疑。

"一带一路"沿线辐射范围涉及从东亚、中亚到西亚、东欧、南欧、西欧等 40 多个国家和地区,存在多个区域性合作组织,经贸关系错综复杂。综合考虑"一带一路"沿线国家与我国的经贸合作态势、与我国的政治经济地缘关系、国际商品过境情况等因素,本书认为,未来经"一带一路"辐射的经贸合作服务范围主要包括四个层面:一是我国与中亚五国的经贸合作;二是我国与北亚(主要为俄罗斯的部分)的经贸合作;三是我国与西亚、中东欧、南欧等新陆桥辐射范围内国家的部分经贸合作;四是东亚、东南亚国家与中亚国家经贸往来中我国可承接的部分过境贸易。因此,5 个区域内有 18 国成为"一带一路"国际贸易服务的重点辐射区域。图 5.4 是"一带一路"在国际经贸互动中的部分主要线路辐射区域示意图。"一带一路"的建设,不仅辐射到 40 多个国家或地区,将来受益的会是全球所有国家和地区。

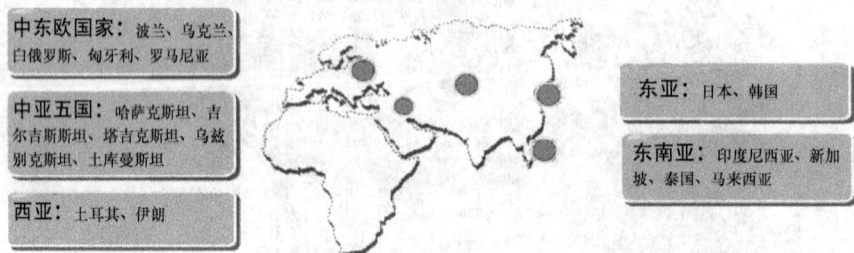

图 5.4　"一带一路"部分线路主要辐射区域示意图

3) 东西双向贸易为"一带一路"沿线区域带来的发展机会

第一,东、西区域经贸互补结构。从资源富集情况看,"一带一路"大陆桥辐射区域是全球最主要的能源和战略资源供应基地,区域内资源互补性强;从比较优势来看,沿途国家多为处于不同发展阶段、具有不同禀赋优势的发展中国家,这些国家经济发展潜力巨大,在农业、纺织、化工、能源、交通、通信、金融、科技等诸多领域进行经济技术合作的空间广阔。图 5.5 是"一带一路"部分线路上流通的重要领域示意图。

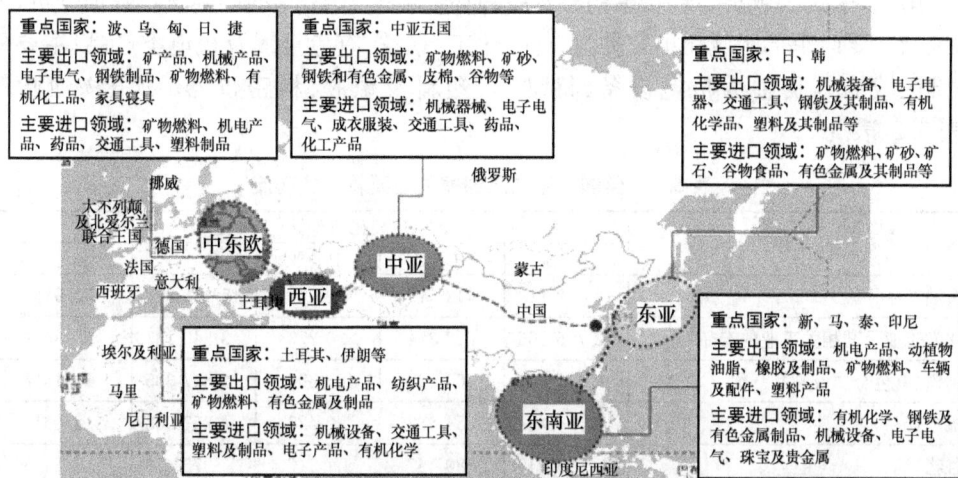

图 5.5 "一带一路"部分线路上流通的重要领域

经分析,"一带一路"大陆桥辐射区域的内陆区域主要以出口矿物燃料、金属矿物和制品、粮食皮毛等初级原料,进口机械设备、电子电器、交通工具等工业成品和日用生活消费品为主;与内陆地区相对应,相对发达的东亚、东南亚地区则以出口电子电器、机械设备、交通工具等工业成品,进口油气、金属原材料、塑料化工等初级产品为主。从东、西双向的贸易互补性来看,大陆桥沿线可在 12 大领域 36 类货种的国际贸易中寻求贸易服务承载机会(表 5.1)。

表 5.1 "一带一路"各国主要商品贸易品种及流向

商品大类	细分产品及其流向
粮食及食饮	生肉及制品(东向)、鱼及制品(西向)、饮品及酒醋(东向)、谷物(双向)、可可和咖啡(西向)
矿产品	有色金属矿(主要为东向)、有机矿(双向)、硫磺及石料(东向)
化工产品	无机化工品(主要为东向)、药品(西向)、日用化工品(洗涤用品、香料及化妆品等,西向)、有机化学品(双向)
布料、毛料、纺织服装及其附着物	棉花(东向,东南亚为主要需求国)、生皮及皮革制品(东向)、地毯等毛纺品(东向)、成衣鞋帽(西向)、针织品和衣装附着物(西向)、棉线及布料(西向)
木制品纸制品	木材及制品(西向和南向)、纸张及印刷品(主要为西向)
矿物燃料	油气及其制品(主要为西向)
钢铁及有色金属制品	钢铁制品、铜、铝、镍、锌、锡等(双向,除了区域内部流通,区域间主要为东向)
电机电器	电子产品、电机、电气产品等及其配件(主要为西向)
运输工具	车辆及零配件(主要为西向)
仪器设备	核电设备(西向)、机械设备(西向)、通讯设备(西向)、光学仪器(西向)、医疗器械(西向)、实验仪器(西向,但量少)、其他精密仪器(西向,但量少)
建材家居产品	家具及寝具(西向)、灯具(西向)
其他	橡胶及其制品(西向)、塑料及其制品(双向)

　　第二,东西区域贸易现状结构和发展趋势。根据2012年的国际贸易数据分析,内陆区域主要向东部区域输出货种为石油、化工、钢铁、有色金属及机电类产品;主要从东部区域输入货种为机电设备、机动车、塑料及橡胶、精密仪器、动植物油脂等(表5.2、表5.3)。

表5.2　丝绸之路内陆国家的主要输出货物流

品　种	主要出口地区(万美元)				
	西　亚	中东欧	中　亚	总　计	占　比
石油产品	17 012 713	442 519	—	17 455 232	52.91%
化学工业及其相关工业的产品	2 705 566	613 314	30 277	3 349 157	15.34%
钢铁、有色金属及制品	117 523	1 260 932	1 468 880	2 847 335	10.15%
机电产品	—	1 254 582	2 426	1 257 008	8.63%
谷物	93 049	880 457	1 917	975 423	3.81%
车辆、航空器、船舶及有关运输设备	12 689	394 932	84	407 705	2.96%
食品饮料烟草	140 087	228 791	1 461	370 339	1.24%
贵金属	18 848	100 332	136 730	255 910	1.12%
木及木制品		243 475		243 475	0.78%
塑料及橡胶		195 726	54	195 780	0.74%
光学、精密仪器及设备		175 049	347	175 396	0.59%
玩具		170 502	—	170 502	0.53%
纺织原料及纺织品	70 702		12 285	82 987	0.52%
矿产品	7 143	54 465	2	61 610	0.25%
纸及印刷品		40 252	5 406	45 658	0.19%
建材陶瓷玻璃	6 926	29 925	2	36 853	0.14%
皮毛及皮革制品			1 350	1 350	0.11%
其他	1 222 625	3 752 892	84 435	5 059 952	0.00%
总计	21 407 871	9 838 145	1 745 656	32 991 672	100.00%

表5.3　丝绸之路内陆国家的主要输入货物流

品　种	主要出口地区(万美元)				
	西　亚	中东欧	中　亚	总　计	占　比
机电产品	2 244 728	8 545 027	514 832	11 304 587	57.88%
交通运输设备	898 076	2 457 024	1 837 323	5 192 423	17.40%
光学、精密仪器及设备	268 966	3 384 178	1 467	3 654 611	7.99%
塑料及橡胶	1 266 310	1 580 636	199 807	3 046 753	5.63%
动植物油脂	1 235 048	7 507 55	47811	2 033 614	4.69%
钢铁、有色金属及制品	510 151	84171	57 792	652 114	3.13%

续表 5.3

品　种	主要出口地区（万美元）				
	西　亚	中东欧	中　亚	总　计	占　比
化学工业及其相关工业的产品	178 976	360 884	8 836	548 696	1.00%
纺织原料及纺织制品	307 399	2 440	53 168	363 007	0.84%
石油产品	175 256	20 820	2 421	198 497	0.56%
家具灯具	—	89 977	17	89 994	0.31%
矿产品		80 557		80 557	0.14%
纸及纸板、纸浆	68 760	—	2 220	70 980	0.12%
食品、饮料、烟草	14 708	15 264	20 882	50 854	0.11%
木及木制品	44 763	—		44 763	0.08%
鞋靴制品		30 533		30 533	0.07%
其他	18 824 347	16 710 489	2 071 582	37 606 418	0.05%
总计	26 037 488	34 112 755	4 818 158	64 968 401	100%

通过对东、西不同区域经济发展状况和消费水平的未来趋势分析及表 5.1~表 5.3 可知：内陆国家未来对电子消费类、耐用品类、基建设备、机电类产品需求会有更大的增长空间，东部国家对资源加工类、农产品及特殊消费品类需求仍会持续增加。

分析表 5.4 可以看出，丝绸之路内陆国家人均 GDP 较低、经济发展水平较落后、主要以初级原材料、农产品和材料输出为主，需要较大的运输量，但基础设计并不完善，理应加强基础设施的建设。

表 5.4　丝绸之路内陆国家人均 GDP、经济发展水平、主要进出货物

区　域	人均 GDP	发展情况	判　断
中西亚	2400 美元	经济发展处于工业化初期阶段，消费水平从温饱型向进取型转变中	初级原材料和农产品输出为主；日用品、家电产品输入为主
中东欧	4 000 美元	经济发展处于工业化中后期阶段，消费水平为进取型	重工业产品和材料输出为主；耐用消费品和科技产品引入为主
东亚	3 000 美元	经济处于后工业化阶段，生活方式现代化，高档耐用消费品被推广普及	能源、原材料需求为主；技术密集型产业为输出主导
东南亚	5 000 美元	经济发展处于工业化中后期阶段，消费水平为进取型	重工业产品和材料输出为主；耐用消费品和科技产品引入为主

从表 5.5 中可以得出东、西双向贸易的主要货种为：钢铁及有色金属制品（东向为主）、交通运输工具及零配件（西向为主）、智能电器设备（西向为主）、机械设备及零件（西向为主，部分零部件为东向）、塑料及橡胶制品（东、西双向）、化工产品（东、西双向）、皮毛棉纺制品（东向为主）、粮食及食品饮料（东、西双向）等 8 类。

表 5.5　重点服务货种及转口贸易流向

货　种		转口贸易流向	重点产品
重点服务货种	智能电气设备	东亚→中亚、西亚(西向)	电话机、电视机、显示屏、显像管、冷冻机、空调、电熨斗、微波炉、空调、录像机、电力控制板、集成电路、存储器
	铜铁及有色金属制品 钢铁及其制品	中西亚、中东欧→东亚、东南亚(东向)	铬铁、矩形截面钢铁半制成品、硅铬铁、镍铁、热轧板材、卷材、金属切削制品
	锌及其制品	中亚→东南亚(东向)	锌合金、未锻轧非合金锌
	铜及其制品	中亚、中东欧→东亚、东南亚(东向)	精炼铜丝、铜锌合金、精炼铜及其型材
	铝及其制品	中亚、中东欧→东亚、东南亚(东向)	铝合金板、未锻轧的非合金铝
	稀有金属	中亚、中东欧→东亚、东南亚(东向)	锑粉、钛粉
	交通运输设备及零件	东亚→中西亚、中东欧(西向)	机动车辆及其零部件
	机械设备及零件	东亚→中西亚、中东欧(西向)	柴油机、发动机、推土机、钻探设备、挖掘设备及其零部件
		中东欧→东亚、东南亚(东向)	柴油机、发电机组、泵等设备及零部件

　　分析表 5.6 次要服务货种及转口贸易流向可以看出,技术含量低的产品较多,需要加强运输力。

表 5.6　次要服务货种及转口贸易流向

货　种		转口贸易流向	重点产品
次要服务货种	粮食及食品类 动植物油脂	东南亚→中西亚(西向)	棕榈油、椰子油及其制品
	食品饮料类	东南亚→中西亚(西向)	咖啡、可可、卷烟、茶、干鱼制品、糕饼、菠萝及其制品
		中东欧、西亚→东亚、东南亚(东向)	冻猪肉、乳制品、伏特加酒、番茄
	谷物	中亚、中东欧→东亚、东南亚(东向)	小麦、玉米
	化工品类	西亚、中东欧→东亚、东南亚(东向)	液化丙烷、丁烷、乙烯、丙烯、丁烯及丁二烯、氨、氯化钾
		东亚、东南亚→中西亚、中东欧(西向)	PTA、化学药、肝素及其制品、抗血清等免疫制品、工业用脂肪酸、脂肪醇
	塑料及橡胶制品类	西亚、中东欧→东南亚、东亚(东向)	合成橡胶、肠衣、塑料板等
		东南亚→中西亚、中东欧(西向)	天然橡胶、医用橡胶制品、轮胎、硬管等
	皮毛、纺织服装类	中、西亚→东亚、东南亚(东向)	皮革、地毯、棉纱、棉质成衣

　　第三,各领域经贸互动催生的服务需求。通过对各领域重点贸易货种及各个货种服务需求特点的分析,研究总结出大陆桥沿线区域的三大服务需求体系:

　　国际物流需求:"一带一路"沿线国家间商品贸易对国际化的物流网络、物流设施和物流技术的需求,以实现货物的高效流动与交换。主要是对物流节点通关、仓储、联运设施及服务的要求,选择最佳的方式与路径,以最低的费用和最小的风险,保质、保量、适时地将货物从供方国运到需方国。

产业加工需求：贸易过程中，产品有一定的处理和加工、组装的要求，按照贸易国的产品诉求或者贸易产品本身的特殊性，供方国集聚原料、材料或零件，利用本地的生产能力和技术，对货物进行一定的加工处理再运至需求国。大陆桥沿线的"一带一路"贸易主要承载转口加工业务，按照所承接的业务特点不同，包括原材料精深加工、产品装配业务和协作生产、技术合作等。

商贸促进需求：贸易过程中的行政服务需求和市场化服务需求，高效、便捷、全面的服务体系更有吸引力，包括"一站式"通关、集成化专业服务、完善的外围配套服务等等，如国际采购、贸易金融、跨国结算、专业市场、商贸展销、贸易旅游、电子商务等。

4）构建"一带一路"国际贸易产业链

对"一带一路"战略的落实内容和方式的大量研究认为"打造国际贸易产业链"包括借助大陆桥沿线节点城市的枢纽优势和当地资源特色，通过建设全链条经贸服务体系，搭建全方位的经贸促进平台，创新合作共享机制，围绕"一带一路"中、西区域间主要的贸易货流，打造以国际物流服务、产业加工服务、商贸促进服务为核心的国际贸易产业链。

根据对"一带一路"的东、西区域间贸易主要货种的产品特点，以及不同货种国际贸易的功能要求和承载的可行性，为大陆桥沿线节点性省市初步设计了几类重点公共平台和承载项目，包括金属材料精深加工项目、智能电器设备组装和加工项目、有色金属交易市场项目、国际多式联运中心项目、丝绸之路经贸企业总部办公平台、国际贸易电子商务平台、进出口商品展示交易平台等（图 5.6）。

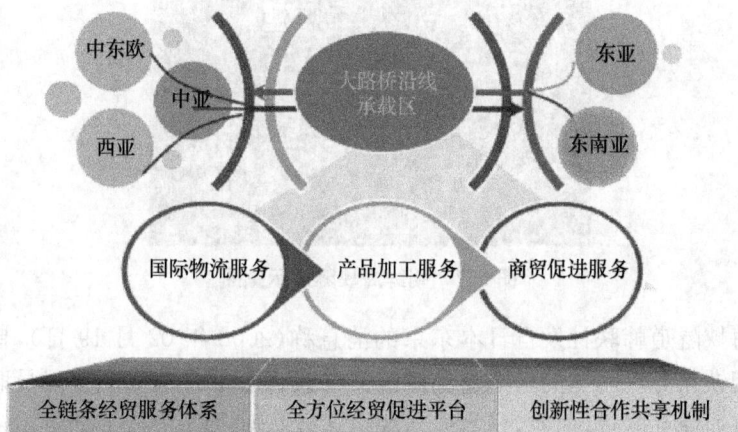

图 5.6 "一带一路"国际贸易产业链

"一带一路"国际贸易产业链的打造，两个问题最为关键：一是国际经贸合作机制和政策的创新和尝试，探索贸易通关、外汇结算、签证管理、企业登记备案、货物备案管理等方面的制度创新与突破,破除跨国家的贸易沟通障碍,在政策层面推动相关人流、物流、资金流的便利化;二是建立吸引力,争取"一带一路"各国政府参与,以国际化战略协同与跨洲际经贸沟通为思考原点,引导利益协同,谋求共同发展。

5.2 "一带一路"与东北亚文化交流及贸易

东北亚的"一带一路"建设方案,从韩国到中国,陆上丝绸之路可以修建一条从韩国出发,直达中国的高铁;而韩国与日本之间,将通过修建韩日海底隧道即朝鲜海峡隧道,将日本,韩国,朝鲜从陆上联系起来,这样,亚洲三大主要国家间贸易和人员来往将快捷又安全,成本也将大大降低。

朝鲜海峡隧道工程简介:经过近两年可靠的综合勘察,对马海峡隧道于1986年正式施工。海底隧道建在日本九州佐贺县和韩国的釜山之间。从佐贺县镇西町下掘100米~200米,穿过17千米的壹岐海峡海底、18千米的壹岐岛地下、47千米的对马海峡海底到达对马岛,然后在300米深处穿过23千米的对马岛,经68千米的朝鲜海峡海底、30千米的巨济岛地下直到釜山,全长250千米,其长度和深度堪称世界之最。此海底隧道计划建成两条直径11米的隧道,一条用于高速客货电气列车,一条为上、下线均为复线的高速公路,总工程费用预计高达约200亿美元,从九州唐津到对马岛由日本负责,从对马岛到釜山由韩国负责。其设想之宏伟、规模之巨大、工程之艰险是绝无仅有的。图5.7是朝鲜海峡隧道示意图。

图 5.7　朝鲜海峡隧道示意图

朝鲜海峡隧道韩联社发自日本东京的消息称(2008年02月19日),旨在打通连接韩日之间铁路海底隧道的日本超党派议员联盟将于下月成立。该议员联盟将游说韩日两国打通海底隧道,届时,日本的高铁将有望连到中国,甚至是远在欧洲西部的英格兰。

韩日海底隧道的构想是用铁路连接九州岛佐贺县唐津—壹岐岛—对马岛—釜山,总长230千米。据预测,其中海底铁路长度将达到128千米。据此前媒体报道,估计工程费为60万亿~100万亿韩元,工程时间为15~20年,是英法海底隧道(工程费约

14 万亿韩元,工程时间 6 年)工程费的 5 倍,工程时间的 3 倍多。如果海底隧道正式通车,就可以用铁路将东京和伦敦连接起来。

5.2.1 东北亚概况

东北亚是一个地理概念,即亚洲东北部地区,为亚洲—东亚所属的次区域。东北亚包括日本、韩国、朝鲜,在某些情况下,广义还包含蒙古国、中国的东北地区和华北地区,以及俄罗斯的远东联邦管区,即整个环亚太平洋地区。陆地面积有 1 600 多万平方千米,占亚洲总面积的 40%以上。

东北亚气候四季分明,是世界上人口最为稠密的地区之一,工农业和科教文化医疗相对发达。其中日本、韩国和中国东北的高新技术产业、重工业、信息技术产业,汽车、高新电子、机床、造船、石化、精密仪器仪表、手机、摄像机、数码、计算机、平板显示器、飞机零部件等高层次高技术产业发达。中国东北的航天技术产业和防务产业接近世界高等水平。该地区拥有近半数的世界 500 强企业。主要有日本丰田、本田汽车工业及电子工业,韩国三星电子、现代汽车、LG,中国华为、联想、海尔等等。

农业也较发达。是世界水稻、玉米、小麦、大豆、温带和北亚热带水果、肉类、茶叶、棉花、蚕丝的重要产区,普遍精耕细作,农业产业化程度高。东北亚区域的西部内陆条件较差(中国西南地区除外),人口稀少,但草原广阔,畜牧业、畜产品加工发达。

东北亚地区工农业发达,大量产品销往世界各地,文化艺术产品也领先世界,是全球重要的旅游业市场,但交通运输、信息网络相对欠发达,急需加强交通、信息等基础领域建设。

5.2.2 "一带一路"下的中俄文化交流及贸易往来

俄罗斯位于欧亚大陆北部,地跨欧亚两大洲,地形以平原和高原为主。地势南高北低,东高西低。俄工业科技基础雄厚,苏联曾是世界第二经济强国,解体后俄罗斯经济一度严重衰退,2000 年普京执政至今,俄经济快速回升,连续 8 年保持增长(年均增幅约 6.7%),外贸出口大幅增长,投资环境有所改善,居民收入明显提高,财政金融总体趋好。2006 年黄金外汇储备居世界第三位,卢布升值了 7.6%,国际信用评级提高。自 2006 年 7 月起,俄实行卢布完全可自由兑换,汇率稳定。

2005 年底,俄国民生产总值由 1999 年的 1 570 亿美元恢复增长到约 7 500 亿美元,黄金外汇储备由 1998 年底的不足 100 亿美元增长到 1 822 亿美元,至 2006 年年底更已突破了 2 800 亿美元储蓄大关,成为世界上拥有最多外汇储蓄的国家之一。

俄工业发达,核工业和航空航天业占世界重要地位。2004 年工业产值为 112 090 亿卢布,同比增长 6.1%。工业从业人口 2 055.4 万人,占总就业人口(6 732.2 万人)的 30.5%。

工业基础雄厚,部门齐全,以机械、钢铁、冶金、石油、天然气、煤炭、森林工业及化工等为主,木材和木材加工业也较发达。俄工业结构不合理,重工业发达,轻工业发展缓慢,民用工业落后状况尚未根本改变。

主要工业区:① 莫斯科工业区,俄罗斯工业最发达的地区,以汽车、飞机、火箭、钢铁、电子为主;② 圣彼得堡工业区,以石油化工、造纸、造船、航空航天、电子为主,是俄食品和纺织工业最发达的地区;③ 乌拉尔工业区,以石油、钢铁、机械为主;④ 新西伯利亚工业,以煤炭、石油、天然气、钢铁、电力为主。图 5.8 是俄罗斯矿产资源及工业分布图。

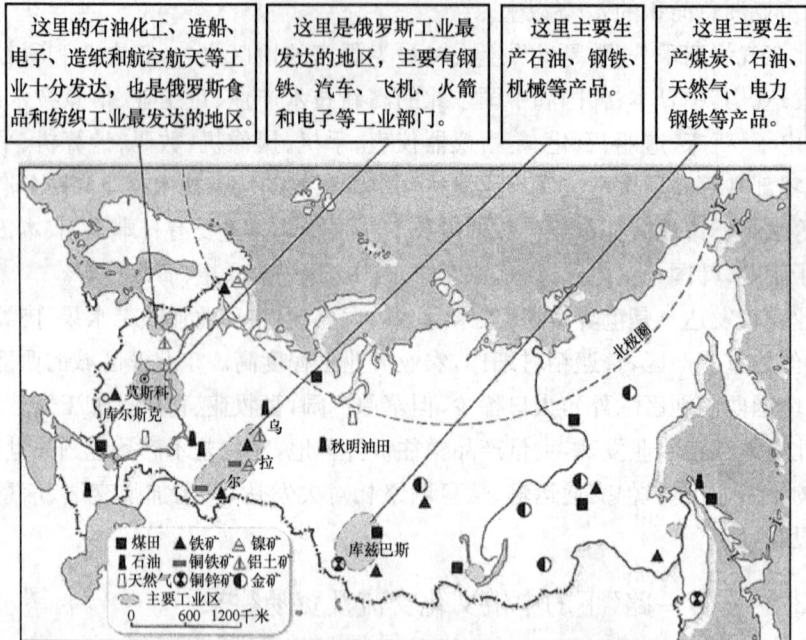

图 5.8　俄罗斯矿产资源及工业分布图

据俄海关委员会统计,2009 年货物贸易进出口 3 891.4 亿美元,其中,出口 2 339.4 亿美元,进口 1 552.1 亿美元,顺差 787.3 亿美元。俄主要出口商品是石油和天然气等矿产品、金属及其制品、化工产品、机械设备和交通工具、宝石及其制品、木材及纸浆等。主要进口商品是机械设备和交通工具、食品和农业原料产品、化工产品及橡胶、金属及其制品、纺织服装类商品等。从图 5.8 俄罗斯矿产资源及工业分布图和俄罗斯对外进出口形势可以分析得出,在俄罗斯境内矿产资源及工业调配也需要大量的运输,"一带一路"建设对俄罗斯很重要。

主要运输方式俱全,铁路、公路、水运、航空都起着重要作用。根据俄罗斯联邦统计局数据显示,2012 年客运周转量 5 325 亿人·千米,货运量 85.19 亿吨,货运周转量达 5.05 万亿吨·千米,同比增长 2.8%。

铁路:截至 2011 年底,俄铁路网总运营里程为 12.2 万千米。2012 年,俄铁路客运周转量为 1 446 亿人千米,同比增长 3.4%;客运量 10.59 亿人次,同比增长 6.6%。货运量 14.21 亿吨,同比增长 2.8%,货物周转量 2.22 万亿吨·千米,同比增长 4.4%。

公路:截至 2011 年底,俄公路网总里程 109.4 万千米。2012 年,公路客运周转量 1 464 亿人千米,货运周转量 2 490 亿吨·千米,同比增长 11.76%。

水运:截至 2011 年底,俄拥有海运客货船 2 750 艘,内河客货船 3.06 万艘。主要海港位于波罗的海、黑海、太平洋、巴伦支海、白海等,包括摩尔曼斯克、圣彼得堡、符拉迪沃斯托克、纳霍德卡、新罗西斯克等。2012 年,海运货运周转量 1 260 亿吨·千米,海洋客运量 110 万人次,内河客运量 1 400 万人次。

空运:2009 年底机场总数 232 个,其中国际机场 71 个,主要机场有莫斯科谢列梅杰沃国际机场、伏努科沃 1 号国际机场、多莫杰多沃机场、圣彼得堡国际机场、下诺夫哥罗德机场、新西伯利亚机场、叶卡捷琳堡机场、哈巴罗夫斯克机场等。现有航空公司 46 家,其中年运力超过 100 万人次的大型航空公司 11 家。2012 年,俄航空客运量 7 600 万人,同比增加 15%;货运量 120 万吨,与 2011 年持平;货运周转量 51 亿吨·千米,同比增加 2%。

管道运输:截止到 2013 年 07 月,俄石油、天然气输送管道总长超 24.6 万千米。2012 年,输油气总量 10.96 亿吨。2010 年中俄原油管道全线贯通,11 月 1 日开始试运行,2011 年 1 月 1 日起投入商业运营。2011 年,俄罗斯"北溪"天然气管道建成输气,开辟了绕开乌克兰直接向欧洲输气的新途径。2012 年,管道运输货运周转量 2.45 万亿吨·千米,同比增长 1%。图 5.9 是俄罗斯主要铁路与油气管道示意图。从图 5.9 俄罗斯主要铁路与油气管道示意图和俄罗斯运输量分析,可得出俄罗斯急需基础建设的信息。

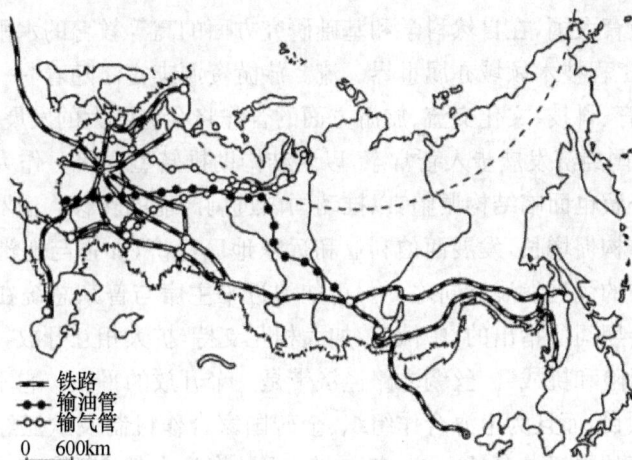

图 5.9 俄罗斯主要铁路与油气管道示意图

近些年,中俄加快跨境基础设施建设合作,欧亚运输新通道正在形成。2014 年,以"渝新欧"为代表的途经俄罗斯的中国与欧洲的货运集装箱班列已发送数百列。中国参与建设的莫斯科至喀山高铁项目,2015年起逐步落实,并将最终延长至北京,构建7 000千米的欧亚高速运输走廊。贯通中国西部和西欧的"双西公路"跨越哈萨克斯坦和俄罗斯,将于2017年投入使用。在中国东北和俄罗斯远东地区,中俄积极推动桥梁、港口、索道等项目建设,并开展智能电网合作。在经贸和投资领域,俄罗斯已经向中国投资者发出了善意信号,尝试主动对接"一带一路"项目。例如,为了吸引外资,俄方将考虑允许中方企业控股俄罗斯境内除大陆架项目外的战略性油田项目。2014年,中俄贸易额突破950亿美元,中俄签署了总值4 000亿美元的东线天然气大单。目前,双边贸易合作正从传统的能源、军工等领域拓展至航空航天、电信、建筑等领域。乌克兰危机导致的西方与俄罗斯之间的相互经济制裁为中俄农业合作提供了新契机。根据俄罗斯经济发展部发布的数据表明,2015年中国对俄罗斯直接投资额大约是2.5亿美元,而俄罗斯对华直接投资仅为3 600万美元。俄罗斯对华投资的低水平意味着双边合作的巨大潜力。

在金融领域,中国发起并建立了金砖国家开发银行、亚洲基础设施投资银行和丝绸之路基金,一系列金融机构将支持"一带一路"框架下的基础设施建设,为双边重大投资项目保驾护航。

中俄是友好邻邦。两国高层互访频繁,经贸合作逐步升级,举办了一系列主题年等大型人文项目,这极大地促进了民间交流,提升了民众互信。俄罗斯列瓦达和全俄舆论研究中心民调显示,大约八成受访者对中国有好感并认为俄中两国是友好国家,近半数中国人认为中国是战略伙伴。皮尤研究中心2014年统计数据显示,66%中国受访者对俄罗斯持有好感。这为中俄务实合作提供了坚实的民意基础。

俄罗斯是教育大国,在自然科学和基础研究方面的高等教育的水平居世界领先地位,航空航天等工程技术领域亦属世界一流。旅游资源丰富。随着"一带一路"建设与发展,中俄在教育、科技、文化交流、旅游方面的合作将会有巨大的发展空间。

2015年,中国经济发展步入新常态,以调结构助推转型升级。作为曾推动中国经济高速发展的外贸也面临结构调整,以推动国内过剩产能的转移。俄罗斯为了应对危机同样需要调结构促增长,发展西伯利亚和远东地区经济,加强与亚洲国家的经贸合作已成为俄罗斯的优先发展方向之一。正如习近平主席与普京总统在上海合作组织成员国首脑峰会期间所指出的,中俄应"加大相互支持,扩大相互开放,相互给力借力,共同抵御外部风险和挑战"。丝绸之路经济带是一个开放的平台。它不仅包含并升级中俄既有合作项目,而且为上海合作组织、金砖国家合作机制及欧亚经济联盟等区域合作机制注入新的内涵与活力。"一带一路"项目将为中俄实现2020年贸易额达到2 000亿美元的目标提供强有力支撑。中俄双方应抓住"一带一路"建设的战略机遇期,对接各自发展规划,以基础设施建设为平台,以产业合作为内容,逐步形成区域大合作,最终实现亚欧大陆和全球的共同发展与繁荣。

5.2.3　"一带一路"下的中韩文化交流及贸易往来

韩国是中国的友好邻邦,韩国与中国的文化交流与贸易来往有几千年的历史,在人员来往方面可达万年,据考证,韩国人是中国的移民,这在中韩两国古典文献中均有记载,因此,韩国与中国还是亲戚。韩国在与中国的交往中,从中国学习到中国文化和中国哲学,特别是中国儒学思想成为韩国人的行为指南。古代丝绸之路中,韩国在中国与西域、欧洲的文化、贸易中发挥了重要作用,今天韩国流行文化领导东方世界文化,韩国的贸易在世界贸易中发挥了重要作用。中国提出"一带一路"建设,将使韩国在文化交流、贸易等方面受益。

5.2.4　"一带一路"下的中日文化交流及贸易往来

日本国内有一种说法认为,古代丝绸之路的东端一直延伸至日本,中国隋唐时期的各种文化都是通过这条线传到日本,日本国民普遍对"丝绸之路"有着美好回忆。20世纪80年代在日本举办的"丝绸之路系列展"和NHK摄制的纪录片《丝绸之路》在日本引起轰动也反映了这一点。"一带一路"为中日开展合作提供了新的平台。

中日同为地区重要国家,作为世界第二和第三大经济体,两国可以探讨加强在地区和国际事务中的协调配合,共同开展在亚洲金融货币、基础设施建设、互联互通等领域的合作。现在,中日两国的友好城市数量已经361对。历史上,中国丝绸通过古代丝绸之路的重要分支——东北亚丝绸之路,从长安经由龙泉府(今珲春市)越过日本海到达日本国。而古代"海上丝绸之路"除"南海丝绸之路,即从东南沿海经东南亚、南亚后延伸到西亚直至欧洲的海上贸易黄金通道"外,另一条重要的路线就是通向日韩的"东方海上丝绸之路",即从山东半岛直通朝鲜半岛、日本列岛直至东南亚的黄金通道。今天,中日两国利用"一带一路"融合,有利于中日在东北亚乃至亚太地区的利益诉求和互利共赢。但是自从日本"购岛"闹剧以来,中日关系急剧下降,造成这样局面,责任全在日本一方。

5.2.5　"一带一路"下的中朝文化交流与贸易往来

朝鲜在近代出现了很多优秀的文化作品,与中国文化交流也比较多,如反映抗日战争时期的歌剧《卖花姑娘》,其歌词是:

卖花姑娘日夜奔忙,手提花篮上市场,走过大街穿过小巷,卖花人儿心悲伤。

一片赤诚无限希望,培育鲜花多芬芳,卖去鲜花　换来良药,救治母亲早安康。

金达莱花满山开放,新花长在河岸旁,多少泪水灌溉土壤,浇得百花扑鼻香。

快来买花快来买花,卖花姑娘声声唱,卖去鲜花带来春光,明媚春光洒胸房。

朝鲜和中方旅行社在鸭绿江岸携手建成一现代化综合旅游服务区,朝鲜陆续开发了多款旅游新产品,并加强了对国外游客的宣传力度。

5.2.6 "一带一路"下的中蒙文化交流与贸易往来

1) 蒙古概况

从13世纪开始蒙古人在成吉思汗的旗帜下再度统一草原部落,建立了疆域横跨欧亚的蒙古帝国,用国家形式重新整合各种社会力量,从而把部落与民族文化全面提高到了封建国家水准。成吉思汗的继承者们入主中原,建立了元朝。在历史的进程中元朝虽然消亡,但是形成的蒙古族却成为草原的主体民族,成为游牧文化的承载者。

蒙古文化属于游牧文化范畴,蒙古人不同程度地继承了匈奴、鲜卑、突厥等民族的文化、习俗传统,并程度不同地容纳了狩猎文化和农耕文化,近、现代之后又受到了工业文化和城市文化的影响,从而逐渐演变为具有民族和地域特色的综合型文化形态。

蒙古文化是草原文化的主体,是中国当代文化的有机组成部分,也是中华文明长期保持多元内在气质所必需的重要物质和精神财富之一。现代,蒙古文化得到了发展的机遇,呈现出从未有过的繁荣局面,但与此同时也受到了农业文明、工业文明、城市文明的巨大冲击。

蒙古国位于亚洲中部,是世界第二大内陆国家,"一带一路"北线的重要支点。2014年9月,上合组织杜尚别峰会期间,习近平主席提出建立中俄蒙三国经济走廊。经济走廊将俄罗斯的欧亚大陆桥、蒙古的"草原丝绸之路"同中国的"一带一路"建设连接起来。通过交通、货物运输和跨国电网的链接,打通三国经济合作的走廊建设,推动"一带一路"战略目标的实现。

蒙古国内的主要经济部门是农牧业和采矿业。随着国际矿产品的升值,蒙古矿业被迅速炒热,矿业成为蒙经济腾飞的重要支点和最具潜力的领域。蒙古国内已探明铜、钼、金、银、铀、铅、铁和煤等80多种矿产、3 000多处矿藏地。蒙古许多资源分布在中蒙边界地区,如铜矿、金矿、煤矿、铀矿和石油等即主要分布在与中国接壤的西部、南部和东部各省,其中与中国接壤的蒙古南戈壁省、东戈壁省有着储量巨大的铜化带。目前蒙古矿业产值约占蒙古GDP的30%,占出口收入的86%,占财政收入的37%。外国对蒙古投资的85%都为矿业领域。为了吸引外资,蒙古分别于1994年、1997年、2006年修订了该国的《矿业法》,并拟定了重点引资项目清单,被列入政府《重点鼓励外商投资项目目录》的项目根据所投资行业的不同,享受3~10年所得税减免的优惠;外商投资的绝大部分项目进口的机械设备免征关税和增值税;外资企业所得利润可自由汇出;外资外贸局为外商办理注册登记手续提供"一站式"服务。

自1999年起,中国取代俄罗斯成为蒙古国最大的贸易伙伴。2004—2013年,中蒙两国的贸易总额十年累计增长了9倍。到2014年8月,中蒙贸易额已经超过44亿美元,到年底超过 2013 年 64 亿美元的贸易总额。此外,中国还是蒙古外国直接投资的主要来源国之一,2008—2012 年中国对蒙投资公司增加了 4 倍,总投资增加了 3.7 倍,其中 67.3% 集中在地质和矿山领域,20% 则投入到贸易和餐饮业。中蒙经济关系呈现出以下特点:

第一,贸易商品类型较为单一。蒙古国受到自身资源禀赋影响,对外贸易过程中主要以原材料和初级产品出口为主。据蒙古国统计局的数据,2014 年上半年蒙古国对华出口商品中,铜矿精粉、原煤、铁矿石等能源矿产产品占到总贸易额的 70% 以上,其中铜矿精粉贸易额近千万美元,占到上半年出口产品总额的 43.24%。造成这一特点的主要原因是,蒙古国的产业结构仍然受到前苏联时期计划经济影响,矿产业和农牧业具有支柱地位,其他产业则发展相对缓慢。

第二,中资企业对蒙古国投资主要集中于地质矿山领域。2014 年 1 季度,中国对蒙古直接投资 0.52 亿美元,同比增长 57%,占蒙古外商直接投资的 13%,比上年末上升 2 个百分点。目前,在蒙投资的中国企业共 5 000 多家,占全部在蒙投资企业数的 49.4%。在活跃的 1 000 多家中资企业中,445 家在蒙从事矿产领域投资经营,其他企业则分布在餐饮贸易、建筑建材、食品与农牧产品加工等行业。蒙古国内实行的"矿产兴国"战略是中资企业对蒙投资行业集中的重要原因。中资企业在资本、技术、设施等领域的比较优势明显,加上中蒙地缘相邻,语言文化相对接近的内蒙古企业更是占到对蒙投资企业的一半以上。

第三,对蒙经济合作项目以基础设施建设为主。2013 年中国企业在蒙古国新签承包工程合同 78 份,新签合同额 14.04 亿美元,完成营业额 10.72 亿美元。

我国与蒙古的进口贸易中,行业分布较为集中,96% 的进口贸易额集中在矿产行业。出口贸易较为分散,出口贸易额占比最高的是纺织品行业,其比例为 25%;其次机电行业,占贸易额的 20%。

2)"一带一路"与草原之路

蒙古国国家大呼拉尔(议会)2014 年通过决议,中蒙两国边界的塔温陶勒盖—嘎顺苏海图、霍特—毕其格图新铁路将使用与中国相同的轨道标准。据蒙古国媒体测算,采用标准轨道虽然将导致蒙古国企业短期内的运输费大幅增加,但从长远来看,这种"互联互通"将给蒙古国带来巨大经济效益。

分析人士指出,目前正在讨论推进的中蒙俄经济走廊将横跨亚欧大陆,把中方倡议的"一带一路"同蒙方倡议的"草原之路"、俄方正在推进的跨欧亚大通道建设有机地结合起来。

蒙古国国家大呼拉尔(议会)主席恩赫包勒德认为,中俄蒙经济走廊倡议将有力推动三国跨境运输便利化,通过修建电力及能源渠道,未来蒙古国对中国的出口将会更为便利。

蒙古国国务部长恩赫赛汗表示,蒙古国对中国提出的"一带一路"倡议响应积极,结合自身国情提出了"草原之路"倡议,这两项国家发展战略紧密相连,对蒙古国经济发展至关重要。恩赫赛汗还表示,蒙古国地处中俄两个大国、大市场之间,具有重要的地理位置,通过"草原之路"倡议,蒙古国可以发展高速公路、铁路、天然气管道、石油管道,还可为中俄提供过境运输。

"草原之路"计划由 5 个项目组成,总投资约 500 亿美元,项目包括:连接中俄的997 千米高速公路、1 100 千米电气化铁路、扩展跨蒙古国铁路以及天然气和石油管道等。

恩赫赛汗认为,打造中俄蒙经济走廊需要三方共同合作、统筹考虑。他同时表示,蒙古国作为"亚投行"意向创始成员国,期待着亚投行能尽早良好运行,为地区重要项目发展提供融资帮助。

中俄蒙三方铁路部门经过磋商,已就未来细化合作达成广泛共识。三方确认开展铁路过境运输合作:提升现有铁路运量;研究成立三方运输物流联合公司;采取措施均衡发展并提升乌兰乌德—纳乌什基—苏赫巴托—扎门乌德—二连—集宁方向各区段的铁路运输能力;发展铁路教育机构合作并支持人才培养和科研合作。

蒙古国交通运输部副部长厄尔江表示,随着中俄蒙三国经贸往来不断加深,联通三国的铁路通道运量亟待提升。由于蒙古国内的主要经济部门是农牧业和采矿业,出口产品主要是矿产品,需要大量的运输力,因此,蒙古国准备实施"草原之路"计划对蒙古国十分重要,蒙古国"草原之路"将在中蒙边界与中国"一带一路"实现对接,将对世界经济发展有重要影响。

5.3 "一带一路"与东南亚文化交流及贸易往来

5.3.1 东南亚文化交流、贸易概况

东南亚位于亚洲东南部,包括中南半岛和马来群岛两大部分,共有 11 个国家:越南、老挝、柬埔寨、泰国、缅甸、马来西亚、新加坡、印度尼西亚、文莱、菲律宾、东帝汶,面积约 457 万平方千米。东南亚地处亚洲与大洋洲、太平洋与印度洋的"十字路口"。

1) 东南亚文化的重要历史地位

东南亚地区是一个多元复合文化区,其文化发展灿烂辉煌,既融合了多种外来的文化,又保持着本地区文化的鲜明特色,表现了强大的内聚力和兼容力。

东南亚文明的发展既有自己文明特色,也与世界文明紧密相联,是世界文明不可分离的组成部分。外来文化是影响东南亚历史进程的一个不能忽视的因素。东南亚与世界两大文明古国印度和中国的联系源远流长,深受印度文化和中国文化的双重影响。由于地处东西方文化交汇与接触的十字路口,东南亚国家还受到伊斯兰和基督教

文明的影响。因此,东南亚地区和国家的社会进步和文化发展打下了亚洲两大文化和其他外来文化的印记。

东南亚地区,在经济制度、政治体制和文化类型上纷繁复杂,各国的发展很不平衡,有的学者由此否认它的统一性和整体性,然而,其仍可以看出相对统一性与整体性。第二次世界大战后,东南亚民族独立运动勃兴,一系列东南亚新独立国家诞生。东南亚的战略地位与经济价值显著提高,把东南亚地区作为一个整体来研究的学者日益增多。英国学者 D. G. E. 霍尔撰写的《东南亚史》是第一部涵盖东南亚各国的地区通史。美国学者约翰. F. 卡迪承继了霍尔的思想,他写的《东南亚历史发展》和《战后东南亚》,不是对各个国家的历史作孤立的论述。这是两部互相衔接的关于东南亚历史与文化发展的综合性研究著作。澳大利亚学者安东尼瑞德教授所著《东南亚的贸易时代:1450—1680 年》也是将东南亚作为一个整体研究的重要著作。他的巨著向我们展现了贸易时代东南亚整个地区生活的方方面面。

《东南亚历史发展》一书的序言中说:"这个当前被称为东南亚的分布范围很广的地区,曾经有过一段相互紧密联系的历史,这一点,从外表上看并不十分明显。也许,这一地区的最独特之处,是它的岛屿和大陆之间的差别,土壤和地形的多样性,各种各样的种族集团,以及迥然不同的宗教和文化发展水平。""可以确认,有三个或四个因素在历史上把这个地区联系在一起,其中每一个因素涉及地区内部的关系,起着一种连锁反应的作用"。

那么,有哪些因素或者说从哪个方面可以看出东南亚地区各国互相联系的统一性与整体性呢?

首先,东南亚地区有它自己的固有文化。古代东南亚国家并非原封不动地照搬印度文化或者中国文化,而是有选择地主动吸收。东南亚深受印度文化和中国文化的影响,但在印度宗教与文化输入之前,东南亚不是文化的真空地带,它有自己的独特文化。赛代斯曾经对东南亚早期固有文化的特征作为精辟的概括:从物质文化方面看,有水稻的耕作,黄牛和水牛的驯养,金属的初步使用和航海技术;社会结构方面,妇女和以母性为世系的作用占有重要地位,以及因灌溉耕作的需要而产生的组织;宗教方面,万物有灵论、崇拜祖先和土地神、修建在高地上的祭祀场所、石瓮葬和石棚葬;从神话方面看,皆为宇宙二元论,其中高山对大海、飞禽对水族,居住在山区的人与沿海的人相对。

第二,在外来文化传入后,东南亚本地的传统的文化与之互相融合,有选择地吸收,逐步形成了具有特色的东南亚国家的民族文化。以水稻栽培为主的灌溉农业延续下来,形成东南亚发达的农业文明或称稻作文化;农村村社的长期保存与双系继承制的存在是东南亚社会结构的重要特征;此外,原始的拜物教信仰与外来宗教相结合,使得东南亚的宗教具有新的特色。源于印度的佛教、印度教输入东南亚后,不再保持原来的形态,它们本地化、民族化,因而能在东南亚国家扎下根来。如佛教传入缅甸后,与当地的神祇信仰相结合,缅甸寺塔中往往供奉着各种神灵的偶像,成为它的一个特色。东南亚国家的文学、艺术、音乐、舞蹈等等同样保持了传统的风格,并在吸收印度、中国及阿拉伯的文化营养后,获得了新的发展。

第三,东南亚的相对统一性与完整性,不仅表现在它是一个历史、地理和文化的相对独立的单元,即独立于东北亚、南亚及澳大利亚诸地区,而且表现在东南亚各国之间的日益密切的联系。与印度、阿拉伯、中国、东亚诸国海陆贸易的发展、文化的交流,大大促进了东南亚国家之间的联系。进入20世纪初,东南亚与世界,东南亚国家内部的联系更加增强了。

第四,第二次世界大战后,东南亚的面貌发生巨大的变化,一系列民族独立国家兴起。东南亚新兴民族国家为了发展民族经济与文化,努力重建了它们的传统联系。为了建立区域性的合作,1967年8月,印度尼西亚、马来西亚、菲律宾、泰国、新加坡五国成立了东南亚国家联盟(简称东盟)。1984年1月文莱独立后随即加入该组织。1995年后,东盟朝实现"东南亚一体化"的目标加速发展,到1999年,越南、老挝、缅甸、柬埔寨相继加入,东南亚十国组成"大东盟"。东南亚国家在多样化中求统一,东盟的成立和扩大,标志着东南亚区域性联系的新发展。

当前,建设地区共同体是东亚国家,特别是东南亚国家的一种构想、一种区域发展的设计,是迈入21世纪和今后发展的一个蓝图。2008年东盟国家通过的《东盟宪章》提出要建立"东盟共同体",首先是经济共同体,同时要建设一个政治—安全合作的共同体和社会—文化合作的共同体。这是东南亚地区一体化的一个发展进程。现在处于建设东盟经济共同体的阶段。这种地区一体化的要求,在当前这个全球化和区域化的时代,既是东盟国家为了联合自强政治经济的需要,也是维护本地区安全、稳定与和谐发展的需要。

包括越南在内东南亚地区是一个多元复合文化区,在历史上不仅深受印度文化的影响,也受到中国文化传播的影响,而后还接受了伊斯兰文化。到了近代"西学东渐",西方文化又向东南亚国家传播。东南亚既融合了多种外来的文化,又保持着本地区文化的鲜明特色。其中,中国文化对越南及新加坡等华人华侨聚居的东南亚地区有着较大影响。有的马来西亚学者亦将中国文化视作本国文化的组成部分,认为根源于中华文化的"马华文化"是"大马诸多族群文化之一"。

东南亚地区有着它自身的鲜明的文化特征。因而我们在研究东南亚文明时,既不能忽视东南亚地区的多样性,了解东南亚各国历史文化的不同特点,又必须注意到这一地区的相对统一性,应将它作为一个政治、经济、历史、地理和文化紧密联系的相对独立的单元进行综合考察。

2)中国与东南亚文化交流的基本特征

由于地理环境与历史条件的不同,亚洲地区各国是在互不相同的状态下发展起来的,因而形成了不同的民族与国家。从亚洲文化的传播与相互影响中可以看到,由于各国社会文化发展的不平衡性,不同国家与民族在文化传播中的地位与作用不同,处于社会文化发展比较先进阶段的国家和民族,在文化的传播与交流的一定阶段居于主导地位。那么中国与东南亚地区文化传播与交流具有哪些特点呢?

一是处于领先地位的中国文化对东南亚有深刻的影响:研究中外文化交流史的学者认为,历史上,以中、日、朝(韩)、越诸国文化为标志的中华文化圈,又称为"汉文化圈",是以儒学为重心,次之为中国化的佛教哲学和中国的道教哲学即以儒释道文化为核心的文化。这种文化于公元前 3 世纪到公元 3 世纪时传入朝鲜、日本和越南。

二是传播与交流的方式多种多样,不仅有国家之间的关系,还有多种民间的交往。在中外关系史上,文化交流的主要媒介是人,物质的交换也要通过人。人民群众通过个人或集体的行动,通过旅行、贸易或迁徙等方式互相接触、交往,进行思想和物质的传播与交流。在中国与东南亚国家的交往过程中,既有互派使节、经贸交易、互赠礼品和书籍、艺术交流,又有移民寓居、留学生和僧侣的互访等等。其中,"朝贡贸易"和民间的经贸来往与宗教的交流,在中国与东南亚国家的文化交流史上起着重要的作用。

邦交的建立,国家关系的发展,往往更有利于人民之间的往来。反之,人民之间的来往又常常是国家关系建立的先导。许多历史资料表明,中外关系的起始,首先是人民之间的互相接触,官方的联系、邦交的建立,往往是在民间往来之后。因此,我们研究中外关系史既要重视国家关系的建立,又不可忽视民间的交往。当国家关系因这样或那样的原因受阻时,例如,明代初年厉行海禁,朝廷三令五申,敢有私与"诸蕃互市者",必"置以重法",民间的交往仍然在持续地进行着。古代中国对外贸易主要是以传统的朝贡方式进行,由国家垄断,但是人民出海谋生,进行海上贸易即使在明清两朝政府实行海禁期间也没有停止,反而有所增长。

研究中国与东南亚国家的关系史,我们会发现这样一条轨迹:人民群众的交往——交通路线的开辟——经济文化的交流——外交关系的建立——更广泛人民交往与经济文化的交流。民间先行、国家主导、官民并举是中外文化交流的基本途径,其中海外华人在中国与东南亚国家之间的经济文化交流中发挥了重要的桥梁作用,对东南亚国家文化事业的发展有宝贵的贡献。

三是和平的非暴力的交流是发展的主流。在中国与东南亚邻国的关系史的长河中,和平的交往是发展的主流。虽然在历史上曾有统治集团发动战争,但是比起那些战争来,2 000 多年中国与东南亚国家之间的友谊关系、经济和文化上的相互交流和互动所遗留下来的痕迹要深刻得多,所发生的作用要广泛得多。一部中国与东南亚国家的关系史是以经济文化交流与和平友好交往为重点的历史,其基本理念是"和为贵""和而不同"。中华文化对外来的宗教文化从来是开放的、宽容的,这是中国与东南亚国家关系发展的主导方面。

四是双向互动性是交流的突出特点。在中国与东南亚文化交流关系史上,相互促进构成了重要的内容和突出的特点。研究中国与东南亚国家文化的交流,既要注意中国的先进文化对东南亚国家的巨大的影响和促进作用,同时也要注意研究东南亚国家对中国的影响与促进作用。

从中国学者的角度讲,应注意研究和正确反映中国在东南亚与世界历史上的地位、作用和影响。在这方面,我们自己的研究显然还很不够。关于中国古代科技的发展史及其国际影响,中国人尚未有一部很有影响的专著,英国学者李约瑟的《中国科学技术史》一书成为国内外研究这个问题的必读著作。例如,他指出,第一台天文望远镜并不像通常所认为的那样是在19世纪早期的欧洲,而且是在公元2世纪的中国;首次制成的赤道仪并不在乌兰尼堡或维也纳的工场里,而是在中国元朝的大都。可见,在一些发明创造方面,中国人常常名列世界的前茅。

中国将自己的物质文明和精神文明的成果无保留地献给亚洲和世界各国人民,对人类社会的进步起了巨大的推动作用,其中特别是中国的四大发明——火药、指南针、纸和印刷术的传播对欧洲封建制度的崩溃和资本主义的萌芽起了催化作用,贡献是十分巨大的。马克思对此作过很高的评价,他说:"火药、指南针、印刷术——这是预告资产阶级社会到来的三大发明。火药把骑士阶层炸得粉碎,指南针打开世界市场并建立了殖民地,而印刷术变成新教的工具,总的来说变成科学复兴的手段,变成对精神发展创造必要前提的最强大的杠杆。"

然而,中国的高度文明和有活力的创造,不仅是中国人民勤劳与智慧的结晶,也汲取和汇合了亚洲与世界各国文化的精华。几千年来,中国就不断地从外国,尤其从东南亚诸邻国学习到许多有益的东西,引进优良的产品、先进的科学技术与文化。

如前所述,中国与东南亚的文化交流从秦汉时期起始,经过隋唐到明清,2000多年,高潮迭起,一浪高过一浪,规模日益扩大。明初郑和船队七下西洋,途经东南亚,有力地促进了中国与东南亚国家的文化交流,形成中国与东南亚文化交流的高潮。郑和船队远航把中国的工艺制品及生产技术带到东南亚,推动了东南亚国家经济文化的发展,与此同时,中国与东南亚国家海上交通的发展,促进了双方商品货物的交换和中国国内手工业的生产。

历史上先后有许多中国人南迁东南亚。中国移民是在东南亚传播中国文化的使者与桥梁,对东南亚国家文化事业的发展有宝贵的贡献。举例而言,1285年,元军的一位歌手李元吉被俘后,长期居留越南,将中国的传统戏剧传入越南。越南史记载:"李元吉作古传戏,有西方王母献蟠桃……,令悲则悲,令欢则欢。越南有传戏自此始。"1350年元朝杂技名家丁庞德挈带家小南投越南陈朝,向越人传授缘竿技艺,越南有"险竿自此始。"明代中越两国人员交往增多。在明军征讨越南时期,一些中国军民留居当地没有"北还"。同时有不少越南人来到中国,并对中国的政治经济与文化的发展有过卓越的贡献。特别值得提出的是,交趾人阮安在北京城建筑上的功绩。阮安约于永乐五年入宫为太监,他善于谋划,尤长于工程建筑,在营建北京的宫殿和皇城时负责总设计。他设计的紫禁城南北长 960 米,东西宽 760 米,其中有前三殿(皇极殿、中极殿、建极殿)和后三殿(乾清宫、交泰殿、坤宁宫),经过修建的北京城,建筑布局匀称,庄严雄伟。阮安对北京城的九门城楼、五府、六部、诸司公宇的建筑,以及治理杨村驿诸河亦有功绩。

由此可见,东南亚地区文化发展史,从一定意义上讲,是各国各民族文化相互传播、碰撞、融合和不断创新的历史。东南亚文化发展与交流的主旋律是相互交汇和融合,而不是冲突。

3) 当代东南亚文化发展与交流的新特点与发展前景

在一个空前活跃开放的时代,伴随全球化和区域化和各国现代化建设的发展,东南亚地区必然出现一个文化建设与文化交流发展的新高潮,而当代中国与东南亚地区的文化传播与交流的迅速发展,已成为促进东亚各国现代化建设的巨大动力。数千年光辉灿烂的历史文化积淀,构成了东南亚文化复兴的精神基础,而东亚、东南亚的巨变,特别是战后的重新崛起与迅猛发展,为新世纪东亚文化的发展和中国与东南亚国家的文化交流创造了非常有利的条件。

战后东亚(包括东南亚)地区重新崛起的历史表明,东亚的传统文化经过革新、转换和改造,保持它的和谐、兼容和协作的精神,发扬它的群体主义的作用,重视发展文化教育和智力开发,就能使东亚文化具有更大的凝聚力。东亚地区的这种新文化,与经济、政治因素相配合,对东盟和中国的经济起飞和迅速发展所起的积极作用是公认的。

当代中国的和平发展和国际风云的变化,极大地影响和推动着中国与东南亚国家之间的文化交流。

一是现代化就意味着向世界开放,一个封闭的民族是不可能实现现代化的宏伟目标的。中国走向现代化的大方向不会变,开放的步伐会逐步加快。中国现代化的程度越高,与世界各国的文化交流就越广泛,只要中国现代化的步伐不停,就一定会努力去促进与世界,尤其是与周边邻国的文化交流。

二是经济全球化程度越来越高,各国的经济联系将越来越紧密。进入 21 世纪,在东南亚地区发生历史性变革和社会转型的新形势下,尤其是在文化传播大发展的推动下,当代东南亚地区的文化发展、传播与交流正以罕见的规模迅速发展,为促进各国现代化建设提供了巨大的动力。中国的繁荣与发展对东南亚国家的发展是一个巨大的机遇,而不是威胁。

三是东亚地区合作的发展,尤其是当代东盟的建立与扩大、东盟 10＋3 和 10＋1 协商机制的形成、中国—东盟自由贸易区的建立、东亚峰会的召开和东亚区域合作的逐步向前迈进,将使东亚、东南亚国家之间的联合日趋密切,并走向协商的机制化。

四是在当代网络信息时代下,东南亚文化飞速发展。现代化的交流手段,计算机和互联网的应用,大众文化传播媒介的广泛兴起,为文化的传播与交流创造了前所未有的良机。东南亚国家之间和中国与东南亚国家之间文化的交流必将日益加速,传播将更加宽广。

现在,中国与东南亚国家之间的文化交流,呈现了多渠道、多层次、多方面、多形式、交流日趋机制化的新局面和新特点,政府、地方和民间并举,科技合作、人才培养、学术交流、文化考察、考古发掘、图书展销、文艺与武术演出、青年团体互访、兴办孔子学院、国际体育运动会、博览会与文化旅游等等,内容异常丰富多彩,规模空前庞杂宽泛,频率极其密集。尤其是人员来往与互派留学生,大大推动了东南亚国家和中国之间的文化交流与合作。

从全球和地区文化发展的视角来看,东南亚是中华文化圈,是亚洲文化发展与交流的支柱之一。东南亚各国人民让通过更广泛的接触来扩大文化交流,相互理解彼此之间的文化差异,增进人民之间的文化认知和精神上的融合,以求和谐、共同发展。当前中国与东南亚国家已建立了战略互惠或全面合作的战略伙伴关系,双方的交流日益紧密。东南亚是中国的重要友邻,拥有巨大人口资源和无可限量的繁荣潜能和经济活力。尽管当前国际经济形势出现了波折和动荡,2008 年爆发的世界经济危机的影响巨大,困难不可低估,但中国经济版图在重新布局的同时,应通过"睦邻"、"富邻"政策,增强与东南亚国家的友好联系。在当前经济处于全面复苏的形势下,中国与东南亚国家在大力发展双边、多边经济合作的同时,文化交流也必将更上一层楼。

4）汉字文化圈

汉字文化圈又称东亚文化圈、儒家文化圈、中华文化圈,具体指汉字诞生地中国以及周边的韩国、朝鲜、日本、越南等国家和地区,为文化圈的概念之一。具体来说指历史上曾受中国皇帝册封或曾向中国朝贡的周边国家或民族。受中国及中华文化(或汉文化)影响,过去或现在使用汉字,并曾共同使用文言文(日韩朝越称之"汉文")作为书面语(大多不使用口头语言的汉语官话作为交流媒介),受中华法系影响的东亚及东南亚部分地区的文化地域及相近区域。

汉字文化圈以文言文作为交流的媒体,并不使用白话(官话)作为媒体。现在朝鲜语、越南语和日本语词汇的六成以上都是由古汉语派生出的汉字词组成的。日本的假名和越南的字喃皆是从汉字衍生出的文字,朝鲜半岛的谚文虽为自创的文字但也能跟日文假名一样和汉字一同混合使用。

汉字文化圈中,各国历史上都使用过汉字。近代以来,随着欧洲中心主义的崛起,汉字文化圈国家大多有进行某种程度的脱汉运动,改用本国的语言文字。不过,随着东亚再度崛起,汉字文化又再度被重视起来。

自古以来,中国与东南亚的文化交流就非常频繁,形成了许多共享的非物质文化遗产。这些遗产有的经过数代人的创新,焕发出惊人活力和创新形式。应以"一带一路"战略为机遇,成立专门保护组织,将华侨、华人和其他认可的人,认定为共享非物质文化遗产的代表性传承人,通过创新共享非物质文化遗产的传承和宣传形式,构建自我监督机制、纠纷解决机制和协调规范机制,形成系统的共享非物质文化遗产保护制度,实现中国与东南亚共享非物质文化遗产的传承和保护。

东南亚各国是我国的近邻,它们有的与我国山水相连,有的与我国隔海相望,我国自古就与东南亚建立了密切的关系。在长期的交往中,文化交流硕果累累,对双方的社会发展起到了积极的推动作用。"一带一路"战略下的交流合作形式不应局限于经济层面,还应包括共享非物质文化遗产的保护工作。一方面,作为重要的"一带一路"沿线区域,必然含有大量的共享非物质文化遗产,而这些共享非物质文化遗产是"一带一路"中文化建设和交流最为直接的载体,是丝绸之路精神和民心相通的历史见证,是实现"一带一路"国家战略的文化基石。另一方面,共建非物质文化遗产保护制度,能够顺利推动整个"一带一路"战略规划,为增加其人文内涵提供重要支持。中国与东南亚多年的交往历史证明,只要坚持丝绸之路精神,不同种族、不同信仰、不同文化背景的国家完全可以共享和平、共同发展,在建设丝绸之路经济带和海上丝绸之路的今天,更需要将丝绸之路承载的和平合作、开放包容、互学互鉴、互利共赢精神薪火相传,在文明交流史上续写灿烂篇章。

5)"一带一路"对东南亚文化交流的促进作用

"一带一路"并非中国一家之事,而是中国与东南亚及其他国家共同的事业。"一带一路"战略目标之一是要建立一个文化包容的利益、命运和责任的共同体,双方存在共同的利益、命运和责任。应以经济合作为基础和主轴,以人文交流为重要支撑,继承古代海上丝绸之路精神,构建共享非物质文化遗产保护制度,依法保护共享非物质文化遗产,为世界文明发展作出应有贡献,使共享非物质文化遗产绽放光彩。

5.3.2 "一带一路"东南亚沿线国家贸易

1)新加坡

新加坡位于北纬 $1°18'$,东经 $103°51'$,毗邻马六甲海峡南口,北隔狭窄的柔佛海峡与马来西亚紧邻,并在北部和西部边境建有新柔长堤和第二通道相通。它的地理位置十分重要,是亚洲重要的服务和世界航运中心之一。陆上"一带一路"将于近期从中国昆明出发,经过东南亚多国,到达新加坡与海上"一带一路"对接。

新加坡主要进口产品为成品油、电子元器件、原油、化工产品(塑料除外)、发电设备。主要出口产品为成品油、电子元器件、化工产品和工业机械。新加坡吸引外商直接投资的领域为金融保险业、制造业、批发零售业、专业管理服务、运输仓储业、房地产业。

新加坡近期重点战略:新加坡于 2010 年确定未来 10 年经济发展三大战略重点,即提高劳动生产率、提升企业能力和打造环球都市,并相应制定了七大经济发展战略。第一,通过提高劳动生产率和创新推动经济发展;第二,打造环球—亚洲枢纽;第三,建设富有活力的多元化企业生态;第四,加快研发成果商品化第五,实现能源多元化和提高能源效率;第六,提高土地利用率;第七,打造独特的环球都市和宜居家园。

经贸合作:外贸是新加坡国民经济重要支柱,进出口的商品包括加工石油产品、化学品、消费品、机器零件及附件、数据处理机及零件、电信设备和药品等。主要贸易伙伴为马来西亚、泰国、中国、日本、澳洲、韩国、美国、欧盟、印尼等。新加坡对中国出口主要商品有电机、电气、音像设备及其零附件、核反应堆、锅炉、机械器具及零件;矿物燃料、矿物油及其产品、沥青等、塑料及其制品;光学、照相、医疗等设备及零附件、有机化学品。

其他情况:未来几年,新加坡主要经济发展目标是保持 GDP 持续稳定增长;增加就业岗位;控制通货膨胀;构建富有活力与稳定的知识性产业枢纽;增强企业竞争力和创新能力。

新加坡前外长、嘉里物流主席杨荣文在"慧眼中国环球论坛"上表示,"一带一路"构想并非一个计划,而是一种大潮流,周边国家将会受益于这一构想。在《"一带一路"概念对亚洲的经济与政治影响》主题对话会上其又表小"一带一路"构想并非是为周边国家提供无偿援助,而是为了自身和地区更好地发展。经济发展目前呈现出地区不平衡的现象,要想让经济发展从沿海地区走向内陆,就必须建立两者之间的联系,这就是"丝绸之路"的复兴。进一步发展需要更好发展基础设施,中国提出并筹建的亚洲基础设施投资银行并非是要向美日示威,而是为了更好地推动区域发展。谈及一些国家担心"一带一路"可能导致他们依赖并最终受制于中国,杨荣文用互联网作比喻加以解释说:"一带一路"仿佛是互联网,操作系统可以是中国的,可以是美国的、印度的,各个国家基于某种协议使用这种系统,各方都得益于这种互联互通。

2) 越南

越南和世界上 150 多个国家和地区有贸易关系。2013 年以来,越南对外贸易保持高速增长,对拉动经济发展起到了重要作用。2010 年货物进出口贸易总额约为1 556 亿美元,贸易逆差 124 亿美元,其中出口 716 亿美元,增长 25.5%,进口 840 亿美元,增长 20.1%。服务贸易进出口总额 157.8 亿美元。

"一带一路"建设对越南发展对外贸易、发展国内经济都有极大好处,是越南经济发展的新的机遇。

越南主要贸易对象为美国、欧盟、东盟、日本以及中国。2013 年,越南 10 亿美元以上的主要出口商品有九种,分别为煤炭、橡胶、纺织品、石油、水产品、鞋类、大米、木材及木制品、咖啡。4 种传统出口商品煤炭、橡胶、石油、纺织品均在 40 亿美元以上，其中纺织品为 90 亿美元。主要出口市场为中国、欧盟、美国、日本。主要进口市场为中国、台湾地区、新加坡、日本、韩国。主要进口产品为机械设备及零部件、电子产品、计算机及零配件、布匹、电话及零部件、成品油、钢材、塑料及原料、纺织和制鞋原辅料、饲料及原料、化工原料、普通金属、化工制品。吸引外商直接投资的领域为加工制造业、科技专业、通信传媒、农林渔业、建筑业、房地产经营及运输仓储、酒店和餐饮业、批发零售和修理、休闲娱乐。

越南 2013—2020 年经济结构调整总体规划集中体现在对公共投资、信贷机构和国营企业的调整上，规划的目标是在长期和稳定的基础上，完善社会主义市场经济体制，以优惠的税收政策鼓励投资，社会资源分配以市场调节为基础，同时向具有高竞争力的产品和机构倾斜，向高科技和高附加值产品倾斜，以取代落后的技术和产品。

中国对越南出口商品主要类型包括机械器具及零件、电机、电气、音像设备及其零附件、钢铁制品、针织活钩编的服饰及衣着附件、车辆机器零附件（铁道车辆除外）、矿物燃料、矿物油、沥青等、棉花、肥料。

越南特别鼓励新材料新能源的生产、高科技产品的生产、生物技术、信息技术、机械制造及配套工业等项目；种、养及加工农林水产、制盐、培育新种子和畜禽种群等项目；应用高科技及现代技术保护生态环境、高科技研发与培育等项目；使用 5 000 人及以上的劳动密集型产业。

越南是一个多语言、多民族的国家，官方正式认定公布的民族共有 54 个，文化丰富多彩。

越南古代使用汉字，阮朝嗣德帝曾说"我越文明，自锡光以后，盖上自朝廷，下至村野，自官至民，冠、婚、丧、祭、理数、医术，无一不用汉字"。越南古代典籍《大越史记全书》《钦定越史通鉴纲目》《大南实录》及家喻户晓的《南国山河》《平吴大诰》等作品均用汉文写成。汉字在越南被使用了约两千年，知识分子使用汉字著书立说，政府文件亦使用汉字。不过在越南文学史上，古典文学通常指用喃字书写的作品，近现代文学则指用国语字书写的作品。

越南官方确认的节日中，传统节日只有农历新年和中国农历新年一致。

越南旅游资源丰富，有 5 处风景名胜被联合国教科文组织列为世界文化和自然遗产。旅游业增长迅速，经济效益显著。2010 年全年接待国外游客比上年增长 38.8%。主要客源国（地区）为中国大陆（90.54 万人）、韩国（49.59 万人）、日本（44.21 万人）、美国（43.1 万人）、中国台湾（33.4 万人）、澳大利亚（27.82 万人）、柬埔寨（25.46 万人）、泰国（22.28 万人）、马来西亚（21.13 万人）、法国（19.94 万人）。

主要旅游城市有首都河内市和胡志明市、广宁省的下龙湾、古都顺化、芽庄、藩切、头顿等。其中越南美奈是大多数风筝冲浪者的旅游天堂。

3) 老挝

主要进口产品:工业品、加工制成品、建材、日用品及食品、家用电器。主要出口产品:矿产品、电力、农产品、手工业产品。吸引外商直接投资的领域:矿业、水电、农业、服务业、工业和手工业。

与中国的经贸合作:中国自老挝进口的前五位产品有:木制品,矿砂、矿渣及矿灰,橡胶,铜及其制品,谷物。中国对老挝出口的前五位产品是:车辆及其零件、钢铁制品、机械、航空器和航天器及其零件、电子。

其他情况:矿业、水电、制造业、旅游业、农业和服务业等已成为老挝经济增长的主要动力,其中旅游业近年来发展迅速,仅次于矿产业,已成为国家外汇收入的第二大产业。

4) 柬埔寨

主要进口产品:成衣原辅料、燃油、食品、化工、建材、汽车。主要出口产品:服装、橡胶、大米、木薯、水产、木制品。吸引外商直接投资的领域:制衣、家具、大米加工、橡胶种植、制鞋。

柬埔寨近期重点战略:《2014—2018年国家近期重点战略发展计划》指出,在未来五年内,柬埔寨公共领域投资总额为112.7亿美元,主要为政府公共资本投资、农村经济多元化发展、减贫和控制各类灾害、扩大社会福利服务、提高政府部门与机构工作效率的资金等领域。

与中国的经贸合作:中国自柬埔寨进口的前五位产品有:木制品、针织服装、橡胶、非针织或非钩编服装、电子。中国对柬埔寨出口的前五位产品是:针织物、棉花、机械、航空器和航天器及其零件、电子。

5) 缅甸

主要进口产品:燃料、工业原料、机械设备、零配件、五金产品和消费品。主要出口产品:天然气、大米、玉米、各种豆类、橡胶、矿产品、木材、珍珠、宝石和水产品。

吸引外商直接投资的领域:电力、石油和天然气、矿产业、制造业和饭店旅游业。

缅甸近期重点战略:缅甸于2011年1月颁布了《经济特区法》和《土瓦经济特区法》,2014年修改完善了《经济特区法》,大力推进三大经济特区建设。

与中国的经贸合作:中国自缅甸进口的前五位产品有:木制品,珍珠宝石,橡胶,矿物燃料,矿砂、矿渣及矿灰。中国对缅甸出口的前五位产品是:珍珠宝石、车辆及其零件、钢铁、机械、电子。

6) 泰国

主要进口产品:矿物燃料、矿物油及其产品、沥青等;电机、电气、音像设备及其零附件、核反应堆、锅炉、机械器具及零件、钢铁、珠宝、贵金属及制品、仿首饰、硬币、车辆及其零附件(铁道车辆除外)、塑料及其制品。

吸引外商直接投资的领域:农产品加工业和橡胶种植业、轿车及皮卡零部件配套产业、电子信息产业、时装和珠宝等时尚产业、电信和旅游等服务业。

泰国近期重点战略:泰国第11个国家经济与社会发展五年规划(2012—2016年)中,将重点关注6个方面,即稳定农业粮食生产,实现经济稳定增长,推动与邻国的良好关系及贸易往来,改善环境和保持可持续发展,推动社会公平,建立公民长期教育制度。预计2012—2016年,泰国的经济增长率将达到4%~5%,通货膨胀率继续维持在3%~4%。

与中国的经贸合作:中国对泰国出口商品类别包括:电器设备及零件、机械设备及零件、钢材、光学仪器设备、自动化数据处理设备、有机化学品、塑料及其制品、钢铁深加工产品、交通运输设备及配件、家具及家居用品。中国从泰国进口的产品主要类别包括:天然橡胶、电气设备及零件、电子集成电路、塑料及其制品、机械设备及零件、有机化学品、合成橡胶及制品、能源类矿产品。

中国人2015年出境游最爱的是泰国。经济形势的变化并没有阻止中国旅游者"攻陷"各大境外目的地。记者从近日在泰国曼谷举行的"携程旅游合作伙伴会议"上获悉,预计2016年到访泰国的中国游客将达到创纪录的800万人次。这意味着中国成为泰国最大的国际旅游客源国,泰国也将成为2016年中国游客的第一大出境目的地国家。800万人次,平均到每天是2.2万人次,如果从中国坐高铁到泰国,每列高铁8节车厢,每个车厢坐满80人,则每天需要从中国往泰国发高铁35列。可见,高铁建设和"一带一路"对泰国有多么的重要意义。

7) 马来西亚

主要进口产品:电子电器、石油产品、有色金属、钢铁产品、机械设备。主要出口产品:电子电器、石油产品、液化天然气、机械设备、棕榈油。

吸引外商直接投资的领域:电子电器、基本金属、化学原料及制品、石化产品、食品加工。该国近期重点战略:2010年10月,马来西亚总理纳吉布宣布"经济转型计划",推出12个国家关键经济领域,包括批发零售业、旅游业、商业服务业、油气能源业、电子电器产业、教育业、医疗保健领域、棕油与橡胶产业、通讯设施领域、农业、金融服务业等。

与中国的经贸合作:中国对马来西亚出口商品主要包括:机电产品;贱金属及制品;化工产品;运输设备;塑料、橡胶;光学、钟表、医疗设备;纺织品及原料;家具、玩具、杂项制品;食品、饮料、烟草。

其他情况:马来西亚鼓励的行业:农业生产、农产品加工、橡胶制品、石油化工、医药、木材、纸浆制品、纺织、钢铁、有色金属、机械设备及零部件、电子电器、医疗器械、科学测量仪器制造、塑料制品、防护设备仪器、可再生能源、研发、食品加工、冷链设备、酒店旅游及其他与制造业相关的服务业等。

　　未来5年马来西亚计划将投入大量资金用于加大基础设施建设,完善公共交通系统等。在诸多基础设施项目中,横跨新马两国的新马高铁吸引了全世界的关注。据有关测算,当前马来西亚国内的融资缺口约占其GDP总额的4%。新马两国专家预测,"亚投行"设立的初衷与新马高铁项目的需求高度契合,或将成为"亚投行"投资的第一个大型项目。

　　按照项目规划,新马高铁全长约350千米,预计耗资120亿美元。沿途经过巴生河流域、森美兰芙蓉、马六甲以及柔佛等地,时速达350～450千米,可将目前新加坡至吉隆坡约6小时的车程缩短至大约90分钟。届时,吉隆坡与新加坡将能实现"一日生活圈"的双城概念。更为重要的是,新马高铁项目一经落成将使得设想多年的泛亚铁路初具雏形,也将极大促进东盟域内的互联互通。

　　8）印度尼西亚

　　主要出口产品:矿产品、动植物油脂、机电产品、化工产品、纺织品及原料、塑料、橡胶、贱金属及制品、食品、饮料、烟草、运输设备、纤维素浆、纸张。吸引外商直接投资的领域:矿业、汽车、家电、化工、交通、通讯。该国近期重点战略:工农业并举,实现粮食、能源自给自足,振兴海洋经济,加强基础设施建设,强化人力资源开发和科技创新,改善教育医疗等。

　　与中国的经贸合作:印尼对中国出口的商品主要为:矿物燃料、动植物油、矿砂、橡胶及制品、木浆及纸浆,镍土矿是印尼对华出口的重要商品类别。中国对印尼出口的商品主要有:机械设备、机电产品、钢材、贱金属及制品、有机化学品等。

　　9）菲律宾

　　主要进口产品:电子产品、矿物燃料、润滑油和相关产品、运输设备、工业机械和设备、有机和无机化工品。主要出口产品:电子产品、服装和服装辅料、木制工艺品和家具、椰子油和精炼铜。

　　吸引外商直接投资的领域:制造业、餐饮食宿和公共服务业。该国近期重点战略:《2011—2016年菲律宾发展规划(PDP)》的主要目标是创造就业,吸引基础设施领域的投资,进而实现包容性增长和可持续增长。

　　与中国的经贸合作:中国对菲律宾出口商品主要类别包括:电机、电气、音像设备及其零部件;机械器具及零件;钢铁;矿物燃料、矿物油、沥青、矿蜡;服装;塑料及其制品;钢铁制品;玩具、游戏和运动器材及其零件;车辆及其零部件(铁道车辆或电车除外);鞋靴、护腿和类似品及其零部件。

5.3.3　东南亚国家参与"一带一路"的意义

　　东南亚是"一带一路"的重心所在。东南亚与中国有非常近的地理关系,目前在东南亚约有三四千万的华人、华侨,很多东南亚国家的文化和中华文化有相似的历史和文化背景。东南亚是海上交通要道,在地缘政治上具有独特性和重要性,东南亚还是亚洲主要经济体的集中地,从东盟开始推进"一带一路"是必然的选择。在"一带一路"的倡议引领下,中国与东盟各国的合作以及各国之间的合作得到明显的推动。中国和越南正在推进各领域合作全面发展,其中包括基础设施和金融与货币领域的合作。中国倡议的"21世纪海上丝绸之路"在越南也是讨论的热点,越南领导人近期访华时也表示,越方正积极研究参与"21世纪海上丝绸之路"建设。中国和缅甸的基础设施合作涉及电力、交通等领域。中国和马来西亚在两国分别有两个政府间合作的工业园区,近期也得到快速发展。新加坡的学者探讨参与"一带一路"倡议下开放合作的可能性。在泰国,中泰之间围绕基础设施建设、经贸投资方面的合作在稳步推进,其中铁路合作是重点领域,也是在当地广受关注的合作领域之一。中泰铁路项目的总体规划、商务细节、项目实施的人财物各方面正在紧锣密鼓地准备中。就经济发展而言,中泰两国在市场开发成熟度、产业结构上有许多相近之处。在"一带一路"倡议引领下,双方在基建、经贸、投资等领域的合作都有巨大的潜力,也有可持续的前景。中国现在是泰国最大的贸易伙伴和主要外资来源国之一。中国企业在泰国的投资以制造业为主,大型投资项目越来越多。泰中罗勇工业园初步和二期规划的4平方千米土地已开发完毕,共有60家中资企业入驻该工业园,目前正在实施第三期规划。中泰关系密切,合作条件成熟,便于推动一些基础设施项目尽快开工、建成使用,实现"早期收获",进而带动更广泛的合作稳步推进。热门的电子商务也是中国和东南亚合作活跃的领域之一。淘宝在东南亚有众多的用户,阿里巴巴集团入股新加坡邮政,两者有意合作拓展电子商务物流市场。在基础设施仍面临诸多瓶颈的缅甸,当地农户4月底通过中间商和农产品电商平台把35吨南瓜卖给了在贵阳石板批发市场做生意的龙先生,三天后运抵市场。

中国和东盟的经济相互依赖程度未来将会加深。因此,中国在未来要发挥经济上的优势,加强与东南亚国家的经济紧密度。

5.3.4 雅万高铁

印度尼西亚处于赤道附近,自然条件优越,只要按照程序进行播种、除草等正常的农事活动就可以获得丰收。此外,印尼的石油、天然气和锡的储量都在世界上占有重要的地位。如果基础建设再有所起色的话,发展会更加迅速。但印尼是群岛国家,与邻国直接接壤较少,与外界互联互通主要通过海路及航空等方式。基础设施建设发展相对滞后,这成为了制约印尼经济增长和投资环境改善的主要瓶颈。

雅万高铁不仅是东南亚的第一条高铁,也是中国首个海外高铁项目。雅加达至万隆高铁工程2018年年底完成,2019年年初通车。这一高铁将连接相隔140千米的印尼首都雅加达及第三大城市万隆。总投资达55亿美元的雅加达至万隆的高速铁路,全长 150 千米,最高设计时速 300 千米。届时,雅加达到万隆间的旅行时间将由现在的 3 个多小时缩短至 40 分钟以内,将有效缓解雅加达至万隆的交通压力,促进沿线商业开发,带动沿线旅游产业快速发展,必将对印尼产生巨大的经济、社会效益。

旅游业是印尼非油气行业中仅次于电子产品出口的第二大创汇行业,政府长期重视开发旅游景点,兴建饭店,培训人员和简化入境手续。印尼未来发展方向是旅游业。高铁恰恰利于推动印尼运力的发展,利于帮助突破印尼旅游业发展的瓶颈,提升其旅游业的发展水平及发展规模。

印尼选择中国高铁,利于中国走出去。而且中国高铁进入印尼,还提供承建高铁的人员以及工程技术人员,推动了中国人力资源的走出去。人力资源走向世界与资本走向世界都很重要,意义都是不一般的。我国海南岛的环岛高铁刚开通不久,海南在气候等一些方面与印尼相近,因此海南岛环岛高铁的开通可以为印尼高铁项目的建设提供一些经验,能够在环保节能等方面帮助雅万高铁项目进行改进,提供借鉴范本。

雅万高铁,不仅能直接方便民众出行、优化投资环境、增加就业机会,还能促进沿线商业开发、拉动配套产业发展、推动经济结构升级,一条"雅万经济走廊"有望在高铁经济的带动下加速形成,沿线及周边地区冶炼、制造、基建、电力、电子、服务、物流等配套产业将会迎来大发展。

5.4　"一带一路"与南亚文化交流及贸易发展

5.4.1　"一带一路"战略的南亚发展路径

南亚区域内的国家包括印度、巴基斯坦、孟加拉、斯里兰卡、尼泊尔、不丹和马尔代夫,有时阿富汗南部也被算成是一个南亚地区,而阿富汗北部则属中亚地区。

历史上南亚因特殊的地理位置而在古丝绸之路中发挥重要的影响。2013 年 5 月李克强出任总理后,首次出访印度与巴基斯坦两国时就分别提出建设中巴经济走廊和孟中印缅经济走廊。

南亚次大陆虽然有上述地理上的便利,自身有广袤的发展空间,但由于"一带一路"战略的关键是"贯通",即以基础设施建设为主推进中国与邻国的互联互通,因此相关国家的稳定是决定性的,南亚在北上和西进两方面都存在较大变数,从这个角度观察,在"一带一路"战略的推行中,南亚可能成为一个独立的变量,即南亚在多大程度上与该战略发生关联性,可能取决于中国与相关南亚国家的互动,其他外部因素的影响可能相对较小,从中国发布的"愿景与行动"文件的行文措辞也可得出类似的结论。在陆上丝绸之路计划中,依托的是中国—中亚—西亚、中国—中南半岛等国际大通道,海上丝绸之路计划则强调中国沿海港口过南海到印度洋延伸至欧洲、中国沿海港口过南海到南太平洋,中巴、中缅孟印两个经济走廊虽与推进"一带一路"建设关联紧密,但就上述两大主要设想的路径来看,欧亚大陆方向并不与南亚对接。即使是海上,"到印度洋延伸至欧洲"的路线其实也无需依托南亚,因此,南亚作为独立的变量,在该战略的实际推行中,将发挥辅助或助推的作用。

但这并没有降低南亚在"一带一路"战略中的地位。因为南亚同为中国的重要周边,而且是中国近年来经营较好的周边,形势相对稳定,部分地区的动乱局面总体上也向着较良性的方向发展,包括长期遭受战乱的阿富汗。鉴于"一带一路"战略是中国周边战略重要组成部分,其发力的逻辑起点也是中国的周边地区,因此发展相对比较稳定的南亚主要国家有理由成为该战略的重要推进区域,这也部分解释了为何李克强担任中国政府总理后于 2013 年 5 月首访选择印度和巴基斯坦,在那里正式宣布中国有意推进中巴和中缅孟印两个经济走廊的建设,面这早于中国正式宣布"一带一路"战略。2015 年 4 月,习近平主席将该年的首访选在巴基斯坦,双方随后发布的联合声明亦强调了中巴经济走廊是"一带一路"战略的重大项目。中国与南亚主要国家的这些互动显示了中国高度重视南亚的地缘经济作用,希望通过共商、共建、共享的原则与周边国家紧密合作,打造和谐共赢的新周边,南亚因各方面条件,有可能创造中国周边战略的新范式。

5.4.2　"一带一路"与印度

2014 年 9 月,中国国家主席习近平对新德里进行正式访问,中印发表的联合声明提到了中印经济走廊建设,"双方注意到在推进孟中印缅经济走廊合作方面取得的进展。双方及中缅孟印经济走廊联合工作组第一次会议,同意继续努力,落实会议达成的共识"。

印度对中国提出的"一带一路"战略总体反应是积极的,特别是印度早在 2012 年首先提出的金砖发展银行倡议,现已进入实施阶段。该银行总部将设在上海,总裁将由印度人担任。中国倡议的"亚投行",印度亦积极加入,是首批创始成员国,有可能成为仅次于中国的第二大出资国。此外,对"丝绸之路基金"等与"一带一路"有关的金融安排,印度都持积极态度。印度充分认识到亚洲新一轮开发计划已在路上,印度要赶上这趟车,从而既成为这一波开发的贡献者,更要成为受益者。

继习近平主席 2014 年成功访问印度,印度总理莫迪亦于 2015 年 5 月对中国进行了上任以来的首次正式访问。根据中印两国达成的协议,中国承诺未来五年对印度投资 200 亿美元。并且中国也愿意积极参加印度铁路的系统升级和高铁建设,业已派出相当规模考察团进行实地调研。尽管中国对印度未来可能的投资和铁路方面的合作并不直接与丝绸之路倡议挂钩,但印度作为对基础设施建设需求最大的亚洲国家之一,显然可以成为正在形成的以"一带一路"倡议为核心的亚洲地区合作的伙伴。事实上,印度也启动了自己的环印度洋合作计划,希望促进以它为中心的地区合作进程。

中印两国在诸多可以合作的领域已经建立起了各种机制,经贸更是有蓬勃发展的势头,这客观上为双方建立互信创造了条件。

"一带一路"倡议的实施是中国新一届领导推出的重大战略举措,旨在以亲、诚、惠、容的方针推动与周边国家的合作共赢进程。印度是中国重要的周边国家之一,寻求与印度的合作也是中国这项战略的应有之义,其关键可能是双方在印度洋的交集,因为"一带一路"战略的南亚方向是与印度洋的互联互通联系在一起的,印度有充足的理由与中方携手推动中印"发展的伙伴关系"再攀新高。

5.4.3　"一带一路"的南亚机遇日趋明朗

过去,中国的茶叶运输到越南、老挝和缅甸再到印度,需要通过茶马古道,这条古老的路线也提醒了人们建设这一连接中国到南亚各国,尤其是湄公河、印度河—恒河平原等地道路的可能性。

自 1999 年《中国—南亚农业科技交流合作组联合宣言(昆明宣言)》提出之后,中国、缅甸、孟加拉国和印度等区域(BCIM—EC)的合作得到进一步加强。BCIM—EC是丝绸之路和 21 世纪海上丝绸之路的组成部分,连接东亚、南亚和东南亚等新兴的经济增长区,以及能源丰富的中东和工业化的欧洲。

中国计划将中印孟缅走廊连接到云南省,然后通过缅甸达卡到达孟加拉国的首都,再直通印度大都市加尔各答,最终联系印度港口城市钦奈,这是海上丝绸之路的中点。

2015 年孟加拉国总理谢赫—哈西娜会见习近平总统,讨论了孟中印缅走廊和海上丝绸之路,之后,来自孟加拉国的媒体代表团访问中国,这均加深了孟加拉国政府和民间对中国和孟加拉国之间古老连通性的认识,也加深了对"一带一路"以及对中孟两国光明合作前景的理解。

中国与南亚国家的经济文化交流历史悠久,进入 21 世纪以来,中国与南亚各领域的务实合作不断发展,尤其是建立在平等互助上的经贸合作,呈现出增长势头,为双方带来了实实在在的利益,进一步发展了中国与南亚的互补优势,推动双方经贸合作迈上新台阶。

改革开放 30 多年,中国经济,特别是中国企业已经建立起强大的竞争能力,"一带一路"战略发展思路对中国企业来讲是一个难得的机遇,为企业走出去增添了重要筹码。TCL 集团董事长李东生说,TCL 计划在印度会设立产业基地,这项计划正在推进当中。

在政府层面,亚洲基础设施投资银行等合作倡议以及印度莫迪总理提出的向东行动政策为中国与南亚国家加强互联互通提供了强大的政策支持。在项目层面中国与印度已经同意加快实施清迈到班加罗尔高速铁路项目,并且正在积极推动新德里至清迈高铁项目;孟加拉建议与中国金融机构在政府基础网络、地表水处理、公路铁路等方面展开合作;此外,中国与巴基斯坦正在共建中巴经济走廊,将为企业在公路、铁路、能源发展方面带来更多的机会。

中国一直以来都是马尔代夫的老朋友,也是值得信赖的伙伴。中国愿意跟南亚国家一起加强基础设施方面的建设,包括私募基金、基础设施、投资银行,这些会造福中国,也会造福于南亚。

在马尔代夫总统亚明看来,中国的发展是前所未有的,现在中国已经成为马尔代夫第三大旅游者来源国,是非常重要的贸易伙伴国。

亚明说:"自从 2003 年后,马尔代夫政府已经采取了一系列措施,促进创业创新,增加年轻人的就业,我们也有一些项目,包括基础设施的建设,以及旧城市的翻新,马尔代夫和其他国家的互联互通性也得以了加强,也加深了港口的建设,应该在我国和马来国家加强互联互通,这也是中国和马尔代夫的友好协议。"

印度外交国务部长 V·K·辛格说:"印度高度重视与中国的关系,我们的关系源远流长,且基于我们的文化遗产,以及两国的贸易商务往来,现在时间到了,我们需要保证在经济合作这样一个重要的领域,包括贸易和商务,重换生机,以此能够保证在世界这样一个区域的大量人口可以受益。"

印度已经确定了 25 个重要的制造领域,如再生能源、制药、医疗、纺织品、汽车、工程。此外,还有农业和食品加工,以及潜力更加巨大的旅游业。印度现在正在进行基础设施建设,这对于投资者和企业界来讲都是好消息。印度确立了 175 吉瓦可再生能源发电的目标,而且在这过程中会建立更多的输电线、配电系统。

V·K·辛格表示,印度的铁路系统相对较旧,需要对其进行更新升级,印度各地机场也正需要升级改造,在这个过程中创造了很多的商机,有很多的企业可以参与进来。

斯里兰卡工商部部长利沙德·巴蒂尤丁表示:2016 年中国提出了丝绸之路经济带的愿景,在这个过程当中已经完成相关部分基础设施的建设,进一步增强了区域互联互通。这个路线可以为斯里兰卡创造更多的机遇,从中国进口原材料、从远东进口原材料,这个过程可以让斯里兰卡加工和出口更多的高附加值产品。

利沙德·巴蒂尤丁说:"中国在参与斯里兰卡经济发展的过程中也扮演了重要角色,中国是斯里兰卡第二大产品供应国,中国也是斯里兰卡第 14 大出口目的地,斯里兰卡对华出口在近年来增长非常迅速,我们对华出口的商品主要是服装、散装茶叶、混装椰壳、纤维,橡胶片,以及橡胶轮胎,中国对斯里兰卡的出口也从 2005 年的 6.3 亿美元增长至 2014 年的 34 亿美元,在这个过程中,需要指出的是中国已经对斯做出了很大投资,在 2014 年该数据达到了 4.03 亿美元的外商直接投资。我们欢迎有诚意、有能力的中国投资者,需要帮助的产业主要包括旅游业、休闲业、基础设施、知识服务、公用事业、服装、农业和教育等,斯里兰卡同时非常鼓励对低成本能源以及可再生能源发电项目的投资。"

5.4.4 "一带一路"中孔子文化在南亚交流传播

2015 年 10 月 18 日,在第四届中国—南亚友好组织论坛开幕式前,山东代表团与斯中友好协会就借力"一带一路",加强文化交流进行了深入会谈。

会谈中中国孔子基金会办公室主任康承宝说:中国孔子基金会是一个全国性乃至国际性的文化基金组织,其宗旨是传承经典,经世致用,通过募集基金,加强孔子儒学研究和传播普及应用,促进国际间文化交流,为构建和谐社会,推动人类和平、团结与进步事业服务。通过诸多公益项目,采取不同的形式,不断将儒家文化和一些优秀传统文化传递给世界,让世界人民走进中国、了解中国。公益品牌"孔子文化世界行"项目,自 2009 年启动以来,已经走入了 30 多个国家和地区;我会在国内推出的公益品牌"孔子学堂",着力构建中国人自己的精神家园;我会每年还举办很多关于中国文化的学术研讨活动。我们希望在文化方面同斯中友协加强交流与合作,特别是密切双方学术交流,促进青少年交流。

5.5 "一带一路"与中亚文化交流及贸易往来

5.5.1 中亚概况

中亚即亚洲中部地区,"中亚"这一地理概念在学者中的认识并不统一,一般包括六国,即土库曼斯坦、吉尔吉斯斯坦、乌兹别克斯坦、塔吉克斯坦、哈萨克斯坦和阿富汗斯坦。此地区的居民多为突厥语民族,所以也有中亚学者称其为突厥斯坦。

5.5.2 道教与中亚文化交流

"一带一路"建设为道教扩大对外交流交往提供了新的契机。和平合作、开放包容、互学互鉴、互利共赢的丝绸之路精神,与道教和谐共生、道法自然、利而不害、尚中贵和等教理教义高度契合。邱处机真人是丝绸之路精神的伟大传播者,更是伟大的爱国者、和平使者、慈爱使者和文化使者。道教界要继承和弘扬邱祖西行和平、慈爱的精神,在新形势下发挥积极优势,为推动"一带一路"建设作出贡献。

中国道教协会将以"弘扬邱处机真人西行慈爱和平精神"为主题,开展系列文化活动,加强与中亚国家的宗教文化交流互鉴,宣传中华文化和平、慈爱、慈善的主张。举办邱祖精神(和平之旅)论坛和有关研讨会;重走邱祖西行路活动,沿途考察祖师西行遗迹,组织道教音乐团演出,举办大美西行摄影展,拍摄纪录片;开展"邱祖精神慈善捐助行活动",募集善款,在沿途贫困国家和地区开展公益慈善项目。同时,将邀请相关国家的有关组织和人士到中国参访道教协会和道观,真实体验邱祖慈爱、和平精神的博大内涵。

邱处机(1148—1227),号长春子,金元之际全真道领袖之一。邱处机志道苦修、仁厚爱民、慈勇自尊,于74岁高龄时,不远万里,历时两年多,从山东出发,经今天的蒙古、哈萨克斯坦、吉尔吉斯斯坦、乌兹别克斯坦到达阿富汗,朝见成吉思汗,一言止杀,拯救万民。

5.5.3　中亚与"一带一路"的合作

1) 对"一带一路"积极支持

对中亚地区而言,古丝绸之路从中国出发首先就是经过中亚的。目前中亚的很多城市,如撒马尔罕、布哈拉、布兰古城、阿拉木图、希瓦、吉萨尔古城等都是当年丝绸之路上的重镇。中亚各国与中国一样,都有着浓厚的"丝绸之路情结"。

正因为如此,各国对"丝绸之路经济带"倡议均非常关注、非常积极。哈萨克斯坦总统纳扎尔巴耶夫在习主席讲话后立即表示,哈方完全赞同中方提出的"丝绸之路经济带"战略构想,愿同中方共筑新丝绸之路。2014年12月,双方签署了《中华人民共和国国家发展和改革委员会与哈萨克斯坦共和国国民经济部关于共同推进丝绸之路经济带建设的谅解备忘录》。吉尔吉斯斯坦也在第一时间表示了支持。2013年9月,吉总统阿坦巴耶夫表示,吉方支持"丝绸之路经济带"的倡议,愿同中方扩大经贸、能源、互联互通、人文等领域合作。2014年7月,吉第一副总理萨尔帕舍夫表示,伟大的丝绸之路自古让吉中两国相互联系,吉方支持并积极参与经济带倡议。乌兹别克斯坦始终态度积极,认为经济带是古丝绸之路的伟大复兴,对乌经济社会发展意义重大。2014年8月,乌兹别克斯坦总统卡里莫夫表示,乌方愿积极参与中方建设丝绸之路经济带和亚洲基础设施投资银行的重要倡议,加快推进乌—吉—中铁路建设。2015年1月,乌兹别克斯坦官方媒体连续刊文,高度评价经济带框架下交通合作对乌的重大意义。塔吉克斯坦和土库曼斯坦也对经济带建设热情很高。2014年,中国与土库曼斯坦和塔吉克斯坦签署了联合宣言,在双边的正式文件中,都明确表示将共同推进丝绸之路经济带建设。中亚五国中除土库曼斯坦外,其余四个国家均加入了亚洲基础设施投资银行,而且哈萨克斯坦和乌兹别克斯坦还是首批签署筹建"亚投行"备忘录的成员国。

中亚地区最早参与经济带建设,也是取得早期收获最多的。2014年5月,中哈(连云港)物流合作基地项目正式启动,成为经济带建设中的第一个国际物流项目。同时,该物流中心正成为整个中亚的出海口,中哈两国拟以此为基础,建设上海合作组织(连云港)国际物流园。2015年3月,中哈产能合作启动,双方签署了33份产能合作文件,总金额达236亿美元。"一带一路"在中亚地区率先结出"丰硕果实",对后续的合作具有很好的示范性作用。

2）利益与"一带一路"高度契合

中亚各国之所以如此关注和支持"一带一路"，最关键的因素还是其契合了各国的战略利益。中亚地区共同的资源禀赋就是位于欧亚大陆的中心，有成为东部的亚太经济圈和西部的欧洲经济圈"连接点"的潜力。

契合了各国发挥过境潜力的诉求。中亚各国均希望利用地理"优势"，成为东西方物流的枢纽。如哈萨克斯坦先后出台了《哈萨克斯坦—2050》战略、"光明道路"规划等，把挖掘本国过境潜力列为国家的战略优先方向之一。2015 年 5 月，哈总统纳扎尔巴耶夫在政府扩大会议上称，有必要修建中国至哈萨克斯坦阿克套港口的新铁路。哈萨克斯坦信心满满地要成为东西方物流的中心。塔吉克斯坦制订的《2015 年前国家发展战略》中，强调实现"道路内外联通，走出地理和经济的死胡同"。2014 年 12 月，乌兹别克斯坦总统卡里莫夫在总结年度经济形势时提出，如果不能建立发达的基础设施，特别是公共信息、交通基础设施，就谈不上经济结构的现代化改造。2015 年 3 月，乌出台了《2015—2019 年道路运输基础设施发展纲要》。吉尔吉斯斯坦制订了《吉2013—2017 年稳定发展战略》，明确优先发展领域是交通、电力、采矿等。土库曼斯坦则向联合国递交了"交通运输走廊在保障国际合作可持续发展当中的作用"的倡议，并在 2014 年第 69 届联大上获得一致通过。这些说明，发展互联互通，中亚都很积极。

符合各国本地化生产的诉求。尽管中亚各国经济规模、人均收入差距很大，但都是工业化水平较低的国家，包括人均 GDP 很高的哈萨克斯坦和土库曼斯坦。人口结构很年轻，就业压力大。这是这些国家的共同国情。《哈萨克斯坦—2050》战略中提出，要制订和执行新时期的工业化计划，到 2025 年，非原料行业出口比重要翻一番，2040 年要增长两倍。哈萨克斯坦还出台了《加快工业创新发展国家纲要》，以推动新一轮工业化。2015 年 3 月，乌兹别克斯坦出台了《2015—2019 年乌兹别克生产本地化纲要》，拟通过积引外资，发展生产。土库曼斯坦、吉尔吉斯坦、塔吉克斯斯坦也各有加强本国生产、加快进口替代的计划。

资源出口多元化需要。对于能源和资源丰富的哈萨克斯坦和土库曼斯坦来说，能源出口多元化是国家长期战略。"一带一路"建设将加快中国与各国的合作，包括中国—中亚天然气 D 线建设、中哈石油管线延伸等，这可确保两国在中国这一未来最大能源需求市场的地位。

"一带一路"最核心的内容就是大力发展交通领域的互联互通，并不断改进物流软环境，加快产业合作，建立更多的工业园区，促进产业转移，这与中亚国家诉求是完全吻合的，而中国既有合适的产业可供转移，也有足够的资金保障。全球化背景下，"一带一路"为中亚地区建设提供了新机遇。

5.5.4　油气管道助力各国经济发展

"一带一路"上,时刻不停奔跑着的能量关乎着 40 多亿百姓的福祉。"一带一路"让能源在国与国之间更便捷、更高效地配置,助力了各国经济发展和百姓生活。目前,我国用的中亚天然气已经超过了 1 000 亿立方米,相当于代替了 1.33 亿吨煤,可以堆满近 19 万个"水立方"。

根据国际能源署的数据,中国因使用能源而产生的碳排量在 2014 年减少了 1.3 亿吨,这是 15 年来的首次减少。受益于此,全球碳排量 40 年来,也首次在经济增长的前提下减少了。

1) 中国与中亚的能源合作

自 20 世纪 90 年代以来,中国与中亚国家开展了卓有成效的能源合作。在石油合作和输油管建设领域,中国的国有石油公司中国石油天然气总公司(CNPC)、中国石油化工股份有限公司(Sinopec),依靠双边政府签署的合同,在中国政府的财政支持下,以政府间协议以及收购股权等方式,对哈萨克斯坦的油田勘探发与管道建设进行了大规模的投资。2006 年第一条由中石油承建的中哈原油管道正式投入运营,从而使中国首次以管道方式从境外进口原油。中哈石油与管道合作不仅在一定程度上提高了中国的石油进口安全,也帮助哈萨克斯坦实现了石油出口渠道的多元化,成为中国与中亚国家能源合作互利双赢的典范。在天然气开发和管线建设方面,中国与中亚国家之间的合作进展迅速效果显著,中亚—中国天然气管道被誉为"世纪管道"。自 2006—2014 年,中国分别与土库曼斯坦、乌兹别克斯坦签署了多项天然气贸易协议和管道建设合同。2009 年 12 月纵贯土库曼斯坦、乌兹别克斯坦和哈萨克斯坦的中国—中亚天然气管道 A 线正式建成并向中国输送天然气。2010 年,中亚—中国天然气管道 B 线投入运营,A、B 两线年输入天然气 170 亿立方米。2013 年底 C 线完工,产自乌兹别克斯坦的天然气向中亚—中国天然气管道增加了 100 亿立方米的输送量。2014 年 9 月,中国与土库曼斯坦启动了中亚—中国天然气管道 D 线建设,由土库曼斯坦经乌兹别克斯坦、塔吉克斯坦、吉尔吉斯斯坦进入中国,预计将在 2016 年建成通气,届时将实现每年通过四条管道向中国运送 650 亿立方米土库曼斯坦天然气。与中哈石油管线一样,中亚—中国天然气管道不仅使中国获得了稳定可靠的天然气来源,也使得中亚国家突破了在天然气出口渠道和价格上受到的俄罗斯的限制,使得中亚的天然气获得了更加有利可图的价格以及实现了出口的多元化。

2) 综合性多边合作

亚洲开发银行于 1997 年提出了中亚区域经济合作机制,明确将交通、贸易便利化、贸易政策和能源等四个领域作为工作核心,通过贷款、赠款和技术援助等形式,增加对区域合作项目的财力和智力支持。以建立区域基础设施网络、促进贸易和投资、提供区域公共产品、加强知识传播和能力建设作为推进合作与发展的四大支柱。它的工作机制包括部长会议、高官会议和各行业协调委员会。在合作形式上既包含俄罗斯、中国,以及其他国家参与的双边合作,也有在亚洲开发银行等国际机构支持下的多边合作。在2008年国际金融危机深层次影响继续显现,发达经济体经济复苏低迷的情况下,对中亚区域经济合作的资金支持成为这个机制的严峻考验。随着欧亚经济合作的深化,以及上合组织区域内双边能源合作的扩大,在上海合作组织框架内建立能源合作的条件已经成熟。上合组织能源俱乐部这一构想最早于2004年由俄罗斯前总理提出。此后经过多轮磋商讨论和筹备,于2013年由中国国家主席习近平在上合组织峰会上提出。习主席指出,成立能源俱乐部可以协调本组织框架内能源合作,建立稳定的供求关系,确保能源安全,同时可在提高能效和开发新能源等领域开展广泛合作。同年在莫斯科签署了《上海合作组织能源俱乐部成立备忘录》。目前上合框架内的多边能源合作具有充分的有利条件和广阔的发展前景,中俄两国合作势头良好,合作意愿上升;中亚能源大国哈萨克斯坦对此响应积极;能源匮乏的中亚国家吉尔吉斯斯坦和塔吉克斯坦也都报以积极的态度等等。虽然上海合作组织成立时的宗旨是维护边界安全、打击恐怖主义和应对非传统安全,但是随着合作范围逐渐向能源、经贸甚至金融领域扩展,上合组织将发展为集安全、贸易和能源在内的综合性区域合作组织。

3) 中国与中亚能源合作的特点

2009年中国向上合组织提供100亿美元,供成员国应对经济危机。2014年9月在习主席访问中亚期间,中石油以约50亿美元的价格收购哈萨克斯坦国家石油和天然气公司所持有的卡沙干油田权益,中石油获得该油田8.33%的股权。2014年9月由中石油承建的土库曼斯坦"复兴"气田工程竣工投产。哈萨克斯坦的卡沙干油田是目前世界上最大的油田,土库曼斯坦的"复兴"气田是世界第二大单体气田,两国都将最好的油气区块作为与中国合作的新平台,这标志着中亚国家与中国之间的政治互信加深,经济相互依存水平不断提高。在中亚国家对油气资源进行国有化经营的情况下,中国于2007年与土库曼斯坦签署了产品分成协议(PSA),成为在土库曼斯坦第一家也是迄今唯一一家获许开发土库曼斯坦陆上天然气田的外国公司。此外,中国通过上合组织以及双边渠道,向中亚国家以及俄罗斯提供了大量贷款。由中国提供贷款,中石油负责设计和施工,带有多边合作雏形的中亚—中国天然气管道,既使得沿线中亚国家在经济上直接受益,也增加了这些国家与俄罗斯在天然气谈判中讨价还价的能力。而中国政府于2013年提出"一带一路"发展战略,更是成为当前中国在中亚能源合作中最为重要的区域公共产品。

4) 中亚能源合作与"一带一路"的战略关系

能源合作在"一带一路"中发挥着非常重要的作用,而丝绸之路经济带的能源合作对于中国减轻中东进口的压力,实现油气进口来源多元化和能源安全具有不可替代的战略意义。"一带一路"作为中国向世界提供的公共产品,与中亚能源合作存在战略上的对接和利益上的契合,为中亚能源合作提供了一种新的合作模式和制度选择。

　　中国政府最初选择在中亚宣布"丝绸之路经济带"的构想,是因为中亚与中国的关系密不可分,与中亚在中国能源安全与"西进"战略中的特殊地位密切相关。中亚国家与中国有着良好的政治关系,地理上接壤或毗邻,经济上存在互补优势。目前哈萨克斯坦与中国建立了全面战略伙伴关系,乌兹别克斯坦与中国的战略合作伙伴关系得到进一步发展和深化,而塔吉克斯坦、吉尔吉斯斯坦以及土库曼斯坦与中国的关系都已分别提升为战略伙伴关系。中亚地处古丝绸之路的核心,也是欧亚大陆的中心地带,可以在中国与中东、东欧,甚至印度洋沿岸国家的贸易运输中发挥重要的过境运输的作用。其次,中亚能源对于"一带一路"具有重要的战略意义。中亚国家拥有丰富的油气资源,是我国实现油气来源多元化,提高海外能源安全的重点合作区域之一。截至2014年,中亚石油已探明储量约41亿吨,占世界总储量的1.8%,其中哈萨克斯坦的储量为39亿吨,土库曼斯坦和乌兹别克斯坦分别拥有1亿吨;天然气已探明储量为20.1万亿立方米,占世界总储量的10.7%,其中土库曼斯坦拥有17.5万亿立方米,哈萨克斯坦拥有1.5万亿立方米,乌兹别克斯坦拥有1.1万亿立方米。中国与中亚共建管道首次实现将中亚五国与中国贯通在一张天然气管网中,既加强了中亚与中国的紧密联系,也成为"一带一路"互联互通的先行典范。正是由于中国与中亚的能源合作与管道建设,使得中亚国家的经济从中受益,加强了中亚与中国的经济互赖和政治互信,"丝绸之路经济带"建设才能够得到中亚国家的广泛支持和积极参与。可以肯定的是,中亚能源合作曾经而且仍将作为"一带一路"的一个战略支柱而发挥着重要作用。

　　5)"一带一路"与中亚能源合作的战略对接和利益契合

　　首先,"一带一路"是中国参与中亚区域能源合作的战略新布局,而中亚也是中国参与国际多边能源合作的试验平台。2014年习近平总书记提出了能源的"四个革命和一个合作",即能源消费、供给、技术和体制革命,要求全方位加强能源国际合作。由此可见,"一带一路"战略的实施将成为加强我国能源国际合作提高安全保障能力的重要抓手。丝绸之路经济带与多数中亚国家发展战略高度契合。对于中亚能源生产国来说,既要实现能源出口渠道的多元化,摆脱俄罗斯对中亚能源生产和运输的垄断和控制,同时也要谨防大国主导中亚能源产业;既需要引进外资和技术发展本国能源产业和基础设施,也强调发展的自主权。而对于中亚能源资源匮乏的国家来说,则希望融入地区经济合作中,利用邻国的能源资源发展本国经济。哈萨克斯坦2014年的总统国情咨文就将能源交通基础设施建设列为七大优先发展方向之一。

　　第二,中国与中亚的油气合作以及管道建设,给中亚油气生产国带来了能源产业发展的机遇,也帮助油气匮乏的国家提供了融入区域经济发展的机会和渠道。而随着"丝绸之路经济带"在中亚及其周边的部署和实施,将进一步提升中亚地区能源合作的水平。

第三,"一带一路"与中亚能源合作能够形成利益契合。以能源合作为先驱的"丝绸之路经济带"建设与中亚国家的经济发展目标相契合。中国目前已经形成来自西北、东北、东南和西南四个方向的海外油气进口来源,"一带一路"的设计轨迹与中国的海外能源安全通道基本重合。通过"一带一路"规划下的基础设施建设、"亚投行"、"丝绸之路基金"等区域公共产品的推动,沿线国家经济发展水平将得到提高,促进了区域经济的融合。

能源合作能够带动区域合作的发展。就中亚地区而言,通过与中国的油气合作,特别是中亚跨国天然气管网的合作,中亚国家可以获得丰厚的收益。已经建成的管道直接给土库曼斯坦、乌兹别克斯坦以及哈萨克斯坦等国创造了数以千计的就业岗位和数十亿美元的经济效益。中亚国家通过与中国在能源与交通基础设施、商业金融与投资等领域的合作,不仅能够实现经济的快速增长,获得开发资源的资金和先进技术,并且能够实现能源出口多元化的目标,从而提高自身能源安全,还能促进中亚地区的融合与发展,增进中亚国家之间的联系和纽带,消除分歧与摩擦,降低中亚各国的经济差异。对中国而言,正是通过在中亚的油气合作,中国的海外能源合作开始从双边走向多边。中亚也因此成为中国将能源多边合作拓展到"一带一路"沿线国家的发源地和辐射源。基础设施建设是能源合作的先决条件,也是"一带一路"的核心内容之一。在多边能源合作方面,"一带一路"提出要加强能源基础设施互联互通,共同维护油气运输管道的安全,推进跨境电网的建设。在跨境电网合作方面,2015年中国国家电网提出了一个电网互联互通方案,计划与4个国家开展9项电网联网工程,参加的国家包括哈萨克斯坦、俄罗斯、蒙古和巴基斯坦等国。

6)"一带一路"为中亚能源合作提供公共产品

鉴于中亚能源政治的复杂性、中亚国家对能源合作的诉求,以及中国与中亚国家在能源合作上的战略对接与利益契合,在"一带一路"战略规划下中国参与中亚能源合作可以从以下三方面展开。

第一,依托中亚,塑造"丝绸之路"区域能源网络。"一带一路"线路图对周边能源合作提出了一些具体要求,指出要形成能源资源合作上下游一体化产业链,除了加大传统能源的勘探开发合作,还要积极推动水电、核电、风电、太阳能等可再生能源。鉴于中国的海外油气资源以及运输通道与"一带一路"上的油气生产国和过境国高度重合,中国在中亚的油气合作已经初具多边能源合作的雏形,因此中国可以依托中亚,将中国—中亚能源合作的成果辐射到中亚周边。通过油气网络的互联互通建设,将沿路的生产国、过境国和其他消费国纳入区域能源和电力网络中,塑造中国—中亚区域能源网络,并为"一带一路"能源共同市场打造坚实的后盾。一旦将可再生能源的市场也并轨进入能源共同市场,将有望打造出一条绿色的"一带一路"。

第二,利用"亚投行"、"丝绸之路基金"等融资渠道,为"丝绸之路"能源网络提供金融支持。基础设施建设是建立丝绸之路能源网乃至"一带一路"能源共同市场的重要支柱,货币、资本、商贸和金融合作则是形成能源共同市场的重要技术条件。中国可以通过"亚投行"、"丝绸之路基金"、金砖国家开发银行、上海合作组织开发银行等融资渠道,弥补亚洲开发银行、欧洲投资银行、欧洲建设与发展银行等融资机构投资不足的缺陷,为能源基础设施建设提供区域公共产品,加快丝绸之路能源网络的形成。

第三,通过"一带一路"战略的实施,促进中亚能源合作机制化建设,逐步形成区域能源合作机制。实施"一带一路"能源战略,需要建立成熟的能源金融体系,包括推动能源投资的强度,提升中国在全球能源定价中的话语权和推进人民币国际化进程,以及建立能源上下游领域的一体化。在世界能源消费中心东移,俄罗斯开始重视亚太市场实施能源"东进"战略的背景下,在中俄油气合作近年来取得突破性进展,中国与中亚油气合作达到前所未有的高度的条件下,中国在中亚周边构建区域能源市场的时机逐渐成熟。中国可以扩大能源贸易中本币结算的规模,逐步形成天然气定价和交易机制,从而为稳定中亚能源市场提供制度保障。中国还可以凭借自身稳定的市场和金融支付能力,为中亚能源市场提供应对价格波动和市场风险的公共产品。

5.5.5 中亚文化与"一带一路"

任何一个民族的文化,无论东西,不分大小,都有它自己的土壤和空气,都有它自己的载体和灵性,当然也就都有它自己的长处和短处、稚气和老练。任何一个民族的文化,都有它存在和发展的天赋权利,以及尊重异质文化同等权利的义务。每一民族都需要学习其他文化的优点,来推动自身的发展;都应该发扬自身文化的一切优点,来保证自己的存在,与其他文化共同缔造人类的文明乐园。

中亚地区地处欧亚非三大陆的交界处而成为自古以来的军事战略要冲,而且是天主教、佛教、伊斯兰教、儒教四大宗教文化发展、传播、碰撞的十字路口和世界上最复杂的民族分布地带,因而,它也是各种文化力量竞相角逐的战略要地。中国与这一地区接壤的地理环境,决定了中国必然要关注中亚文化传播的形势。

纸的制造是古代中国的伟大发明之一,也是人类文化史上的一个里程碑。造纸术的突破性改革发生于汉时期,即距今约 2 000 年之前。之后,造纸术逐步传至域外,先至"西城",即今新疆境内(是为狭义的"西域"),又传播至中亚的索格底亚那地区,即在今锡尔河和阿姆河之间。其后,控制中亚的阿拉伯人又将这项文明带到西亚。至于欧洲开始造纸,则仅仅是五六百年以前的事情。因此,中国的造纸术经由中亚而传往西亚、欧洲是确凿无疑的事实。

印刷术与造纸术一样,也是古代中国的伟大发明之一,对世界文明的发展做出了巨大的贡献。在中国印刷术向西传播的过程中,中亚地区也是个"中转站",中亚的各国人民则是积极的中介者。

　　一般认为佛教正式传入中原地区的时间为东汉明帝永平年间,即约公元一世纪的六七十年代。但是,亦有不容置疑的史料表明,佛教在此以前业已进入中国内地。伊存口授佛经之事便是一例。伊存是大月氏王遣往中国的使者,是西汉末年时期。大月氏使臣伊存讲授《浮屠经》一事,显然标志着佛教的传入。因此可以说,佛教是经中亚人传入中国内地的。

　　新疆位于中国西部边陲,与中亚 8 个国家毗邻,接壤边界 5 600 千米,约占全国陆地边界线总长的四分之一,是我国陆地边境线最长的省区。新疆地处亚洲中心,与中亚各国公路、铁路、民航、口岸相通。现在古丝绸之路已成为"欧亚大陆桥",是连接中亚、西亚的通道,是"文化与商业的高速公路"。这种地理位置、交通优势使新疆成为中西亚的连接点、前沿阵地和聚合地。新疆有 17 个国家一类口岸,可以辐射周边十几个国家,是我国向西开放的重要门户。

　　新疆境内有 10 个少数民族信仰伊斯兰教,和中亚各国居民的文化背景和文化特征十分接近,和中亚国家的主体民族同族同源,语言相近或相通。新疆周边有华人华侨 100 多万,这为我们开展对周边国家的文化交流、沟通提供了便利条件。

　　中西亚各国要通过新疆了解中国,新疆也要走向世界,特别是在中国经济建设和社会全面发展的今天,中西亚国家希望了解人口众多的中国,为什么会在较短时间内发展得如此迅速,并愿意加强与中国的经贸合作。吉尔吉斯斯坦文化部长讲"从中国汉代史学家司马迁《史记》中就记载着中吉友好交往的历史","希望复兴丝绸之路"。"上海合作组织"为中国与中西亚国家多领域的合作开创了广阔的空间,新疆成为中国与中亚"东联西出、西来东往"的重要并且是最便捷的通道,双边、多边贸易合作潜力巨大。

　　我国的电影、电视在中亚都很受欢迎。在哈萨克斯坦播出译制的电视剧《英雄无悔》时,哈国几乎万人空巷,甚至一段时间社会治安都好了许多。哈国老百姓驱车 200多千米来到哈国边境县,收看新疆伊犁地区播放的我国古典题材的电视剧《西游记》。我国出版的《俄汉对照》字典也是供不应求。

　　文化交流是沟通心灵的桥梁,是人类文明社会得以全面发展和提升的重要纽带,在国际交往中具有不可替代的关键作用。它是促进人类和平发展的一剂"良药",在润物无声中,如涓涓细流融入了人们的心田,生发不尽的畅想与灵感,亦如启明星在夜空中闪耀出动人的华彩。

　　由中国美术家协会艺术委员会、秦皇岛市人民对外友好协会、秦皇岛市文学艺术界联合会、沈阳师范大学美术与设计学院主办,秦皇岛市美术家协会、北戴河艺术馆承办,哈萨克斯坦阿斯塔纳市"理想之路"协会、《画界》杂志社、《美术传承》杂志社协办的"'一带一路',多彩世界——中国与中亚五国著名画家作品联展"于 2015 年 7 月 18 日在河北省秦皇岛市北戴河艺术馆隆重举行。此次展览特别邀请了24位国内外著名画家相聚于北戴河畔,以文会友,艺海扬帆。本次展览共展出作品近百幅,集中展示了他们在艺术上取得的丰硕成果,从不同的侧面反映出他们多彩丰富的艺术面貌,体现了当代多元艺术语言交汇与契合的创新性和学术性,使观众可以感受到画家们手中的画笔所触及的人性光彩和心底足音,体会到画家们强烈的使命意识和不懈的艺术追求,以及经年累月修炼出的艺术功力和丰富的创作经验,呈现出中国和中亚五国艺术家对艺术探索的多样性。这次展览全面展现了当今世界绘画领域的整体风貌和艺术水准,是一次六国艺术家相聚的盛会,更是一次促进多国文化融会贯通、共同繁荣的契机,这必将为中国和中亚五国文化艺术交流的发展起到重要的推动作用。

文化承载的是一个国家的文化理念、文化价值和文化追求,反映着一个国家的文化软实力。文化日益成为推动经济增长的重要力量和综合国力竞争的重要因素,应充分发挥民间往来的优势和文化人才的强项,以一种广结天下朋友的胸怀,拓展交流平台,创造文化品牌,不断提高对外文化交流水准,旨在让世界了解中国,让中国面向世界,以艺术的形式延伸于"一带一路"及世界各国的文化交流倍显珍贵和重要。

5.6 "一带一路"与西亚文化交流及贸易往来

5.6.1 西亚概况

西亚又称西南亚,是亚洲西南部地理区。因位于亚洲、非洲、欧洲三大洲的交界地带,位于阿拉伯海、红海、地中海、黑海和里海(内陆湖)之间,所以被称为"五海三洲之地"。是联系亚、欧、非三大洲和沟通大西洋、印度洋的枢纽,地理位置十分重要。黑海出入地中海的门户是土耳其海峡,霍尔木兹海峡是波斯湾的唯一出口,航运十分繁忙。苏伊士运河和红海是亚非两洲的分界线,沟通了印度洋和地中海。

该地区气候干旱,水资源缺乏,地形以高原为主。波斯湾及里海沿岸是著名的石油产区。按其经济特点可分为两种经济类型,即石油输出国和非石油输出国。石油输出国包括沙特阿拉伯、阿拉伯联合酋长国、卡塔尔、巴林、科威特、伊拉克、伊朗和阿曼等8国。石油是各国经济命脉,石油业在国民生产总值、国民收入和出口值中的比重都居绝对优势,且建筑业、运输业、加工业和商业都是以石油生产为发展基础。战后经济发展非常迅速,人均国民生产总值居世界前列。但这种单一经济结构常受国际市场,特别是能源市场的影响,为此,各国正在调整经济发展战略,逐步向多样化发展。其以国营企业为主,各种经济成分并存。非石油输出国经济多以农牧业为主,采矿业、加工业均较薄弱。但其发挥地理位置优势,在运输、加工和提供劳务上颇得石油之利,收取高额的过境费用,获得相当收入。当然各国发展水平有很大差距。

西亚产油国劳动力资源不足,每年需从国外吸收大量外籍工人和技术员,成为世界重要劳务市场。

西亚建设新"丝绸之路"之路后,可以大大的缓解霍尔木兹海峡、曼德海峡这些海上石油运输线上"咽喉"的繁忙与阻塞问题。

5.6.2　西亚国家贸易

1) 土耳其

主要进口产品:矿物燃料、矿物油及其产品、沥青等;核反应堆、锅炉、机械器具及零件电机、电气、音像设备及其零附件;钢铁;车辆及其零附件(铁道车辆除外);塑料及其制品。主要出口产品:车辆及其零附件(铁道车辆除外);核反应堆、锅炉、机械器具及零件;针织或钩编的服装及衣着附件。该国近期重点战略:发展中土多维经贸战略合作。

与中国的经贸合作:2014 年中土双边贸易额为 277.4 亿美元,矿产品一直是土耳其对中国出口的最主要产品,土耳其自中国进口的主要商品为机电产品、纺织品和金属及制品。

其他情况:2014 年土耳其前五大逆差来源地依次是中国、俄罗斯、德国、韩国和美国;顺差主要来自伊拉克、英国和阿塞拜疆。

土耳其连接欧亚大陆,建设"一带一路"对土耳其不仅有利于自身贸易,还能突出其欧亚桥梁作用。

2) 叙利亚

主要进口产品:机械、钢材、纺织品、燃料、粮食、罐头、糖、化工原料、文教用品、医药、木材等。主要进口国为法国、意大利、德国、土耳其、中国。主要出口产品:石油和石油产品、棉花和棉花制品、磷酸盐、香料、皮革等。主要出口国为德国、意大利、法国、沙特阿拉伯、土耳其。吸引外商直接投资的领域:主要有石油、天然气、磷酸盐、岩盐、沥青等。已探明石油储量 25 亿桶,石油及其产品基本自给,并部分出口。已探明的天然气储量 6 500 亿立方米,磷酸盐储量 6.5 亿吨,岩盐储量 5 500 万吨。

与中国的经贸合作:叙利亚主要从中国进口机电、音像设备及其零附件、贱金属及其制品、植物产品等。向中国出口纺织原料及纺织制品、矿产品、植物产品等。在与叙利亚开展合作业务的主要中资企业有中石油、中石化、中石化十建公司、中纺、中材建设、北方公司、湖北宏源电力、中兴、华为、四川机械设备公司等。

其他情况:工业基础薄弱,现代工业只有几十年历史。现有工业分为采掘工业、加工工业和水电工业。采掘工业有石油、天然气、磷酸盐、大理石等,加工工业主要有纺织、食品、皮革、化工、水泥、烟草等。"绿色金子"橄榄、"黄色金子"小麦、"白色金子"棉花并称叙利亚三大农作物。

3) 格鲁吉亚

主要进口产品:石油产品、汽车、碳水化合物、药品、手机、铜矿、谷物、香烟、电脑、金属建材。主要出口产品:转口汽车、铁合金、铜矿、坚果、葡萄酒、氮肥、矿泉水。吸引外商直接投资的领域:主要是森林、矿产和水力资源等。森林面积占国土面积的38.5%,木材总储量4.2亿立方米,主要有榉木、松木、樱桃木和胡桃木等。鲁吉亚矿产主要有锰、铜、铁、铅、锌等,其中有世界闻名的"齐阿土拉"锰矿区,该矿探明锰矿储量2.34亿吨,可开采量1.6亿吨,部分锰矿品位较高。格鲁吉亚水力资源丰富,矿泉水闻名独联体及中东欧国家;拥有大小河流319条,水电资源理论蕴藏量1 560万千瓦,是世界上单位面积水能资源最丰富的国家之一。

该国近期重点战略:格鲁吉亚政府发布"格鲁吉亚2020"经济社会发展规划:① 保持经济宏观稳定增长,建立高效行政体系;② 提高民营行业竞争力,包括改善投资和经商环境、支持创新和科技发展、扩大出口、发展基础设施、充分发挥转运潜力;③ 加强人力资源建设和社会稳定,包括培养满足市场需求的高素质人才、维持社会稳定、创建高质的医疗保障体系;④ 加强资本运作,提高金融中介能力。

与中国的经贸合作:中国是格鲁吉亚的第四大贸易伙伴,贸易额达8.233亿美元,格鲁吉亚从中国进口7.329亿美元,对华出口9 030万美元。格鲁吉亚向中国出口商品主要有铜矿砂及其精矿、铜废碎料、葡萄酒等;格鲁吉亚自中国进口商品主要有建筑材料、自动数据处理设备、手机电话、钢材、洗衣机等。

其他情况:2014年4月格鲁吉亚总理加里巴什维利表示,格中新型经济关系已开启。格中签署了共建"丝绸之路经济带"合作协议,协议肯定了格鲁吉亚区域物流中心的地位,并将促进格鲁吉亚优势产品出口至中国市场。同时,格鲁吉亚汽车零件制造业、农产品加工业将广泛吸引中国投资。

4)约旦

主要进口产品:包括石油制品、汽车/摩托车及零配件、钢材、粮食、设备和工具、电子产品。主要出口产品:包括服装、钾肥、蔬菜和水果、药品以及化肥。吸引外商直接投资的领域:约旦在5月22日召开的"世界经济论坛东亚北非特别峰会"上发布了200亿美元的投资项目,主要包括以下领域:① 能源:总价值90亿美元的可再生能源和清洁能源投资项目。② 交通:总价值25.4亿美元的铁路和快速公交建设项目。③ 水资源:总价值12.3亿美元的水网建设和污水处理项目。④ 国家宽带:总价值1.75亿美元的国家宽带项目。⑤ 基础设施:总价值11亿美元的市政和基础设施建设项目。⑥ 旅游开发:总价值7.93亿美元的开发建设项目。⑦ 市政建设:总价值的26.8亿美元的市政改造开发项目。

该国近期重点战略:2015年5月12日,约旦发布《2025年发展规划》。根据这一10年规划,约旦致力于在2025年将GDP增幅由现在的3.1%提高至7.5%,将贫困率从14%降至8%,将失业率从12.2%降至8%~9.2%,并将妇女就业率从15%提高至24%。

与中国的经贸合作：中国出口至约旦的主要商品包括：服装、服装面料等纺织品、鞋类，机械设备，电信及音像设备，电机、电气及零件。

其他情况：中国产的家电、手机和电脑网络产品在约旦颇受欢迎，电脑网络设备已成为两国政府经援项目的首选物资。另外，部分出口农产品在当地市场占有率较高，如花生、花生仁、大蒜、豆类等；还有一些商品，如冻肉、活羊等，已被约旦定为新的待开发的主要进口商品源。

5）伊拉克

主要进口产品：各种生产资料、粮食等生活必需品。主要出口产品：原油、天然气、椰枣、化肥等。该国近期重点战略：2013 年，伊拉克发布《综合国家能源战略》，将通过提高油气销售，在 2030 年达到 6 万亿美元的收入，同时大量增加发电。根据该战略，伊拉克将在未来 20 年内投资 6 200 亿美元大幅提高人民生活水平和就业水平。伊拉克、约旦和埃及三国石油部长于 2014 年 3 月 6 日在约旦首都安曼签署了两项石油和天然气领域的合作协议。

其他情况：目前，进驻伊拉克的中资企业有中石油、中海油、绿洲公司、上海电气、中建材、华为、中兴、苏州中材公司、杭州三泰公司等，大部分集中在伊拉克北部库尔德斯坦地区、东南部瓦希特省、南部巴士拉省。

6）沙特阿拉伯

吸引外商直接投资：过去 10 年，沙特各领域均取得长足发展，特别是在来沙特投资便利化方面，使得近年来外国投资额成倍增长，FDI 存量从 2005 年的 1 250 亿里亚尔提高至 7 800 亿里亚尔。

其他情况：截止到 2014 年，中国已成为沙特非石油行业最大贸易伙伴。

7）阿拉伯联合酋长国

主要进口产品：黄金珠宝是阿联酋最主要的进口产品，其他进口产品还包括机电产品、纺织品及原料、家具等。目前，中国在阿联酋设立的公司有 300 多家，主要集中在迪拜（180 家）、沙迦（110 家）和阿布扎比（20 家）。大多数公司从事商品贸易，从事生产经营的很少。投资方式以私人直接投资为主，大多数公司的规模不大，规模相对较大的有几个贸易中心。目前中国公司对阿联酋在生产性项目方面的投资环境和投资领域缺乏足够了解。为了改变单一的石油经济，阿联酋正在大力鼓励外商投资，发展当地工业，以实现经济多元化和收入多样化。中国在中小型生产项目方面比较成熟，可以选择一些生产加工项目在阿联酋的自由贸易区建厂。该国近期重点战略：阿联酋境内的自由贸易区和经济特区已超过 30 个，是其经济的重要组成部分。这些区域根据行业划分清晰合理，涵盖工业、金融、能源、货运、科技、电信、文化娱乐、媒体影视等各个领域。区内没有繁琐的官僚程序，提供高效、动态的管理系统，包括一站式服务点，使投资者能够节省时间、精力和成本，快速创建企业并专注于自身业务。另外，阿联酋每年举办的各类国际展会超过 100 个,展会涉及的行业众多,如新能源、石油化工、建材、纺织服装、机械设备、医疗保健品、食品、鞋及皮革制品、电子通讯、珠宝手表、汽车、钢铁、烟草、商务及旅游、图书、国际投资及房地产等,分别在阿布扎比、迪拜和沙迦举行。

与中国的经贸合作:阿联酋向中国主要出口产品包括:塑料及其制品、铜及其制品、钢铁等;向中国复出口产品主要集中在金、贵金属、自动化设备等。目前我国对阿联酋出口的商品结构基本是纺织服装、日用杂货商品等,即使机电产品,也是科技含量和附加值低的商品,高档次和高附加值的商品及大型机电设备较少,主要原因是阿联酋对中国大型机电产品和高新技术产品缺乏了解,以及对工业机电设备实行供货名单制。中国是阿酋联第二大贸易伙伴,阿是中国在中东地区的最佳贸易伙伴。阿在中国的投资约为 10 亿美元,并一直在寻找可能的投资机会。阿在中国可投资的领域超过 15 个,主要包括基础设施建设、石化和新能源项目、通讯、医疗卫生、教育、文化、旅游和农业。

其他情况:阿联酋的重点产业主要是:① 石油产业;② 天然气产业;③ 非石油产业,包含炼铝业、房地产业、水泥业、航空业、金融业、制药业、塑料工业、纺织服装业、转口贸易业等。

8)巴林

吸引外商直接投资领域:据联合国贸发会议统计,2012 年巴林吸引外国直接投资主要投向金融、零售、通信和石油勘探等领域。巴鼓励外资投向工业项目,但限制外国人从事不动产租赁、运输、劳务中介、印刷和捕鱼等行业。全国有 9 个工业区,区内项目可免除原材料进口关税,至少 5 年内不受当地雇员比例限制。

巴林吸引外资的优势主要有 5 个方面:

(1) 石油产业为经济发展提供重要支撑,基础设施和配套保障服务完善;

(2) 无所得税和增值税,商务成本低于迪拜、卡塔尔等周边市场;

(3) 交通物流便利,具有辐射海合会国家和其他中东国家市场的潜力;

(4) 法规健全,经济政策稳健,透明度、对外开放和市场化程度较高;

(5) 社会风气较宽松,英语普及,对外籍人较友好。

与中国的经贸合作:我国出口到巴林的主要产品包括:机电产品、钢材、纺织服装等;我国从巴林进口的主要产品包括:铁矿砂、铝、液化石油气等。另据巴林 2011 年统计,在非石油贸易领域,我国是巴林仅次于沙特的第二大伙伴,是巴林最大的非石油贸易进口来源国。目前在巴林的中资机构有 6 家,分别是华为技术、中兴通讯、中建、中国港口建设公司、中国银行、沈阳远大。另有华人开设的私营贸易公司 6 家,餐厅 4 家。

其他情况:近年来,中巴两国经贸关系发展顺利。两国陆续签署了经济贸易与技术合作协定、相互给予最惠国待遇的换文、民航运输协定、鼓励和相互保护投资协定、避免双重征税和防止偷漏税协定、劳务合作及与劳务合作有关的职业培训合作协定等文件。

9）阿富汗

主要进口产品：各种食品、机动车辆、石油产品和纺织品等。主要出口产品：干果、种子、粮油作物、粮食、药材、皮毛、地毯、建材、工艺品。吸引外商直接投资的领域：截至2014年底，中国累计对阿富汗非金融类直接投资5.14亿美元，主要涉及矿产、通讯、公路建设等领域。我国对阿投资的主要项目是阿姆河盆地油田项目和埃纳克铜矿项目。截至2014年底，我国在阿富汗累计签订工程承包合同额9.68亿美元，完成营业额6.38亿美元。我国在阿富汗工程承包的主要领域包括电信、输变电线路和道路建设等。目前驻阿富汗的中资企业有8家，中方员工约150人。

阿富汗近期重点战略：阿富汗政府重视经济发展，积极争取外援，重建国家经济架构，培养自身"造血"功能。在国际社会大力支持下，阿富汗重建进程取得显著成效，宏观经济运行总体良好，交通、电力、电信等基础设施建设较快推进。

与中国的经贸合作：据中国海关统计，2013年中阿双边贸易总额为3.37亿美元。其中我国对阿富汗出口3.28亿美元，主要出口商品是电器及电子产品、运输设备、机械设备和纺织服装等。自阿富汗进口0.096亿美元，主要进口商品是农产品和皮革等。

其他情况：阿富汗是落后的农牧业国家，属世界上最不发达国家之一。阿富汗经济疲软的主要原因是安全问题、基础设施落后、财政资源匮乏、市场机制落后等。

10）阿曼

主要进口产品：机械及运输设备；制成品；食品及活动物。主要出口产品：石油和液化天然气，转口也是阿曼出口的一个重要组成部分。吸引外商直接投资的领域：政府大力推行"经济多元化"和发展中小企业的战略。阿曼市场虽小，但政府招标项目多，规模大。以政府招标项目促出口是今后我国企业在阿曼努力的方向。同时，我国应密切关注撒拉拉自由区建设，充分利用撒拉拉港转口的潜在优势，进一步挖掘对阿曼出口和向东非等国转口的潜力。探讨在阿曼投资设厂，开展境外加工装配业务，特别是高技术产品和IT产品项目的可行性，以带动我国机电产品出口。

阿曼近期重点战略：阿曼政府一方面注重吸取地区动荡国家教训，保持对新闻舆论和网络等媒体严格控制，屏蔽部分网络，防范外来舆论渗透，禁止一切党派活动。另一方面，对于民众加快政治改革和增加就业等不断上升的诉求，采取了一些缓解矛盾的改革措施，如增加政府透明度、稳步推进协商会议成员选举、协商会议对政府部门监督等民主制度建设；努力改善民生，出台举措稳定物价，控制通货膨胀；推进"阿曼化"比例，积极扩大就业；增加工资收入，提高阿曼人最低工资标准等。经济多元化政策和私有化改革得以持续推进，加上经济增长势头良好，外汇储备充裕，中央政府赤字虽有扩大趋势,但债务负担仍处于很低水平,政府依然拥有较强的本、外币偿债能力,政局总体保持稳定。

与中国的经贸合作:2014年,阿曼是中国在阿拉伯地区第四大贸易伙伴,当年双边贸易额258.7亿美元,同比增长12.9%,其中,中方出口20.6亿美元,进口238.1亿美元,同比分别增长8.6%和13.3%。中方出口商品主要为机械设备、电器及电子产品、计算机与通信技术产品。中方进口商品主要为原油。

其他情况:石油是阿曼经济的支柱产业,阿曼GDP的43%来自石油工业,财政收入的70%来自石油收入。为打破依赖石油的单一经济格局,调整产业结构,吸引外资,增加收入,促进就业,实现经济的可持续发展,阿曼政府加大了改革力度,加速推进产业多元化、经济私有化、就业阿曼化进程,并取得了显著的成就。

11)也门

主要进口产品:运输工具、机械设备等国内建设所需物资,以及大量轻工产品。主要出口产品:石油、棉花、咖啡、烟叶、香料和海产品等。吸引外商直接投资的领域:也门经济发展主要依赖石油出口收入,受益于国际市场的高油价,政府极为重视石油的勘探和开采,力图通过开发石油和矿产资源克服经济困难。

与中国的经贸合作:据也门官方统计数据显示,中国已连续5年保持也门商品第一大进口国地位。2013年,中国自也门进口商品总额达17.69亿美元,进口额占也门出口总额的23.7%。中国进口商品以原油及矿物油类为主。2013年,中国从也门进口石油1 205.5万桶,价值13.2亿美元;进口液化天然气达3.65亿美元;进口工业乙烯废料价值约300万美元;进口鱿鱼、海鱼及其他海产品价值达515万美元。

其他情况:也门是世界上经济最不发达的国家之一。

5.6.3 中国与西亚国家贸易的前景展望

1)"一带一路"战略建设将为中国与西亚加强贸易合作创造有利契机

"丝绸之路经济带"和"21世纪海上丝绸之路"将成为中国全方位开放格局建设的又一抓手,也将为中国与西亚加强贸易合作创造有利契机。"一带一路"战略的顶层设计和总体规划,将有利于稳固中国与西亚各国的友好合作关系,释放中国和西亚国家外交关系和谐健康发展的"战略红利";有利于推动中国与西亚贸易投资便利化,促进两地统一大市场的形成;有利于建立两地一体化最终产品市场,扩大两地最终产品贸易,优化贸易结构和进出口市场结构,最终实现中国与西亚经济贸易优势互补、互联互通,促进区域经贸协同发展。新海陆丝绸之路将有可能成为继传统大西洋和太平洋贸易轴心之后的世界第三大贸易轴——新丝绸之路贸易轴心。在新丝绸之路贸易轴心的区域贸易合作中,中国将在某种程度上起到更大的主导作用。对内,"一带一路"将带动西北、西南地区的对外开放和国际贸易,通过促进西北、西南地区的经贸崛起平衡国家对外贸易的区域格局;对外,通过"一带一路"建设,将加深与东盟、西亚等地区国家的经贸合作,有助于中国"以我为主"的对外贸易网络构建。与古代海陆丝绸之路相比,21世纪新海陆丝绸之路具有新内容、新特点、新空间、新节点,虽沉寂千年,但将会再度为世人所瞩目。

2) 中国与西亚产业的强互补性是有利于两地加强贸易合作的经济基础

中国经济快速发展,对西亚原油和液化石油气的进口需求自20世纪90年代中期以来不断攀升,同时,中国的轻工业产品和机械装备产品的制造能力也显著提高。中国与西亚地区国家之间的经济互补性越发加强,为未来中国与西亚双边贸易合作的深度发展打下了牢固的经济基础。中国以工业制成品换取西亚国家的能源资源已成为两地经贸交往的主要特征。一方面,近年来中国从西亚进口的原油数量达原油进口总量的50%以上,西亚是中国最大的原油供应地区。在中国进口的主要商品中,原油、成品油、天然气、初级塑料、化肥等都保持着较高的需求量。随着未来经济继续稳定增长,中国定将成为西亚各国能源相关产品的主要购入国。另一方面,在中国出口商品中,包含了西亚地区所需要进口的大部分工业制成品、制造业材料和轻工业产品等。中国的优势出口产品恰恰正是西亚各国所急缺的商品。中国在服饰、纺织品、鞋类、家具及零部件等主要传统劳动密集型产品出口保持强劲势头的同时,机电产品和高新技术产品的出口增长突飞猛进。2012年,机电产品出口同比增长8.7%,高新技术产品同比增长9.6%,其中,光电技术产品出口金额同比增长23.04%,电子技术产品出口同比增长17.28%,计算机集成制造技术产品出口同比增长10.62%。从中国与西亚货物贸易总体状况分析可知,双方进出口贸易合作存在巨大的发展空间。中国与西亚国家在资源禀赋和经济产业结构方面互补性强,西亚国家需要质优价廉的生活用品和生产资料,可从制造业大国——中国进口大量价格便宜、品质优良的"中国制造"物资;而中国为维系庞大的制造业体系的运转,服务全球消费者和生产者,需要大量的能源资源,西亚地区正拥有巨大的能源储量和产量;中国近年过剩的产能也可借助西亚广阔的市场得以消化。

3) 合作平台建设的稳步推进是有利于深化两地贸易的制度保障

中国—阿拉伯国家合作论坛和中国—海合会自贸区两大合作平台建设的稳步推进将有利于促进中国和西亚国家贸易的深化发展。随着中国与西亚国家关系的快速深入发展,越来越多的西亚国家出现"向东看"的势头,显著提升了对发展与中国经贸关系的重视程度。中国与阿拉伯国家集体对话和合作的平台"中国—阿拉伯国家合作论坛"在2004年1月成立,之后每两年轮流在中国或阿盟总部或任何一个阿拉伯国家召开部长级会议,每次部长级会议均发表会议公报和行动计划两个主要文件,分别讨论双方在政治经贸和文化关系发展方面的合作,每次都有新的思路和举措被提出。除部长级会议外,论坛框架下的各种机制也顺利运行。截至2013年,高官会议已举行十届,中阿关系暨中阿文明对话研讨会已举办五届,企业家大会、能源合作大会、新闻合作论坛和中阿友好大会均已举办三届。中国与西亚阿拉伯国家通过搭建新型对话平台,形成集体合作机制,对双方贸易投资合作发挥了重要的规划和指导作用。中国—海合会自贸区谈判始于2004年,双方经过多轮谈判,现已在货物贸易和服务贸易大部分领域达成了一些共识。未来中国、海合会双方应尽早重启新一轮中国—海合会自贸区谈判,继续进行有效沟通和磋商,有效协调解决目前谈判进程中存在的搁置问题,从大局出发,尽早取得积极成果,提升双方整体合作水平,进而达成双赢协定,尽快建成自贸区。这将为中国和西亚双边贸易环境的改善提供有力的制度支撑,实现互利合作共赢。

4) 加强中国与西亚国家贸易合作的政策建议

共建"一带一路"合作伙伴关系,全面扩大与西亚的贸易经济交往:由于中国实行不结盟政策,外交体系中并没有比"伙伴关系"更高的双边关系,因此只要有"伙伴"两字,就意味着双方已达到一定的信任程度。"一带一路"合作伙伴关系将是一个创新的概念。从中国传统的伙伴关系来看,建立伙伴关系的对象有国家也有地区组织,这次提出建立一带多国的伙伴关系是第一次采用一种媒介("一带一路")来作为伙伴关系的对象和黏合剂。建议通过国家层面持续注入更多的政策支持,落实中国和西亚国家关于"一带一路"合作的共识、倡议和总体规划,巩固和发展与西亚国家的友好关系。具体实行上,可成立专门的领导小组与专家委员会,对"一带一路"建设进行顶层设计和总体规划并提出指导和督导;可提出推进"一带一路"建设的发展战略,细化中国加强与西亚国家和地区贸易合作的规划,推进与西亚国家开展多领域、多层次、多形式的贸易合作。通过与西亚共建"一带一路",深化合作伙伴关系,全面扩大与西亚的贸易经济交往,拓展对西亚国际贸易合作的深度和广度,使得中国与西亚共享巨大的贸易利益。

加快与西亚地区海陆交通设施的互联互通建设:推动中国和西亚在港口、铁路、航空领域的互联互通进程,在保证交通基础设施网络的联通性和有效匹配衔接的前提下,加强两地在国际海、陆、空通道的建设和升级,为深化中国与西亚贸易合作提供重要的支撑。海运方面,中国在强化自身全球航运贸易资源配置能力的基础上,可以努力开拓与西亚的国际海运线路,推进多式联运与港口建设。陆运方面,中国应加强公路、铁路的联通和口岸基础设施建设,打造与西亚更加便捷的贸易通关体系,例如促进中伊铁路国际合作建设项目的加速进行等。空运方面,中国在推进自身国际机场扩建工程的建设、扩大国际运输吞吐能力的基础上,可以增加与西亚国家的航空线路和直达航班,增强与西亚贸易的空运物流承载力。

深化与西亚国家的工业产品贸易合作:中国与西亚的商品贸易有很强的互补性,中国对西亚主要出口轻工、机械装备等工业制成品,而中国从西亚进口的商品主要为矿物燃料、有机化学原料、塑料及其制品。正是经济贸易的互补性,使中国与西亚双方能互利共赢和共同发展,工业制成品贸易合作的继续深化存在广阔的空间。在深化中国与西亚国家的工业产品贸易合作中,中国应在巩固传统的劳动密集型轻工业商品贸易的同时,大力发展机电产品、高新技术产品,促进产品升级转型,迎合西亚地区的消费需求。在近期,中国应在立足现状的基础上,根据内外部形势的变化发展,因地制宜,与时俱进,全方位、多角度地巩固中国与西亚国家的工业产品贸易合作。例如,建立更多的商品贸易合作平台和沟通渠道,加强对与西亚有商品贸易合作或合作意向的企业家、销售人员和劳务人员的市场信息引导和职业技能培训。在中期,中国可重点从减少贸易保护和避免贸易摩擦方面努力,深化与西亚国家的贸易合作。如在积极推动政府相关部门互惠互利的基础上,完善与西亚国家的贸易合作制度,达成消除贸易壁垒的协议,形成一致的贸易战略共识,营造和谐的贸易伙伴关系,消除贸易保护主义,减少贸易摩擦和贸易限制,确保两地的自由贸易。远期,中国的传统劳动密集型产品将不断受到周边国家和地区激烈的国际竞争压力,所以应更加注重先进制造业和高新技术产业的发展和推进,加强产业转型升级,通过扎扎实实提高自身制造业产品的附加值和科技含量,不断优化出口产品结构,用环保友好、质量过硬的产品赢取西亚的市场,增强"中国制造"在西亚的综合竞争实力,形成中国企业良好的信誉和品牌,最终从根本上深化与西亚国家的工业制成品贸易合作。

加强中国与西亚国家能源贸易的合作:中国是工业大国,也是能源消耗大国,石化能源主要依赖外部提供,2013年石油对外依存度已达58.1%,西亚则是中国最主要的石油供应合作伙伴。加强中国与西亚国家的能源合作,深化能源贸易伙伴关系,不仅对中国经济的持续发展有重要的战略意义,对西亚国家的经济也有很强的刺激和拉动作用。短期内,中国应继续强化与西亚国家的能源贸易合作,以确保国内能源供应的安全和稳定。为强化中国与西亚的能源贸易合作,中国可争取与西亚更多的国家建立全方位和多元化的能源贸易合作战略伙伴关系,通过签署更多的能源合作协议、能源贸易约定,以促进两地更为稳定和长期的能源合作。在中长期,中国应加强与西亚国家的能源产业合作,利用互补优势,探索两地能源合作的新模式,开辟两地更大更广的能源贸易市场,形成多角度、深层次的能源产业合作局面。如加强与西亚在石油和天然气等能源的上下游生产的合作,力争将双方合作领域扩展到产业链上游的能源勘采、炼化和生产,充分发掘中国与西亚国家企业能源合作的共同战略目标和商业利益,巩固合作伙伴关系,共同在全球能源治理方面发挥作用。

5.6.4　西亚文化与"一带一路"

西亚是最早的古代文明发祥地之一,在这里先后出现了许多大大小小的奴隶制国家,两河流域的阿卡德王国、乌尔王朝到古巴比伦,小亚细亚的赫梯、地中海东岸的腓尼基以及犹太王国相继经历了自己的繁荣昌盛时期,在历史上产生了相当的影响。在亚述帝国和新巴比伦王国时期,西亚的奴隶制经济更是达到了较高的水平,最后波斯帝国征服了整个西亚地区,成为了横跨亚、非、欧的大帝国。

古代两河流域的自然环境和居民:两河流域是指西亚底格里斯河和幼发拉底河所冲积而成的美索不达米亚平原。这个地方是古代人类文明的重要发源地之一,创造了举世闻名的两河流域文明。两河流域文明由苏美尔文明、巴比伦文明和亚述文明三部分组成,其中巴比伦文明以其成就斐然而成为两河流域文明的典范,古巴比伦王国与古埃及、古印度和中国构成了人们所说的世界四大文明古国。

底格里斯河(Tigris River)是西亚水量最大的河流。源于土耳其境内安纳托利亚高原东南部的东托罗斯山南麓,向东南流,入叙利亚,然后流入伊拉克境内,并直抵首都巴格达。自巴格达以下,两岸湖泊成群,沼泽密布,与幼发拉底河汇合,改称阿拉伯河,注入波斯湾。自河源至古尔奈,河长 1 950 千米,流域面积 37.5 万平方千米,年径流量近 400 亿立方米。河水主要靠高山融雪和上游春雨补给,每年 3 月涨水,5 月水位最高。因沿山麓流动,沿途支流流程短、汇水快,常使河水暴涨,洪水泛滥,形成沿岸广阔肥沃的冲积平原,是伊拉克重要的灌溉农业区。

幼发拉底河(Euphrates River)是西亚最长河流。源于土耳其东部安纳托利亚高原的内托罗斯山脉,入叙利亚、伊拉克境内,后又分为两支,东支称希拉河,西支称欣迪耶河。在两河分流处筑有欣迪耶大坝,控制两河水量,形成伊拉克重要灌溉农业区。两河在塞马沃附近汇合,继续东南流,于古尔奈附近与底格里斯河汇合,改称阿拉伯河,于法奥附近入波斯湾。从河源到塞马沃,河长 2 750 千米,流域面积 67.3 平方千米。主要靠高山融雪和山区降雨补给,水量较为丰富,但因沿途蒸发、渗漏及大量灌溉,至中下游流量骤减。入平原后,河流沿岸形成伊拉克重要灌溉农业区。

两河流域的中下游地区,地势平坦,古代人称美索不达米亚平原,意思是两河之间,这一地区现在基本上属于伊拉克地区。它的北部称亚述,南部从巴格达到波斯湾古代称巴比伦尼亚,其中北部称苏美尔,南部则称阿卡德。

"一带一路"建设对西亚地区文化交流十分重要,因为西亚地区文化多样,宗教信仰多元化,建设"一带一路"可以方便西亚地区人民交往,促进各国人民间友谊,消除文化和宗教隔阂。

在西亚伊斯兰国家中,土耳其、伊朗和阿富汗为非阿拉伯国家。伊斯兰国家根据宗教和教派情况的不同可分为四种类型:

第一,逊尼派占人口多数的国家,包括埃及、沙特阿拉伯、卡塔尔、阿联酋、科威特、也门、叙利亚、约旦、巴勒斯坦、利比亚、苏丹、突尼斯、阿尔及利亚、摩洛哥、毛里塔尼亚、索马里、吉布提、科摩罗、土耳其和阿富汗。

第二,什叶派占人口多数的国家,包括伊朗、伊拉克和巴林。

　　第三,阿曼是伊巴德派占人口多数的国家。该派为哈瓦利吉派的一个支派,哈瓦利吉派是伊斯兰教中独立于逊尼派和什叶派之外的一个教派,产生于公元7世纪中叶。

　　第四,黎巴嫩的情况比较复杂。黎巴嫩人口中穆斯林约占60%,基督教徒约占40%。穆斯林又分属什叶派、逊尼派、德鲁兹派等不同教派;基督教徒又分属天主教马龙派、天主教麦勒卡派、罗马天主教、希腊正教和新教等不同教派。由于任何一个教派在总人口中都不占绝对优势,因此黎巴嫩根据各教派的人口比例分配国家权力,规定总统由天主教马龙派人士担任,总理和议长分别由伊斯兰教逊尼派和什叶派人士担任。

　　在西亚的非伊斯兰国家中,以色列81.2%的居民为犹太人,信仰犹太教,被视为一个犹太教国家,安息日及所有的犹太教传统节日和宗教节日都被定为全国性的节日。塞浦路斯人口中77%为希腊族人,信奉东正教;18%为土耳其族人,信奉伊斯兰教逊尼派。了解世界各国的宗教信仰,对从事国际贸易的人员尤其重要,应尊重贸易对象国的宗教文化,注意自己的言行举止。

5.7　"一带一路"与欧洲文化交流及贸易往来

5.7.1　欧洲概况

　　欧洲的面积是世界第六,人口密度70人/千平方米,是世界人口第三的洲,仅次于亚洲和非洲,99%以上人口属欧罗巴人种,是人种比较单一的大洲。欧洲是人均生活水平较高、环境以及人类发展指数较高以及适宜居住的大洲之一。欧洲东以乌拉尔山脉、乌拉尔河,东南以里海、大高加索山脉和黑海与亚洲为界,西隔大西洋、格陵兰海、丹麦海峡与北美洲相望,北接北极海,南隔地中海与非洲相望(分界线为直布罗陀海峡)。欧洲最北端是挪威的诺尔辰角,最南端是西班牙的马罗基角,最西端是葡萄牙的罗卡角。自17世纪以来,欧洲逐渐成为世界经济中心。18世纪,欧洲爆发人类第一次工业革命,成为当时世界经济中心。经历20世纪的两次世界大战后欧洲逐渐衰落。欧洲对推动人类历史进程贡献巨大。现代文明的一切均是由欧洲人奠定。欧洲经济发展水平居各大洲之首,工业、交通运输、商业贸易、金融保险等在世界经济中占有重要地位,在科学技术的若干领域内也处于世界较领先的地位。这与欧洲是近代工业发源地,以及15～16世纪的地理发现是分不开的。

　　欧洲是资本主义经济发展最早的洲,工业生产水平和农业机械化程度均较高。生产总值在世界各洲中居首位,其中工业生产总值占的比重很大。大多数国家粮食自给不足。西欧工业发展程度较高的国家主要为英国、德国、法国,其次为比利时、荷兰和瑞士等。英国、法国和德国的工业生产在世界工业生产中均居前列。

　　工业以加工型为特点,燃料和各类原材料大量进口,工业制成品大量输出,工业机械化程度高,工业规模大。

欧洲农业现代化水平高、农牧结合程度高、集约化水平高。主要种植麦类、玉米、马铃薯、蔬菜、瓜果、甜菜、向日葵、亚麻等,小麦产量约占世界总产量的50%,大麦、燕麦约占60%以上。园艺业发达,主要生产葡萄和苹果。畜牧业以饲养猪、牛、绵羊为主。

5.7.2 欧洲贸易与"一带一路"

在"一带一路"战略构想中,欧洲是不可或缺的重要组成部分。"一带一路"的终点指向欧洲,丝绸之路经济带由中亚和中东连接中国与欧洲;21世纪海上丝绸之路经东南亚、南亚和东非通往欧洲。欧盟在"一带一路"沿线地区与中国不存在战略性的冲突和竞争。"一带一路"不仅有助于促进中欧两大市场之间的贸易与投资,也为双方在沿线地区开展经济合作和安全合作,实现战略对接发展开辟了新的前景。随着亚投行筹建工作的顺利进行,欧盟及其成员国对"一带一路"的立场有所转变。欧盟委员会主席容克近期表示,他所倡导的3 150亿欧元的欧盟战略投资计划与中国的"一带一路"倡议可以在许多方面实现互动和对接。

1) 经济

"一带一路"致力于跨区域合作,触及欧洲的切身利益。随着亚洲经济的快速发展与美国的战略重心向亚太地区转移,亚洲在欧洲国家对外政策中的重要性得到提升。作为世界上人口最多的大洲,亚洲的安全、稳定与发展对于欧洲具有重要的意义。早在2009年,德国黑黄联盟达成的《联合执政协议》就明确提出,鉴于亚洲快速增长的重要性,亚洲在德国的对外政策中具有优先地位。首先,"一带一路"旨在加强中欧与亚欧大陆内陆地区的联系,这一目标符合欧洲的愿景。如果"一带一路"能够推动亚洲的道路、铁路和通讯设施网络建设,赋予该地区新的发展动力,欧洲经济也将从中受益。欧洲智库把"一带一路"视为中国的"第二次开放"。其次,"一带一路"不仅惠及中国自身,与中国经贸联系密切的欧洲国家也将从中受益。关于中国借助"一带一路"和"亚投行"转移国内过剩产能的讨论,欧洲人处之泰然:一方面,运用发展援助实现战略优势是国际援助的普遍做法,这一点无可厚非;另一方面,"一带一路"倡议符合中国国内经济发展的需要。再者,中国是欧盟的第二大出口市场,欧洲经济对于中国经济的波动非常敏感。丝绸之路经济带将打造中欧之间的陆路通道,使中国更为接近欧洲市场。德国智库近期提出,欧洲和德国需要审视中国在中亚地区提出的区域合作模式,有选择地参与一些基础设施建设项目。此外,欧洲在中亚地区的能源和运输项目也可以与丝绸之路经济带的建设适当整合。相对于英法等欧洲伙伴,实力强劲的德国工业更有希望承接来自亚洲的大型基础设施建设项目。

2) 贸易与投资

经贸关系是中欧合作的基础。在"一带一路"框架下,中欧加强贸易与投资合作有四个可能的切入点:亚欧大陆通道对接、"16+1"合作框架、基础设施项目融资合作以及中亚地区经济治理。

亚欧大陆通道对接:丝绸之路经济带的一个重要内容是实现亚欧大陆交通基础设施的互联互通,与沿线国家的发展战略进行对接和耦合。丝绸之路经济带的一条主要路径,是从新疆出发,经中亚、里海、高加索和黑海,通往欧洲。这一路线与欧盟的塔奇卡计划有很高的重叠度。早在1993年,欧盟就提出塔奇卡计划,即欧洲—高加索—亚洲运输走廊,以恢复历史上的丝绸之路,旨在建立一条经由黑海、高加索、里海、中亚地区,连接欧洲和中国的运输通道;通过建设公路和铁路网络,改善沿线地区的交通基础设施,整合国际运输通道,促进黑海、高加索和中亚地区的政治和经济发展,提升该地区进入欧洲和世界市场的能力。

塔奇卡计划主要由欧盟资助,欧洲复兴开发银行、世界银行、亚洲开发银行和伊斯兰开发银行等都为该项目提供资金。① 欧盟希望塔奇卡计划成为该地区发展的催化剂,以便吸引更多的国际金融机构、发展伙伴和私人投资者参与这一地区的经济发展。在路径规划和发展目标方面,丝绸之路经济带与塔奇卡计划存在共通之处。但是,中欧在这一陆路通道的建设方面能否实现对接,还需要处理好与俄罗斯的关系。俄罗斯对塔奇卡计划一直持批评态度。苏联解体后,欧盟提出塔西斯计划(TACIS),通过向独联体国家提供技术援助,推动东欧和中亚国家进行市场经济转型,促进该地区的民主化和法制国家建设。塔西斯计划的大部分预算被用于基础设施建设,改善投资环境。② 塔奇卡计划作为塔西斯行动框架的一个组成部分,在规划欧亚运输走廊的路线时,有意避开了俄罗斯的领土。相对于塔奇卡计划,"一带一路"的陆路通道设置更具包容性和开放性。丝绸之路经济带涵盖新亚欧大陆桥、中蒙俄、中国—中亚—西亚、中国—中南半岛等四个国际经济合作走廊。亚欧大陆目前已建成两个洲际大陆桥:第一亚欧大陆桥东起俄罗斯的符拉迪沃斯托克,经由西伯利亚,抵达欧洲;第二亚欧大陆桥,也就是新亚欧大陆桥,东起中国的连云港,从新疆出境,经由中亚地区,连接俄罗斯以及波兰、德国等欧洲国家。中国主导运营的丝绸之路铁路货运线路,目前主要经这一条通道。规划中的新亚欧大陆桥、中国—中亚西亚以及中国—中南半岛等三条国际经济合作走廊,皆具备在中亚地区与欧盟塔奇卡计划支持的国际运输网络进行对接的可能性。

"16+1"合作框架:欧债危机之后,欧洲经济增长乏力,包括希腊在内的部分南欧国家和中东欧国家的失业率居高不下。2013年底,新任欧盟委员会主席容克提出了欧盟战略投资计划,旨在加强对欧洲基础设施建设的投资,重振欧盟经济。这一计划也被称为"容克计划"。中国与中东欧国家之间现有的"16+1"合作框架,为容克计划与"一带一路"在欧洲本土的对接提供了一个切入点。2012年,中国提出与中东欧16国在"16+1"的框架下进行区域合作的倡议,当时主要是基于三点考虑:① 这一地区在欧盟的重要性日益提升;② 欧债危机之后,中东欧国家与中国进行合作发展的意愿加强。③ 连接贝尔格莱德和布达佩斯的匈塞铁路建设是中国与中东欧国家在基础设施建设领域进行合作的一个标志性项目。"16＋1"框架是欧盟部分成员国、候选国与第三国进行对话的第一个平台,涉及欧盟及其成员国的内部关系,现有的合作框架存在许多问题。

如何协调与欧盟及其他成员国的关系,是困扰中国—中东欧"16＋1"合作的主要问题。欧盟总部和西欧国家对于"16＋1"普遍持怀疑和批评的态度。批评者认为,中国寻求与欧盟成员国发展双边关系,使欧盟难以形成连续性的对华政策,"16＋1"合作框架把欧盟一分为二,使这一问题更为复杂。欧盟成员国围绕"16＋1"的讨论也暴露出欧盟内部存在的问题:在欧盟的对外政策实践中,中东欧成员国在一定程度上被边缘化。在拓展欧盟与第三国的关系方面,德法英等西欧国家一向居于主导地位,中东欧国家更多地被视为追随者。冷战结束后,部分中东欧国家一度重视发展与美国的特殊关系,也曾引发布鲁塞尔的不满。

中东欧国家之间巨大的差异性和欧盟法律的制约是"16＋1"在推进过程中遇到的另一个难题。中东欧16国的经济结构各不相同,发展潜力失衡,彼此存在历史、文化和政治分歧。中东欧国家把"16＋1"合作框架视为发展对华关系的平台,希望吸引中国的投资和贸易需求,但是地区内部缺乏合作发展的意愿。在16个中东欧国家中,有11个是欧盟成员国,5个非欧盟成员国处于申请加入欧盟的不同阶段。欧盟候选国的司法体系与欧盟法律的矛盾与整合,使中国在该地区的投资面临许多附加障碍。为了避免与欧盟发生冲突,"16＋1"框架内的欧盟成员国皆强调遵守欧盟规范,恪守中欧关系的总体框架,与欧盟委员会保持沟通与协调。相对于"16＋1"框架,"一带一路"倡议下的中欧合作面向整个欧洲,更具包容性。在目标设置上,"一带一路"与"16＋1"都是利用多边的经济外交手段,寻求经济合作。"一带一路"没有明确指向某一特定地区,更易被欧盟及其成员国所接受,可以与欧盟的战略投资计划进行对接和互动。与此同时,现有的"16＋1"框架仍可用于协调"一带一路"框架下中东欧地区的跨境基础设施建设项目。

"一带一路"与容克计划在欧洲本土进行对接,也面临许多挑战。如中国在欧盟范围内资助基础设施建设项目,必须遵守欧盟有关公共采购市场的招标规则,以及欧盟对技术标准、劳动标准和融资渠道的限制。此外,中国企业还需要对当地的法律制度和区域特点增加了解。

基础设施项目融资合作:推动沿线国家的基础设施建设,是"一带一路"的优先领域。依托亚投行和欧洲复兴开发银行,中欧在基础设施项目的融资渠道方面可以互为补充,寻求以可持续的方式解决亚洲基础设施投资的大量需求。欧洲复兴开发银行成立于1991年,传统的投资重点是苏联解体后形成的国家,与丝绸之路经济带的沿线国家具有很高的重叠度。欧洲复兴开发银行行长在 2015 年 5 月表示,该行已经做好与中国及"亚投行"就一些项目开展合作的准备,该行的许多成员国想要从"亚投行"吸引新的投资,并将欧洲复兴开发银行视为联合融资人。"亚投行"的建立,是中国首次在创建新型多边金融机构中展示领导力,并被全球所接受。在这一过程中,来自欧洲国家的支持发挥了积极的推动作用。欧洲一向鼓励中国在国际多边机制中发挥更为重要的作用,"亚投行"的建设成为一个契机。在地区发展银行的建设方面,欧洲拥有丰富的经验。欧洲现有两个多边发展银行:总部位于伦敦的欧洲复兴开发银行和总部位于卢森堡的欧洲投资银行。与"亚投行"类似,欧洲复兴开发银行面向域外国家开放,拥有包括美国、日本和韩国在内的 64 个成员国。中国曾在 2011 年表达希望成为欧洲复兴开发银行成员国的意愿。欧洲复兴开发银行运行多年,在管理机制、经济政策和项目运作方面有许多经验值得"亚投行"借鉴。在基础设施项目的融资方面,中欧合作的主要障碍在于规范与标准的设置。在贷款发放标准问题上,中欧传统上存在一定的分歧:欧美主导的地区发展银行在发放贷款时遵循积极条件性的原则,相关国家获得贷款,需要接受良好治理等诸附加条件,以此推动受援国的民主政治转型;中国一贯主张无附加政治条件的援助与投资;英国、法国、德国和意大利政府均表示,加入"亚投行",是在于渴望与其他创始会员国共同努力,建立一个遵循治理、安全、贷款与采购政策最佳标准和实践的机构。在"一带一路"框架下,中欧能否在发展政策领域实现有效合作,需要管控好上述分歧。

5.7.3　欧洲文化与"一带一路"

文艺复兴运动是人类历史上一次伟大的文化运动,它奠定了欧洲近代资产阶级文化的共同基础,为资产阶级革命做好了思想上、舆论上的准备。欧洲对人类历史所做的贡献,包括先进人物不断地向世界文字思想宝库输送先进的思想;包括一批又一批革命家推动社会进步的重大社会创举;包括大批科学家在科技领域的重大发现、发明和创造;还包括一大批作家、诗人、音乐家向世界文学艺术殿堂提供了辉煌灿烂的文学艺术珍品。

所有欧洲国家的公民都要接受义务教育,或者至少是接受某种教育培训。欧洲的义务教育大概从 6、7 岁开始,一直持续到 15、16 岁。在大多数欧洲国家,基础教育的时间大概只持续 4～5 年,而在少数国家,却需要七八年。基础教育完成之后,学生继续接受教育的高一级学校就有多种类型了,有继续为高等学校预先培养人才的文理中学,还有一些技工学校。在许多国家还有许多很有名望的高等专科学校和综合性大学,接纳那些已经完成初中等教育的学生。在这种教育体制的促进下,几乎所有欧洲国家的文盲率都很低。

雕刻艺术、建筑、美术、文学以及音乐都是在欧洲具有悠久历史的传统的东西。许多城市,比如巴黎、维也纳、罗马、柏林以及莫斯科等,都是今天在作为首都的同时,也被视作该国的文化中心。此外,在许多城市还有很多重要的剧院、博物馆、交响乐团以及其他很重要的文化设施。

中国青年报 2016 年 01 月 28 日 04 版报道:布鲁塞尔当地时间 1 月 25 日,"一带一路"倡议的文化内涵研讨会在欧盟的亚洲问题研究所举行。来自欧洲议会、中国驻欧盟使团、荷兰莱顿大学、亚洲问题研究所等机构的官员、学者及各界人士,围绕这一议题展开热烈讨论。

欧洲议会交通和旅游委员会副主席乌依海伊·伊斯特万在致辞中表示,文化在人类发展和社会进步中发挥着举足轻重的作用,中国和欧洲都拥有历史悠久而且丰富多彩的文化,文化交流正成为中欧关系的重要支柱。伊斯特万指出,谈到"一带一路"倡议,人们往往把焦点放在扩大投资和增进经贸合作上,但实际上,其内涵早已超越了加强经济纽带的狭隘范畴,而是覆盖文化、教育、科技、旅游等广泛领域。"一带一路"倡议架起了中欧文化交流的桥梁,将有力增进中欧之间的相互理解与合作。

驻欧盟使团教育文化公使衔参赞李建民在致辞中说,"一带一路"不仅是商贸之路,也是文化之路。文化交流以其独特的"软实力",促进不同文化的融合,推动东西方贸易和投资的合作。李建民呼吁中欧双方乘着"一带一路"倡议的东风,携手加强顶层设计,整合资源,汇聚力量,合作增进文化交流和文化产业发展。

荷兰莱顿大学中国问题专家英格丽德指出,突出"一带一路"的文化内涵,将有助于欧洲各界更加全面深入地理解这一规模空前的战略倡议。她还建议在中欧之间开行"文化专列",通过文化艺术展示和交流,增强"一带一路"沿线各国之间的相互联系与理解,从而推动投资和经贸领域合作。

欧洲议会对华关系代表团成员艾娃·宝诺瓦表示,欧洲不应只是关注"一带一路"倡议带来的战略和经济影响,而要把目光投向更广阔的视野,比如文化、教育等领域。宝诺瓦特别指出,在"一带一路"倡议框架下,中欧教育交流项目取得了长足发展,每年都有上万名欧洲学生和数千名中国学生从中受益,这些青年学子必将成为促进中欧交流与合作的使者和领袖。

"一带一路"建设将有利于欧洲与世界其他地区的文化交流,方便世界各国人民到欧洲旅游、学习,让欧洲的现代文化再次走向世界。

5.7.4　海上丝绸之路:中欧在反海盗问题上的合作

在反海盗的问题上,欧盟一直寻求与中国加强合作,并尝试利用这一合作机制推动中欧战略伙伴关系的发展。2009 年开始,中国海军在亚丁湾执行反海盗行动,通过保持连续性的海上存在,开展海军外交,为海上丝绸之路的畅通提供支持。中欧海军在亚丁湾的反海盗合作,为中欧"海上丝绸之路"安全合作,提供了良好的基础。2010

年 1 月,在联合国的框架内,中国与欧盟海军等多国海上力量就在"国际推荐通行走廊"内实现分区护航合作达成共识。之后,中欧海军在亚丁湾海域开展了广泛的交流与合作。2014 年 3 月,中国海军第 16 批护航编队与欧盟 465 编队首次在亚丁湾海域进行反海盗联合演练。欧盟对于中欧在亚丁湾的反海盗合作予以积极评价,欧盟外交与安全政策高级代表莫盖里尼在 2015 年 5 月访华前指出,中欧在防务与安全领域已经启动富有成果的合作。欧盟希望加强与中国在冲突预防、危机管理和后危机时代风险管控方面的合作,必要时开展有针对性的联合军事行动。中欧开展海上安全合作和进行反海盗联合演练,已被写入《中欧合作 2020 战略规划》。《第十七次中国欧盟领导人会晤联合声明》也指出,中欧双方同意,在成功举行亚丁湾反海盗联合演练的基础上,进一步加强防务安全领域的合作。中欧加强在政治和军事领域的合作,对于提升双方的战略互信具有重要的意义。

5.8 "一带一路"与美洲文化交流及贸易往来

白令海峡是位于西伯利亚和阿拉斯加之间的太平洋瓶颈,最窄之处仅 37 千米。1867 年,俄罗斯史上最后一任皇帝———沙皇尼古拉斯二世的祖父将阿拉斯加以 720 万美元出卖给美国后,白令海峡就成为了美俄国境的分界线。早在一个多世纪之前,一名法国工程师便首先提出在白令海峡下方修建一条海底隧道的大胆设想。

1905 年,沙皇尼古拉斯二世批准修建白令海峡隧道,成为第一位首肯此工程的俄罗斯元首。然而,随着 1914 年一战爆发,这项宏伟计划被迫搁浅。俄罗斯经济部工业研究局负责人维克多·拉兹贝金称,自从 20 世纪 90 年代起,他就一直大力提倡修建白令海峡隧道。但当时俄罗斯处于经济危机,根本无力负担如此庞大的项目。直到进入 21 世纪后,这一计划才逐渐变得现实。按照构想,海底隧道将由俄罗斯和美国、加拿大共同修建。据悉,多家俄罗斯国有企业和私人公司都将参加隧道建设。而建成之后,俄罗斯和美国将各自拥有隧道的 25％股权,其余股权由私人投资者和国际金融机构分享。由于工程庞大,整条隧道将通过白令海峡中的两个小岛,分成三部分来分段施工。

整个工程预计需要 10～15 年完成,将花费 100 亿～120 亿美元。而一旦隧道完工后,意味着将来完全有可能坐高铁从北京直达纽约。

5.8.1　美洲概况

亚美利加洲(America)位于太平洋东岸、大西洋西岸,自然地理分为北美洲、中美洲和南美洲,区域范围从南纬 60°～北纬 80°,西经 30°～西经 160°,是唯一一个整体在西半球的大洲。面积达 4 206.8 万千平方米,占地球地表面积的 8.3％、陆地面积的 28.4％。美洲地区拥有大约 9.5 亿居民,占到了人类总数的 13.5％。北美洲和南美洲以巴拿马运河为界。

美洲的经济发展很不平衡,除美国和加拿大是经济发达的国家以外,其他大部分都是发展中国家。

1) 北美洲

工业:美国和加拿大是经济发达的国家,工业基础雄厚、生产能力巨大、科学技术先进。农、林、牧、渔业也极为发达。其他国家除墨西哥有一些工业基础外,多为单一经济国家。

农业:北美洲农业生产专门化、商品化和机械化程度都很高。中部平原是世界著名的农业区之一,农作物以玉米、小麦、水稻、棉花、大豆、烟草为主,其大豆、玉米和小麦产量在世界农业中占重要地位。中美洲、西印度群岛诸国和地区主要生产甘蔗、香蕉、咖啡、可可等热带作物。

交通:北美洲铁路总长 420 000 多千米。内河通航里程约 55 000 多千米。公路四通八达。美国东北部是交通最发达的地区,其次是美国中部、东南部、西部沿海地区,加拿大东南部,墨西哥东部,这些地区以公路和铁路运输为主。古巴的糖厂铁路专用线较发达。加拿大中部地区的夏季河运、冬季雪橇运输很重要。北部沿海地区以雪橇运输为主。

在美洲,"一带一路"正在稳步推进中,据每日经济新闻报道:中央财办副主任舒国增于 2015 年 9 月 17 日在北京举行的新闻通气会上说,中美将成立高速铁路项目合资公司,建设并经营美国西部快线高速铁路,全程 370 千米,这条高铁线路将于 2016 年 9 月底开工,工期约为 3 年,按计划 2019 年开通,中方先期投资 1 亿美元。

2) 南美洲

第二次世界大战后,南美洲经济发展很快,经济结构发生显著变化。但各国经济水平和经济实力相距甚远。巴西、阿根廷已建立了比较完备的国民经济体系,两国国内生产总值约占全洲 2/3。委内瑞拉、哥伦比亚、智利、秘鲁经济也较发达。

工矿业:工业以采矿业和制造业最为重要。采矿业是南美洲各国的基础部门,大部分矿产供出口,委内瑞拉、阿根廷、厄瓜多尔、秘鲁等国的石油,巴西、委内瑞拉、智利的铁,玻利维亚的锡、锑;智利、秘鲁的铜,圭亚那、苏里南的铝土,秘鲁的铅、锌、银、铋,智利的硝石、钼,巴西的铌的产量或出口量在世界占据重要地位。轻工业为南美洲多数国家制造业的主体,肉类加工、制糖、饮料、皮革、纺织、服装等部门较发达。钢铁、汽车、化工、橡胶、电器、机械等重工业集中在巴西、阿根廷、委内瑞拉、智利、秘鲁、哥伦比亚等国家。

农业:农业在南美各国经济中具有重要意义。种植业中经济作物占据绝对优势。南美洲是可可、向日葵、菠萝、马铃薯、木薯、巴西橡胶树、烟草、金鸡纳树、玉米、番茄、巴拉圭茶、辣椒等栽培植物的原产地。甘蔗、香蕉、咖啡分别占世界总产量的 20%~

35％,其中巴西的咖啡和香蕉产量均居世界第一位;可可、柑橘均占世界总产量的25％左右,其中巴西的可可产量居世界第三位;剑麻产量居世界第二位,主要产在巴西;巴西木薯产量居世界第一位。南美洲向世界提供所需咖啡、香蕉、蔗糖的绝大部分及大量的棉花、可可、剑麻等。东南部阿根廷等国则大量出口肉类和粮食,牛、羊的总头数在世界上占重要地位。沿海盛产鳀鱼、沙丁鱼、鳗鱼、鲈鱼、金枪鱼等,秘鲁和智利为世界著名渔业国。南美洲大部分国家中多数人从事农业生产,但粮食生产仍不足自给,大多数国家需进口粮食。南美多数国家现在出现经济停滞,出现中等收入陷阱,造成这种现象的主要原因是基础设施落后,影响经济持续发展,因此"一带一路"对他们更为重要。

5.8.2　中美合作

1) 中美经贸合作

目前中美双方已在美国西部快线高铁项目、中美共同开发非洲清洁能源项目以及中美建筑节能基金项目取得实质性进展。中美两国经济具有很强的互补性,开展关键项目的合作,是推进中美两国经贸务实合作的基础和支柱,有助于充实中美新型大国关系。

美国西部快线高速铁路项目无疑是一大亮点。项目是响应两国元首开展中美经贸务实合作的共识,由中国铁路总公司牵头的中方联合体与美国西部快线公司合资建设。项目已谈判多年,得到很多政治家、政府官员和企业家的关注和支持。六家中国企业组成的中方联合体已在美国注册成立了中国铁路国际(美国)有限公司,并已与美国西部快线公司就组建合资公司在美国拉斯韦加斯签署协议。"该项目是中国在美国首个系统性合作的高铁项目,是中美经贸合作的重大基建项目之一,对中国铁路'走出去'具有特殊意义。"

据介绍,美国西部快线高速铁路全长 370 千米,将内华达州的南部与加利福尼亚州的南部连接起来。该项目初始投资 1 亿美元,目前双方已经紧锣密鼓开展包括确定融资计划在内的相关工作,预计工程于 2016 年 9 月底开工建设。

除了铁路项目,首次亮相的中美建筑节能基金项目被视为落实中美两国元首关于应对气候变化共识的重要举措。

据美国保尔森基金会介绍,该基金通过加强中美在建筑节能领域的合作,从而帮助中国提高能源使用效率、大幅减少二氧化碳及其他温室气体排放,同时提高工业生产效率、促进产业结构调整,鼓励中美跨境创新,并共同创造绿色就业机会。

据透露,基金规模尚在确定中,参与项目设计的美国华平投资集团董事总经理白波说,接下来参与各方将进一步就该基金展开密集讨论与协商。

"建筑节能将成为中美兑现碳排放承诺的重要领域。"万科集团董事会主席王石说。目前美国全社会 51％ 的能耗来自建筑业,中国建筑能耗占全社会能耗的 37％。

但随着城镇化的推进,中国建筑能耗占比会进一步上升,基金的设立将为两国加强在绿色建筑领域合作带来更多契机,也有助于中国绿色建筑的发展。

非洲清洁能源项目由中国机械设备工程股份有限公司与美国通用电气公司共同开发,双方已在北京签署战略合作备忘录。双方约定,把肯尼亚凯佩托风电项目作为合作示范项目,拟在肯尼亚大裂谷省的凯佩托地区建设 60 座 1.7 兆瓦的风力发电站,总装机容量达 102 兆瓦,项目计划投资 3.27 亿美元。

数据显示,中美建交短短几十年间,双边贸易额从微不足道增至 5 551 亿美元,双方各类投资从几乎为零达到 1 200 亿美元以上。中国企业在美直接投资更是增长迅速,已遍布美国 45 个州。

2) 中美文化交流与合作

中美两国远隔重洋,历史文化背景不同,但是两国文化交往源远流长。1784 年,美国商船"中国皇后号"首航广州,开启两国文化往来。1901 年,美国小说《黑奴呼天录》(《汤姆叔叔的小屋》)的中文译本问世。今天,德莱塞、海明威、福克纳等美国作家的作品在中国各地书店均可看到,而美国学者也对《红楼梦》《西游记》等大量中国文化典籍进行译介和研究。

虽然过去中美文化交流确曾出现过不均衡和不对等时期,造成美国人对中国文化的认知远不及中国人对美国文化的了解,但是随着中美文化交流的拓展和深入,这种情况正在迅速改善,中国文化如今被越来越多的美国人所了解、接受和喜爱。

世界文化之苑百花争艳、气象万千。中美文化交流既要广收博采、包容万物,又要保持各自鲜明的个性和独立的品格,唯此才能取长补短、相得益彰,更好地促进世界文化多样化发展、为两国关系长久发展提供人文层面的新思想、新契机。

中国驻美国大使馆文化参赞李鸿表示,近年来,中国公益性文化事业和文化产业快速发展,在这方面,美国具有许多成熟的做法和经验。中美两国开展文化交流合作的互补性强,空间和潜力巨大,两国业界交流积极性也很高。李鸿认为,国之交在于民相亲。中美两国人民渴望通过交往增进相互了解,这对中美构建新型大国关系至关重要。近年来,在中美人文交流高层磋商机制带动下,两国文化交流合作日益活跃,在增进两国人民相互了解方面发挥了重要作用。

美国耶鲁大学历史学家、中国问题专家乔纳森·斯宾塞说,不同国家选择不同方式看待中国,是由它们从不同的历史起点来决定的。清朝末年,美国人眼中的中国衰弱、贫穷和四分五裂。如今,美国人已经强烈感受到世界对中国的尊重和认可。

中美打开交往大门几十年来,两国关系虽经历风雨,但是人文交流从未停止。特别是根据 2009 年两国元首在北京达成的共识建立的中美人文交流高层磋商机制,更是为两国人民通过文化交流沟通情感,增进理解和信任搭建起了更广阔的平台。

近年来,中美文化交流保持官民结合、多路并进的良好势头,将中美文化交流与合作提升到前所未有的高度。两国各级政府文化领域机制性合作日趋完善,各级政府、文化机构、企业间已签署20多项文化合作协定及谅解备忘录,两国文化机构已分别在对方国家举办数百场介绍本国优秀文化艺术的交流活动。

在中美人文交流高层磋商机制框架下,中美两国将陆续推出文化名人及艺术大师讲座、视觉艺术展示、表演艺术交流、民俗文化传统展示等活动。中美两国文化市场将涌现出大量具有竞争力的企业和产品,成为中美文化交流合作的新力量。

中美两国在教育、科技、体育等领域的良好合作,在经济、金融等领域的深入接触,都为中美加强文化交流提供了更为广阔的发展空间。兼容相知,润物无声,文化交流作为构建中美新型大国关系的重要组成部分,定将发挥出越来越大的作用。

3) 中美博弈

中美之间在很多方面合作,但美国始终围堵中国。因此,中美既要合作,也要防止美国对我国的打压。

5.8.3　中国与拉美的文化交流

1960年9月28日,中国同古巴建立外交关系,从此开启了新中国同拉美和加勒比国家外交关系史上的新篇章。半个多世纪以来,在双方历届政府和各界人士的共同努力下,中国和拉美各国高层交往日益频繁,政治互信逐步加强,在经贸、科技等领域的合作不断深入,双方关系取得了丰硕成果。作为双边关系的重要内容,中国和拉美各国的文化交流与合作也逐步呈现出多层次、宽领域、多渠道的良好局面。中国已同拉美地区21个建交国中的19个国家签有文化交流与合作协定,在这个框架内与11个国家签有年度文化交流执行计划,并在文化艺术、广播影视、体育、教育和旅游等领域开展了广泛深入的双边文化交流。中国与拉美国家同为发展中国家,中国和拉美文明都具有开放、包容的特性,应该互相学习、互帮互助、互利共赢、共同发展。中国人在看待世界不同文化上,认同我国著名文化学者费孝通先生所提倡的"各美其美,美人之美,美美与共,天下大同"的观念,充分尊重世界各国包括拉美各国文明和文化发展的多样性,坚信文化本身只有特色不同,没有优劣之分,因此各国应该在尊重彼此文化差异的前提下,开展平等交流和友好合作。

历史上中国和拉美文化相互影响的例子比比皆是。例如桑巴舞已经是许多中国年轻人非常喜爱的健身娱乐项目,在社区、公园里经常可以看到国标舞爱好者在音乐的伴奏下跳起探戈,这些来自拉美国家的舞蹈已经在中国生根发芽,并给人们带来了身心的愉悦。同样,在大洋彼岸的阿根廷等许多拉美国家,中国传统的"春节"文化也已经随着当地春节庙会的举办,逐渐融入当地百姓的生活,成为拉美人民又一个聚会欢庆的节日。当前中国和拉美关系正处于蓬勃向上、积极发展的大好时期,而文化作为促进中国和拉美之间相互了解、连接各领域交流与合作关系的重要纽带之一,更是构建中国和拉美关系健康发展不可或缺的积极因素。中国的传统文化积淀深厚、当代文化生机勃勃、社会文化开放包容,而拉美国家的文化艺术资源丰富、特色鲜明,人民热情开朗、真诚友好,中国和拉美双方在文化领域的交流与合作有着非常广阔的前景。

中国和拉美各国文化交流与合作近年来取得了持续的快速发展,文化交流中主要采取了如下做法:

(1)在积极推动中国文化走向拉美的同时,也重视将拉美各国的优秀文化"请进国门"。每年根据双边需要,选择与部分拉美国家开展重点交流项目,同时使这些项目顺势延伸到周边国家,以确保有限的资源得到最充分合理的运用,获得最广泛的影响。2006—2008 年和 2011 年,中国先后作为主宾国派出艺术团参加了古巴第十届国际音像节、墨西哥塞万提斯国际艺术节和哥斯达黎加国际艺术节,通过拉美重要国际性艺术平台介绍中国文化,力求交流项目惠及最广泛的拉美民众;2010 年,以组织派遣艺术团和文化展览等多种形式参与了拉美多国纪念独立 200 周年文化活动,有力地配合了拉美各国的庆祝活动,彰显了中国和拉美友谊的历史地位;2012 年,中国在墨西哥、哥伦比亚、厄瓜多尔等多个拉美国家举办了"华艺新颜"大型展演活动,集中展现中国当代文化优秀作品,以反映当代中国发展和当代中国人的精神风貌;2013 年 10 月,在巴西举办"中国文化月",有 150 余名中国各类艺术家赴巴西举办 10 余项大型文化交流活动,部分交流项目还会延伸至周边国家。与此同时,邀请拉美艺术家来华参加客座艺术家创作活动、中国文化博览会、演艺交易会、国际艺术节等国际性文化活动及各类演出和展览。注意发挥拉美国家整体实力,积极为拉美国家搭建集体展示它们文化艺术的平台。2008 年,邀请来自古巴、秘鲁、巴哈马等 6 个拉美国家的艺术团组来华参加"拉美之夜"音乐舞蹈晚会;2010 年,邀请拉美 10 余个国家派团来中国参加上海世博会演出活动;2016 年,拉美 18 个驻华使团在"相约北京"活动框架内共同主办"拉美艺术季"活动,举办 5 项拉美国家绘画、摄影展览,6 场拉美国家演出活动,其中在"拉美艺术季"开幕式音乐会上演奏拉美 17 个国家的曲目。

(2)统筹资源,形成合力,务实提高中国和拉美文化交流规模和水平。健康有序的文化交流需要调动地方各级政府和社会各界的积极性,统筹各种文化资源和力量,形成工作合力。文化部在开展对拉美文化交流过程中,得到了国内各省市以及驻拉美国家一些中资企业的积极支持和赞助。在"拉美艺术季"活动中,甚至争取到美国航空公司等一些外资企业的赞助和支持。当然,应清醒地看到,相对其他国家来讲,中国企业赞助国际文化交流事业的力度和热情尚显不足,在调动社会资源和力量参与中国和拉美国家文化交流方面还需加大力度。希望有更多的社会企业和个人,尤其是在拉美地区有业务发展的跨国企业和公司积极参与到中国和拉美文化交流事业中来,以文化为桥梁和媒介,树立诚实守信、以人为本的的企业形象,共塑平等互惠、合作共赢的国家形象,使经贸往来和文化交流有机融合、健康发展,让彼此国家和民众从中获益,进一步强化经济和情感的纽带。

(3)"国之交在于民相亲",文化交流重在融入本土、深入人心。中国和拉丁美洲国家的友好往来源远流长,双边的文化交流已经融入到民众日常生活中的方方面面。2013年1~3月期间,文化部与中国驻外使领馆密切配合,联合国务院侨办、全国侨联及相关省市,在拉美多个国家举办了一系列"欢乐春节"庆祝活动。活动采取舞台表演、街道巡游、庙会、游园联欢和节庆纪念品展销等多种形式,深入民间、社区,共吸引各国政要、民众百余万人参加。这些活动在送去欢乐与祝福的同时,也让当地民众亲身感受到中国传统和当代文化艺术的独特魅力。同时文化交流中还要注意做人的工作,特别是青少年的工作,以便为双方关系发展培养更多后续人才。以海外中国文化中心和孔子学院为平台传播中国文化,有助于增进中国和拉美各国之间的文化认同。同时,应注重通过市场商业运作的模式,将更多适合拉美民众口味的音乐、演出、影视、图书介绍到拉美,促进双方文化产业和文化贸易的往来与合作。

5.9 "一带一路"与京台高速高铁及台海隧道

5.9.1 京台高速高铁

虽然,现阶段台独势力猖狂,但天下事久分必合,这是历史规律,谁也阻挡不了中国人民统一国家的坚强意志,不论采取何种方式,中国最终必将统一。因此中国政府早已规划好了京台高铁、京台高速公路建设等项目。

京台高速公路的起点在北京,终点是中国台北。规划中的京台高速从平潭穿越海峡,在新竹与台湾公路网相连。规划路线由原国道主干线京福线北京至安徽庐江段、南平至福州段,国道重点公路天津至汕尾段、铜陵至南平段组成。同时,北京到福州和北京到厦门的高铁已经通车,当台海隧道通车时,京台高速、高铁将同时通车。

5.9.2 台海隧道

台湾海峡隧道是一项连接台湾海峡东西两侧大陆与台湾的工程设想。台湾海峡是台湾与福建海岸之间的海峡,属东海海区,南通南海。呈东北—西南走向,长约370千米。北窄南宽,北口宽约200千米,南口宽约410千米,最窄处在台湾白沙岬与福建海坛岛之间,约130千米。总面积约8万千平方米。

最短的是北线,起于福建的平潭岛,止于台湾新竹海滨,全长125千米。最长的是南线,即厦门—金门—澎湖—嘉义海滨,跨海总长约207千米。中线则从中国大陆泉州到中国台湾台中。其中的北线方案由于直线距离最短、造价最低,历史上从未发生过超过7级的大地震,而且两端接近福州与台北,可最大限度发挥经济辐射作用,最受专家学者青睐。中线的优点是可以让两岸的社会效益、经济效益最大化。规划中的京台高速是从平潭穿越海峡,在新竹与台湾公路网相连。当然,最佳方案是从泉州、惠安、崇武穿越海峡至台中,这样对台湾的社会效益是最理想,对福建方面来说也是最理想。因为无论是从福州、平潭至新竹还是从厦门至嘉义都对台湾南北不平衡,势必会激化台湾南北的矛盾。

京台线福建段,线路走向为浦城、建瓯、古田、闽侯、福州市区、渔溪、平潭。其中,浦城至建瓯、渔溪至平潭的高速已建成。

1)"北、中、南"三条线路

北线方案:福清—平潭岛—新竹线,长约122千米,该线由福清半岛小山东—平潭娘宫跨海桥梁及平潭岛至台湾新竹海底隧道组成。历史上,在该路线场未有超过7级的大地震,现今地震活动性一般,仅5级左右的中等地震,频度较低。

中线方案:① 莆田笏石—南日岛—台湾苗栗,128千米,虽历史上无超过7级大地震,但一般有5~6级中强地震,现今地震频度略高。② 泉州惠安崇武—台中彰化,约127千米,这一地带由于台湾山脉的阻挡,台风比较少,泉州湾在明朝1604年大地震以来已经有400多年低活跃,地质比较稳定,水深在40~70米左右,桥隧都很好。

南线方案:厦门—金门—澎湖—嘉义,长约174千米,有5~6级地震,长度长。

专家认为,北线地质稳定,线路最短。

国家海洋局第二海洋研究所教授彭阜南认为,台湾海峡通道的建造及施工总量初步估计为三峡工程以及英法海底隧道工程的3倍以上,这样巨大的海下工程,如果采取单一的隧道型,不论是海下开挖还是悬浮隧道的方案,施工中的通风、出渣、排水之难可以预见,也不可全部采用桥梁联通,更不能采用填海造堤的贯通方法。桥隧及局部路堤相结合的工程方案具有很大优越性,至于哪一段采用隧道、桥梁、人工岛与局部的路堤,则需根据海洋动力环境和海底工程地质条件等因素综合考虑。

隧道、桥梁与人工岛结合:从旅游角度,台湾海峡北线通道的海上距离长度是英法隧道总长3倍以上,长距离的隧道旅行肯定令人烦闷。至于悬浮式隧道,如果长度过大,预制、衔接和海下施工都存在很大的难度,且施工场地缺乏,建材用量与运输量大,海下支撑等技术难度不小,施工期也不短。

不造成重大环境破坏:环境上,该通道工程是可持续的,不会造成重大环境破坏。该工程主要是桥梁和隧道,阻水率非常低,隧道施工中的出渣都采用就地填筑人工岛的方法处置,对海洋不会造成大的影响,几乎不影响洋流,不改变气候,不影响鱼类巡游及各种生物的正常生活。工程投入使用后,采用电力动力,节能低碳低耗低排,环境影响非常小,比起原来依靠海运、航空等交通方式来说对改善环境有很大帮助,比起一般的公路通道也更有利。

2)工程设计

(1)主线

① 台海通道中主线泉州—台中彰化桥隧设计方案,通行2~4线铁路,时速200

千米以上,分成五段:

a) 从崇武至西桥隧连接岛的西段桥梁。长度 13.2 千米,水深 0～38 米,预计基岩为不太深的花岗岩,留一个近岸航道供附近港口通航。桥型选择上,在航道上建一跨斜拉桥或悬索桥,其余部分采用梁桥、拱桥、钢构等桥型,难度小,风险低,造价少,工期短,预计造价 40 亿～130 亿元。

b) 西桥隧连接岛。长度 3 千米,水深 38～40 米,估计基岩为花岗岩,可先采用钢板桩或混凝土板桩进行围堰,抽水干场后,在围堰内进行隧道掘进施工,并以 2% 的坡度实现路面从 +5 米标高桥面到 -55 米标高隧道的过渡。隧道掘进挖出的渣料以就地用以填筑人工岛的方式处置,人工岛筑成后可作为通道运行的一个中继站及隧道通风口。预计本段造价 3 亿～30 亿元。

c) 海底隧道段。为整个工程的关键性控制性工程,长度 46.6 千米,水深 40～77 米,除了从两端桥隧人工岛相向掘进外,可在中点再建一座人工岛,把整个隧道分为各长 23.3 千米的两段。中点处水深 65 米;可先筑造一个直径两三百米的大圆筒围堰,水抽干后再挖竖井至隧道线位上,然后分别向两侧挖掘隧道,挖出的渣料就地抛填于围堰内,填筑人工岛。人工岛在施工期间可作为隧道的掘进基地和通风口,使得隧道平均掘进长度缩短到 11.65 千米;在竣工运行后,则作为隧道的通风口和应急中继站。预计本段隧道造价为 1 400 亿～1 800 亿元。

② 泉州—台中彰化全线架桥和人工岛方案。可以建筑两个至三个人工岛,桥梁可以设计建造两层,底层为铁路,两线货运,两线客运,客运线可以设计 350 千米时速的高铁;上层设计为八车道高速公路。该方案是一桥两用,铁路有四线,客货分开,效益非常高。大陆和台湾往来开车一个半钟头就可以跨越海峡到对岸,很方便。客运可以连接台湾的新干线,货运可以连接台湾的物流中心。

这段海底隧道长度与英法海底隧道总长 51 千米,其中海底部分 38 千米,耗资100 亿英镑(约 150 亿美元),包括三条平行隧道,其中两条铁路隧洞直径 7.6 米,各通行一线铁路,一条服务隧道直径 4.8 米。掘进机法施工,历时 8 年多、日本青函海底隧道、我国渤海海峡南桥北隧方案中的隧道长度相当。

本线虽然跨海线路较长,为 175.4 千米,比北线的 128 千米长 47.5 千米,但是,这条线路的水浅优势非常明显,从而带来几点好处:

a) 作为关键性控制性工程的海底隧道大大缩短,以 40 米水深为界,北线隧道长达 106.3 千米,中南线隧道长仅 46.6 千米,相差达 59.7 千米。这就带来了难度、风险、造价、工期的极大压缩,对今后通道运行也有好处。就造价而言,中南线比北线估计可节省约 1 500 亿元。

b) 在隧道部分,北线水深为 40～87 米,中南线水深为 40～77 米,北线平均水深和最大水深都比中南线大近 10 米,这就造成了勘察难度和风险,以及海底水压的增大,以致施工风险大增。

c) 中南线可在中点位置上建一座中继人工岛,将整个隧道分成各长 23.3 千米的两段,人工岛水深 65 米,这在不久后的技术上是完全可以实施的;而北线至少要建设三座中继人工岛,把隧道平均分成 26.575 千米的四段,三岛水深 51 米、61 米、76 米,水深七八十米在施工技术上还很遥远。

(2) 澎湖支线

中南线的另一大优点是提供了连接澎湖、金门的最可行途径。澎湖支线设计通行单线铁路,时速 160 千米以上,桥隧方案也分五段:

① 从澎北主线上引出两条匝道至北桥隧连接岛。长度各约 3 千米,水深约 16 米,转弯半径约 2 000 米。

② 北桥隧连接岛。长度 3 千米,水深 16~40 米,路面坡度 2%。

③ 海底隧道。长度 27.3 千米,水深 40~83 米。

④ 南桥隧连接岛。长度 3 千米,水深 0~40 米,利用澎湖北部目斗屿等岛屿礁滩。

⑤ 从桥隧连接岛到吉贝岛的桥梁。长度 7.5 千米,水深很浅。

由于通航要求较低,也可考虑全桥方案,但需要绕开深水区。

(3) 金门支线,只需在泉厦交界处附近,从福厦铁路、沿海客专、沿海货专引支线通往金门即可。

3) 经济效益

经济上,中线方案效益是巨大的;财务上,这种通道工程是可承受的。

中国台湾省人口 2 300 多万人,是香港地区的 3 倍,澳门地区以及的 40 倍,新加坡的 7 倍。中国台湾省是社会经济高度外向的岛屿,随着全球化和区域一体化以及两岸关系日益密切,两岸之间客货往来需求将是无法单靠海空运输满足的。

京台高铁是双线高速铁路,设计通行能力为年单向运输 8 000 万人次,双向 1.6 亿人次,如果台海通道通行能力也达到这个水平,那未来有可能需要四线以上的高速铁路才能满足两岸之间的运输需求,也就是说台海两岸之间可能需要建设两条桥隧通道,每条通道通行两线铁路。

按照两线高速铁路设计,造价大约 3 000 亿元人民币(2013 年物价计),假设全部贷款,另外政府给予贷款贴息,那么 20 年还清贷款的话,每年需还贷款 150 亿元,如果每年通行 1 亿人次,那么不计货运、车渡的话,每人次承担 150 元即可,加上运行费用,那么过海票价 250 元即可,如果考虑到货运和车渡,那么项目投资回报率是可观的。如果采用 BOT,投资者经营 30 年,30 年之后,项目收归公共,回报、效益也是非常巨大的。更重要的在于通道带动的经济发展效益将远远大于项目自身的收益。

以香港、澳门地区和中国内地之间的往来来看,近程往来占很大比例。台湾省和中国大陆的通道工程一旦建成,那么两岸之间将形成一小时都市圈,东岸从台北盆地到屏东平原,西岸从福州盆地到漳州平原,将紧紧连成一体,成为台海经济区的核心区,未来将可能形成一个人口达到 6 000~8 000 万的世界级都市圈,而跨海通道工程是至关重要的催化剂,同时也将受益于这个都市圈,未来台海通道的客源将主要来自于这个大都市圈。

考虑到台海两岸都市圈,比较三线方案,我们可以非常清楚地看到中线远比北线、南线覆盖效果好:东侧彰化位于台西走廊的中心位置,属于 500 万人口的中彰投都市区,西侧崇武位于福莆泉厦漳都市带的中心位置,属于 800 万人口的泉州湾都市区和 2 000 万人口的闽东南都市走廊。考虑到两岸的线网对接,中线远比北线对接效果好,东侧可以方便地连接台湾高铁或改造后的台铁,西侧则可直通成都—重庆—长沙—泉州线,或可通过沿海客专或福厦铁路连通沿海,并接昆台、向莆、京台等线。考虑到未来大区域一体化,中线更贴近广大市场。

4) 可能的风险

(1) 地震问题

历史上,泉州发生过大地震,但已经是四百年前的历史了,四百年来此线位的地震已趋于平静。台湾海峡的主要地震威胁在于东岸,三线在地震方面差别并不大。旧金山金门大桥、日本明石大桥和青函隧道、意大利墨西拿大桥等著名跨海工程也都修建在地震带上,而且强烈、活跃得多,琼州海峡、渤海海峡也发生过类似地震。

(2) 台风问题

台海通道工程如果采用桥梁,尤其是大跨度悬索桥,就必须特别考虑强风问题。泉州彰化一线由于台湾高大山脉的挡风墙效应,强风影响较小,且桥隧方案中,桥梁基本都采用抗风效果好的桥型。而平潭、新竹是台湾海峡最著名的强风地带,非常不利于建桥,且如果在深水区建桥,势必需用大跨度的悬索桥,这是最不利于抗风的桥型。

(3) 通航问题

台湾海峡是世界黄金水道,船舶通行非常繁忙,隧道可以避免和通航的冲突,但造价高、难度大,桥隧结合无疑是最佳解决方案。台湾海峡主航道在中线偏西,而泉州—彰化线隧道位置正好在主航道上,其余桥梁部分通航要求很小。

(4) 通行问题

跨海长通道对于驾车来说存在着很大的压力和风险,通行铁路有利于人的专业化分工、自动化运行,使大量驾车者得以解放,速度效率更高,风险压力更低,因此海峡通道最好通行铁路,车辆可通过列车拖挂的方式通行。

台海隧道一旦建成,跨越台湾海峡的陆路交通将在约 4 个小时的海运交通基础上大为缩短。中国大陆和台湾地区的交流会更加密切,两岸地区有可能融合成海峡东南部经济圈的一级。

5.9.3 "一带一路"对中国台湾地区发展的作用

在"一带一路"的建设过程中,台湾具有相当大的优势。台湾作为中国一个近海岛屿,天然属于"海上丝绸之路"的一部分,并且台湾经济与大陆经济已经成为一个不可分割的整体。在近景方面,福建作为"21世纪海上丝绸之路"的一个重要起点,正在加大开放力度,建设福建自由贸易区,台湾参与具有地利和人文之便。同时,台商密切关注"一带一路"战略带来的沿线关税减免、交通便利化与新的产能需求,以求进入大陆中西部及周边地区。

台湾参与"一带一路"计划的关键是发挥它的优势。台湾至少在两个方面特别突出:首先,现代服务业比较优势。台湾的现代服务业优秀品牌有3 000多家,大陆目前仅有150家左右。台湾金融服务业比较成熟,大陆正在推动的"亚投行"、丝绸之路基金和金砖国家新开发银行的建设都需要进行金融服务布局,台湾可以利用其在金融体系、金融分工、金融产品、金融基础设施、金融人才培养体系方面的优势与大陆开展金融合作。

其次,国际产业转移经验。随着"一带一路"建设的推进,必然会有更多中国优质产能"走出去"。台湾企业有丰富的海外投资经验和产业转移经验,熟悉国际法律、惯例,在发展中国家享有良好声誉。大陆企业在"走出去"的过程中可以与台湾企业合作,联合投资,学习台湾企业处理国际业务的经验;而台湾企业也可以抓住"一带一路"的机遇,深化在全球的产业布局,提高在全球产业链上的优势。

世界经济中心正在转向亚洲。中国"一带一路"计划的推出表明,中国大陆经济的发展和欧亚大陆关系的变化正在撬动全球性的历史变迁,大陆与海洋的关系如果不发生逆转也会产生巨变,17世纪之后台湾由于海洋时代到来而形成的在全球和区域经济中的地位可能也将不可避免地发生变化。在这一变化过程中,台湾地区在是否参与"一带一路"、是否与大陆进行更深层次经济融合等议题上所做的战略选择,将对台湾地区的未来、台湾人民未来的福祉产生决定性影响。

5.10 "一带一路"的初期成果及展望

5.10.1 "一带一路"成果初现

"一带一路"所构筑的丝绸之路梦,经过各方的筹备和推进,正逐步变为现实。各地在基础设施互联互通、产业投资、资源开发、经贸合作、金融合作、人文交流等领域,推进了一批条件成熟的重点合作项目,并且已经取得初步成果。

基础设施互联互通是"一带一路"建设的优先领域。民生证券日前发布研究报告称,2015年地方政府工作报告涉及"一带一路"基础设施的投资项目共计114项,公开

信息已披露近 20 项重大项目。各地方"一带一路"拟建、在建基础设施规模已经达
1.04 万亿元,跨国投资规模累计约 524 亿美元。其中"铁公机"(铁路、公路、机场)占
到全部投资的 68.8%。从外贸上看,虽然 2016 年一季度整体外需低迷,我国进出口
总额出现下降,但不少省份与"一带一路"沿线重点国家贸易额保持稳健增长。根据商
务部数据,福建省与沿线重点国家进出口总额为 101 亿美元,同比增长 3.6%,增速高
于全省平均水平 2.7%;广东省与沿线重点国家进出口总额 278 亿美元,同比增长
6.5%,增速高于全省 9.6%。

值得一提的是传统外贸大省浙江,一季度对沿线国家仅出口就高达 194 亿美元,
对浙江出口增长的贡献率为 38%。这一成绩与浙江省通过形式多样的税收服务鼓励
企业"走出去"息息相关。据了解,一方面,为推动作为出口生力军的中小微企业"走出
去",浙江引进阿里巴巴一达通外贸服务平台,帮助中小微企业解决出口手续和退税方
面的问题,为企业省下巨额成本,并简化退税手续,企业资金占用时间由 15 天缩短到
3 天。另一方面,浙江还专门为 150 多户在"一带一路"沿线投资的企业开展"走进系
列"税收服务,宣传税收协定、税收抵免等政策,传授涉税风险应对策略。

"一带一路"对西部省份的外贸拉动效应也非常显著。例如,据南宁海关统计,作
为 21 世纪海上丝绸之路和丝绸之路经济带有机衔接的重要门户,广西 2016 年 1~4
月对"一带一路"国家进出口贸易总额 518.5 亿元,同比增长 20.4%,高出全省外贸总
额整体增幅 8.1%。

来自"一带一路"沿线国家的投资增速同样可观。一季度,"一带一路"沿线国家在
华设立外商投资企业 457 家,同比增长 18.4%;实际投入外资金额 16.8 亿美元。其
中,蒙古、俄罗斯及中亚国家对华实际投资金额整体增长超过 1 倍,中东欧、西亚、北非
地区国家对华实际投资金额增长超过 4 倍。"21 世纪海上丝绸之路核心区"福建省获
得外来投资项目 22 个,同比增长 100%。

"一带一路"的推进,为资本和富裕产能"走出去"也带来了新机遇。据统计,一季
度,我国对"一带一路"沿线国家的非金融类直接投资达 25.6 亿美元,占同期对外直接
投资总额的 9.9%。其中,江苏、广东、福建等东部沿海省份表现突出。广东省对沿线
重点国家实际投资 1.64 亿美元,同比增长 134.3%;福建省对沿线国家实际投资新增
13 个项目,实际投资额同比增长 24.5 倍。

在工程承包方面,一季度,国内企业对外承包工程业务新签合同额 152 亿美元,完
成营业额 140 亿美元,同比增速分别为 7.6% 和 10.3%。其中,新疆赴境外投资和承
包工程企业已有 145 家,协议投资额 34.77 亿美元,实际投资额 10.65 亿美元,中亚是
其主要投资目的地。

为增进理解,凝聚共识,"一带一路"沿线城市已搭建起面向国内外的政策沟通与
信息交流的"论坛"、"博览会"、"洽谈会"等平台。陕西 2015 年开通了 4 条国际航线,

咸阳机场口岸实行"72 小时过境免签"。宁夏与 12 个国家和地区签署清真食品标准互认合作协议。广东新设立了 6 个驻境外经贸代表处和 17 个驻海外旅游合作推广中心,新增国际友好城市 17 对。

"一带一路"预计将拉动 2015 年 GDP 增速 0.25 个百分点。民生证券研究报告称,随着"一带一路"相关政策进一步推进和落实,我国被动式的紧缩状态有望在下半年反转,从而改变经济增速放缓的预期。

5.10.2 "一带一路"建设取得五方面成果,多个项目全面动工

(1)"一带一路"建设以"五个一"(顶层设计、国际共识、合作协议、建设项目、支撑体系)为标志取得了实实在在的成果:

一项顶层设计。2016 年 3 月 28 日,习近平主席在出席博鳌亚洲论坛时发表重要演讲,详细阐述了"一带一路"战略构想。其间,多部委联合公布《推动共建丝绸之路经济带和 21 世纪海上丝绸之路的愿景与行动》,提出了共建"一带一路"的时代背景、共建原则、框架思路、合作重点、合作机制以及中国的开放态势和行动等,使"一带一路"成为各方共同聚焦的热点。

一系列国际共识。2016 年以来,在习近平主席和国务院总理李克强的高访活动中,"一带一路"这一关键词保持着很高的出镜率。通过高层引领,沿线国家对"一带一路"的理解认同不断提升,合作意愿持续升温。

一揽子合作协议。中国与俄罗斯签署了《丝绸之路经济带建设和欧亚经济联盟建设对接合作的联合声明》,与匈牙利签署了政府间关于共同推进"一带一路"建设的谅解备忘录。乌法峰会期间,中蒙俄三国签署了《关于编制建设中蒙俄经济走廊规划纲要的谅解备忘录》。有关部门与塔吉克斯坦、哈萨克斯坦、卡塔尔、科威特等国签署了共建"一带一路"的谅解备忘录。中哈重大产能合作 28 个项目文件签署。这充分体现了"一带一路"所倡导的共商、共建、共享原则,使中国在"一带一路"重点方向培育起若干支点国家和核心团队。

一批建设项目。中巴经济走廊建设顺利推进,习近平主席访问巴基斯坦期间,签署项目累计金额达 460 亿美元。习近平主席出访印尼期间,中国与印尼签署雅加达—万隆高铁合作建设框架协议,明确项目按照中国技术标准设计并使用中国设备。中塔公路二期、中亚天然气管道 D 线等项目正在加快推进,莫斯科至喀山高铁、中老铁路、中泰铁路、中缅皎漂港等项目建设有序推进,中白工业园全面动工。

一个支撑保障体系。中央有关部门普遍建立了工作领导机制,出台落实"一带一路"规划的实施意见,能源、农业、生态环保、教育、文化合作等一批专项规划编制工作已经启动。金融系统积极发挥支撑保障作用,2016 年以来,中国与沿线国家和地区经常项下跨境人民币结算金额超过 2.63 万亿元,签署双边本币互换协议的沿线国家达

到 15 个。与此同时,丝绸之路基金全面启动运行,巴基斯坦卡洛特水电站成为基金首个投资项目。

(2) 未来展望

所谓大道至简,习近平主席从古代丝绸之路商贸交流网络中得到启发,提出"丝绸之路经济带"和"21 世纪海上丝绸之路",将中国和其他亚洲国家乃至非洲连接起来,最终通往欧洲。通过建设"一带一路"沿线亟须的公路、铁路、港口、资源管线等基础设施,中国希望打造"利益共同体、责任共同体和命运共同体"。

中国自身的发展是由国内基建项目的大规模投资所推动的,中国在这个领域积累了丰富而先进的经验,并且拥有庞大的建材行业。此外,中国目前坐拥 3.5 万亿美元外汇储备——该数字未来还有可能继续增长——这意味着大型基建项目能够获得充裕的资金。

为实现丝绸之路雄心,中国牵头提出了组建亚洲基础设施投资银行的倡议,并已向其投入了部分外汇储备。随着全世界五大洲国家加入亚投行,这些投资的回报将是巨大的。二战以来的历史经验表明,能够抓住劳动密集型产业国际转移战略机遇的发展中国家可以实现 20～30 年的高速经济增长。中国踏上了这条路,成为发达国家垂涎的新兴市场,并在内部为高附加值产业的生根发芽开辟了空间。工资上涨等因素,消除了中国在劳动密集型制造业方面的比较优势,低收入国家——例如那些处于丝绸之路经济带上,人均 GDP 不足中国一半的国家——正在变得越来越有吸引力。当基础设施条件得到改善,后这些国家便能更好地从中国吸纳劳动密集型产业。这种吸纳过程的规模极为庞大。20 世纪 60 年代,当日本开始向海外转移劳动密集型产业时,其制造业就业人数为 970 万人。80 年代,当"亚洲四小龙"经济体(香港,新加坡,韩国和台湾)经历同样过程时,它们制造业劳动力总数达 530 万人。相比之下,中国的制造业雇佣了 1.25 亿工人,其中 8 500 万工作于低技术含量的岗位上,这种规模的转移,足以让新丝绸之路沿线所有发展中经济体同时实现工业化和现代化。

就在世界还在为中国经济增速减缓以及股价、汇率双双下调感到忧虑的时候,中国已经开始加紧推动"一带一路"这项有利于全球经济的倡议。除了为其他发展中国家创造前所未有的机会,"一带一路"还将帮助中国更好地利用国内外市场和资源,强化自身经济实力,继续担当全球经济增长的火车头。

6 结　论

"一带一路"包括了高速铁路、高速公路、民航机场、港口码头、信息网络、油气管道、国际电网、核能发电、水利水电新能源等所有基础领域的工程建设,是全球性而非区域性的全球社会再发展的系统工程,它将引领世界经济再次发展,促进世界各国人民之间的文化交流、贸易发展,沟通世界各国人民的心灵交流,提高全球人民的文化生活和物质生活水平,消除贫困。因为恐怖主义产生的根源是贫穷和文化落后及文化隔阂,因此,"一带一路"建设可以彻底消除恐怖主义产生的根源,促使全球文明进步,繁荣昌盛,和平稳定发展。

本文主要有以下四个观点:

① 有些学者认为:"一带一路"建设仅仅是高速铁路、高速公路建设,而实际上"一带一路"包括了高速铁路、高速公路、民航机场、港口码头、信息网络、油气管道、国际电网、核能发电、水利水电和新能源等所有基础领域的工程建设;② 很多学者认为:"一带一路"是区域性建设发展规划,而实际是全球性的再发展的系统工程;③ "一带一路"是全球贸易发展和文化交流发展的需要;④ "一带一路"建设可以从根本上清除恐怖主义产生的根源。

下面对"一带一路"建设四个观点进行归纳。

6.1 "一带一路"是全球经济发展的需要

"一带一路"是连接世界多数国家和地区的经济发展、文化交流的纽带,中造福沿线各国人民的伟大事业,得到国际社会的广泛关注和积极支持。在建设"一带一路"的进程中,我们应当坚持文化先行,树立文化引领经济的高度自觉,推动传统文化的传承与现代文化的创新,通过进一步深化与沿线国家的文化交流与合作,促进区域合作,实现共同发展。"一带一路"得到了全球广大人民和多数国家政府的支持,为了支持"一带一路"建设,由中国政府牵头成立的亚洲基础建设投资银行首期参与的成员国或地区达到 57 个,也就是有 57 个股东,包括了联合国 80% 的常任理事国,得到了联合国、世界银行、亚洲投资银行等国际组织和机构的支持,说明"一带一路"是全球发展的民心所向。

"一带一路"是全球共同发展的需要。目前,在亚洲地区基础设施跟不上经济建设、文化交流发展的需要,东亚地区虽然是世界经济发展最具有活力的地区,但落后的基础设施已经影响到了经济发展速度,也会妨碍后期经济发展;南亚地区以印度为代表的经济体虽然经济在高速发展,但经济设施明显滞后,缺少经济发展后劲;中亚和西亚虽然多数是发展中国家,但由于与世界文化交流不畅通,是世界不稳定的因素之一。因此,在亚洲建设"一带一路",是亚洲各国经济发展和文化交流的需要,是亚洲各国人民的心声,受到了亚洲多数国家的支持。在非洲地区,基础设施更加落后,已经影响到非洲经济发展和非洲人民的生活,妨碍非洲文化与世界文化的交流,非洲是全球最急需"一带一路"等基础设施建设的地方,非洲人民更期待"一带一路"等基础工程建设。南美洲虽然已经是中等收入国家,但多数进入了"中等收入陷阱",主要是基础设施落后,缺乏发展后劲,因此,南美洲急需"一带一路"建设,促进经济再次高速发展。

日本、北美和欧洲基础设施相对发达,但英国早就发现英国需要"一带一路"建设,中英签署约 400 亿英镑"一带一路"方面的基础建设合同,其中,中英签 140 亿英镑,中国将帮助英国建高铁;同时中国将投 60 亿英镑来帮助英国建设核电项目。美国也在进行下一轮"一带一路"基础建设项目。据每日经济新闻 2015 年 10 月 8 日报道:中美将成立高速铁路项目合资公司,建设并经营美国西部快线高速铁路,全程 370 千米,2016 年 9 月底开工,工期约为 3 年,2019 年通车。

中英高铁合作、核电合作和中美高铁合作,特别是 2016 年 9 月签订的英国核电站项目,连英国这样的发达国家都需要"一带一路"建设,更加说明全球各国经济发展都需要"一带一路"等基础项目建设。

6.2　"一带一路"是全球贸易发展的需要

根据联合国统计司 2013 年 12 月版的报告,2012 年全球货物和服务贸易总额22.5万亿美元,较 2011 年仅增长 1%。其中,货物贸易额 18.3 万亿美元,与 2011 年基本持平;服务贸易额 4.3 万亿美元,增长 2%。扣除价格和汇率因素,2012 年全球货物贸易量增长 2%,为 1981 年以来所有正增长年份的最小增幅。世贸组织:2012 年全球货物和服务贸易总额增长 1%。

全球贸易的发展,需要快速安全、成本低的运输方式,高速铁路和高铁公路的运输相对来说,运输速度快,运输方式安全,是世界贸易的重要选项,同时也是"一带一路"的主旋律。

6.3　"一带一路"是全球文化交流发展的需要

国际旅游的发展,是文化交流的重要部分。以韩国与中国之间、泰国与中国之间部分文化交流为例,说明"一带一路"是全球文化交流发展的需要。2015年,中韩两国双方到对方旅游人数为1 063.6万人,加上双方留学人员来往11. 968 1万人次,2015年约为1 075万人次。也就是说,每年从韩国到中国有1 075万人次,中国到韩国也有1 075万人次。

不计算从中国到韩国过境中转的人数,也不计算从韩国到中国过境中转人数,仅仅计算两国留学人员和旅游人员运输力,以高铁运输方式进行运输,假定每个车厢满员80人,每列高铁挂载8节车厢,每列车运送640人,其每天的从韩国发往中国高铁列车数或者从中国发往韩国的列车数应该为:10 750 000除以365天再除以640人约等于46列,也就是每天要从韩国发往中国的高速列车要46列,同时,每天中国要发往韩国列车46列。分析到这里,我们就知道了,当今中韩两国之间,仅仅为了文化交流,多么需要建设一条高铁和公路了,多么需要建设"一带一路"了。

2015年中国到访泰国的游客将达到800万人次,平均每天2. 2万人到泰国,如果从中国坐高铁到泰国,每列高铁8节车厢,每个车厢坐满80人,每天需要从中国发往泰国高铁35列,同时每天从泰国发往中国高铁35列。可见,高铁建设和"一带一路"对泰国有多么大的重要意义。

随着人类社会进入了全球化时代,在全球化时代的历史背景下,国际间的文化交流会更加频繁,人员来往更加密切。文化交流跨越了国家、民族、宗教,成为了全人类的共同需求。相应的,高铁和"一带一路"的建设成了全球文化交流的共同需求。

6.4 "一带一路"是国际打击和反对恐怖主义的需要

恐怖主义产生的根源是十分复杂的,有其当代的社会原因,也有其历史根源。打击和反对恐怖主义的斗争,并非一朝一夕就能取得成就的。中国十六大报告提出:"我们主张反对一切形式的恐怖主义。要加强国际合作,标本兼治,防范和打击恐怖活动,努力消除产生恐怖主义的根源。"因此,反恐应从两个方面着手:一是严厉打击国际恐怖主义;二是防止潜在恐怖主义的产生。

(1)"一带一路"建设是严厉打击国际恐怖主义的需要,这主要表现在两个方面:一是国际恐怖主义的基地往往在交通不便、人烟稀少、贫穷落后、文化封闭的地方。"一带一路"建设好了,就可以铲除妖魔鬼怪——国际恐怖主义产生的土壤。二是有利于国际反恐协同作战,方便国际打击恐怖活动。因为恐怖分子往往不是利用化的基础设施,而各国打击恐怖主义都是利用现在现代化的军队,很明显"一带一路"建设对打击恐怖主义有利。

(2)"一带一路"建设是可以清除国际恐怖主义产生和生存的土壤,防止潜在恐怖主义的产生。国际恐怖主义的头目一般打着形形色色的伪装:民族的、宗教的、意识形态的,如此等等。如果将恐怖主义的这些外衣剥去,看清实质,其为达到一定政治目标而进行残忍屠杀的本质就会完全暴露。怎么样才能帮助人们认清恐怖主义的实质,剥去恐怖主义的这些外衣,就需要提高人们的文化素质,增强人们分辨是非的能力。国际恐怖主义的头目一般从贫困地区招聘人员,如果人们衣食住行等各方面生活水平提高了,就可以防范恐怖分子发展新成员。

"一带一路"建设可以培养各国人民间、各地区人民间的交流,促进人们文化素质和生活的提高,可以从根源上清除恐怖主义产生的土壤。

飞机和大炮,最多只能消灭表面上的恐怖分子,有时甚至连表面上的恐怖分子也难也消灭。所以美式和俄式飞机和大炮反恐,越反越恐,飞机和大炮反恐,即使消灭表面上的恐怖分子,也还会产生新的恐怖分子。

中国有句话:"野火烧不尽,春风吹又生。"因此,反恐必须从根源上消除恐怖主义的产生。中国"一带一路"建设,就是从根本上消灭恐怖主义产生的土壤,是世界反恐的重要组成部分。

参 考 文 献

[1] 李英武,郝淑媛. 古代中韩文化交流探析[J]. 东北亚论坛,2015(5):90 - 93

[2] 王书明. 中韩礼俗文化交流史略考[J]. 中小企业管理与科技(上旬刊),2011
      (25):83 - 84

[3] 黄有福,陈景富. 中朝佛教文化交流史[M]. 北京:中国社会科学出版社,1993.

[4] 张碧波,喻权中. 朝鲜箕氏考[J]. 社会科学战线,1997(6):174 - 183

[5] 刘宗贤,蔡德贵. 当代东方儒学[M]. 北京:人民出版社,2003:137 - 143

[6] 智慧东方 地藏九华——地藏菩萨的前世今生. 凤凰视频[引用日期 2014-04-
      18]

[7] 梁二平. 新罗,海上丝绸之路的天尽头[J]. 丝绸之路,2015(7):18 - 24

[8] Albert von Le Coq. Buried Treasures of Chinese Turkestan[M]. London: G.
      Allen & Vnwin,1928

[9] 王欣. 艾苏哈卜·凯赫夫麻扎与吐峪沟宗教文化[M]. 北京:中华书局,
      2007:105

[10] Om Prakash, Kanishka I. His Contribution to Buddhism,Art and Culture.
      In:Y. Krishan(ed.). Essays in Indian History & Culture. New Delhi: Indi-
      an History & Culture Society,1986:27

[11] 文正九,吴莲姬. 韩中文化交流现状与展望[J]. 当代韩国,2001(4):13 - 17

[12] 各地创新金融模式 力促文化产业发展[N/OL]. 中国城市低碳经济网,2012-
      09-25

[13] 东南亚国家联盟. 中华人民共和国外交部网站,2013 年 6 月

[14] 王玉主,富景筠. 当前亚太区域合作形势分析[J]. 亚太经济,2013(4):3 - 7

[15] A. B. Bernard, S. J. Redding, P. K. Schott. Comparative Advantage and
      Heterogeneous Firms[J]. Review of Economic Studies, 2007(74):31 - 66

[16] 张云. "国际社会"理论下的区域治理模式研究:东南亚的视角[J]. 当代亚太,

2013(2):50 - 76

[17] 贺平,沈陈. RCEP 与中国的亚太 FTA 战略[J]. 国际问题研究,2013(3):44 - 57

[18] 王玉主. RCEP 倡议与东盟"中心地位"[J]. 国际问题研究,2013(5):46 - 59

[19] 沙武田. 丝绸之路黄金段河西走廊的历史地位——兼谈河西走廊在华夏文明传承创新区建设中的定位和宣传侧重[J]. 丝绸之路,2014(12):16 - 19

[20] 高轩,冯泽华. 中国与东南亚共享非物质文化遗产保护制度研究——以"一带一路"战略为制度构建机遇[J]. 东南亚研究,2015(4):46 - 53

[21] 砸 120 亿俄欲建白令海峡海底隧道[N]. 华商报,2007-04-20